Question de l'homme et théorie de la culture

chez Ernst Cassirer

Commentaires philosophiques

Collection dirigée par Angèle Kremer Marietti et Fouad Nohra

Permettre au lecteur de redécouvrir des auteurs connus, appartenant à ladite “histoire de la philosophie”, à travers leur lecture méthodique, telle est la finalité des ouvrages de la présente collection.

Cette dernière demeure ouverte dans le temps et l’espace, et intègre aussi bien les nouvelles lectures des “classiques” par trop connus que la présentation de nouveaux venus dans le répertoire des philosophes à reconnaître.

Les ouvrages seront à la disposition d’étudiants, d’enseignants et de lecteurs de tout genre intéressés par les grands thèmes de la philosophie.

Déjà parus

Angèle KREMER MARIETTI, *Nietzsche et la rhétorique*, 2007.
Walter DUSSAUZE, *Essai sur la religion d'après Auguste Comte*, 2007.
Monique CHARLES, *Kierkegaard. Atmosphère d'angoisse et de passion*, 2007.
Monique CHARLES, *Lettres d'amour au philosophe de ma vie*, 2006.
Angèle KREMER MARIETTI, *Jean-Paul Sartre et le désir d'être*, 2005.
Michail MAIATSKY, *Platon penseur du visuel*, 2005.
Rafika BEN MRAD, *La Mimésis créatrice dans la Poétique et la Rhétorique d'Aristote*, 2004.
Gisèle SOUCHON, *Nietzsche : généalogie de l'individu*, 2003.
Gunilla HAAC (dir.), *Hommage à Oscar Haac, mélanges historiques, philosophiques et littéraires*, 2003.
Angèle KREMER MARIETTI, *Carnets philosophiques*, 2002.
Angèle KREMER MARIETTI, *Karl Jaspers*, 2002.
Jean-Marie VERNIER (introduction, traduction et notes par), *Saint Thomas d'Aquin, questions disputées de l'âme*, 2001.
Auguste COMTE, *Plan des travaux scientifiques nécessaires pour réorganiser la société*, 2001.
Michel BOURDEAU, *Locus Logicus. L'ontologie catégoriale dans la philosophie contemporaine*, 2000.
Guy-François DELAPORTE, *Lecture du commentaire de Thomas d'Aquin sur le* Traité de l'âme *d'Aristote*, 1999.

KHADIJA KSOURI BEN HASSINE

Question de l'homme et théorie de la culture *chez Ernst Cassirer*

L'HARMATTAN

5-7, rue de l'École-Polytechnique, 75005 Paris
http://www.librairieharmattan.com
harmattan1@wanadoo.fr
diffusion.harmattan@wanadoo.fr

ISBN : 978-2-296-04714-3
EAN : 9782296047143

Introduction

Ce n'est pas sans raison que Gilles Deleuze trouve que les « introductions ne doivent être lues qu'à la fin »[1]. Il suffit de se référer à *La phénoménologie de l'esprit* de Hegel pour se rendre compte des difficultés théoriques que pose le statut d'un discours introductif en général. S'agit-il en fait, dans une introduction, de dire à l'avance ce que le reste déploie, explicite ou répète ? Dans ce cas, à quoi servirait-elle ? S'agit-il d'une vérité qui vient avant la vérité ? Dans ce cas, serait-elle possible ?

Même si l'on cède simplement à l'usage, on serait tenté de dire que l'introduction ne se comprend qu'après avoir parcouru tout l'ouvrage. La raison en est que l'on y procède à la reprise et à l'élucidation de l'idée centrale du travail qu'elle introduit. Aussi avons-nous conçu cette introduction sous la forme d'un ensemble qui donne sens aux parties[2].

Conformément à cette exigence, nous dirons que ce travail, intitulé : *Question de l'homme et théorie de la culture chez Ernst Cassirer*, part d'une idée que nous croyons avoir légitimement déduite d'une lecture assidue de *La philosophie des formes symboliques* de Cassirer. En effet, ni la théorie de la connaissance, ni la théorie de la culture, ne doivent être tenues pour les questions centrales de cette œuvre. Le foyer central en est plutôt la question de l'homme. En outre, cette notion n'est pas un simple maillon de cette œuvre mais l'élément constitutif de son unité intérieure. Dès lors, nous avons cru pouvoir légitimement résumer ainsi notre thèse : *La philosophie des formes symboliques* n'est pas un système de la culture, comme le titre le laisse suggérer, mais un traité de l'homme.

Par là même, la démarche de notre recherche apparaîtra plus clairement : procéder à la lecture de *La philosophie des formes symboliques* à partir de la question « *Qu'est-ce que l'homme ?* » Cela paraît *a priori* tout à fait légitime : la connaissance de

[1] Gilles Deleuze, *Différence et répétition*, p. 61. (Le nom de l'éditeur et la date de parution des ouvrages cités dans les notes sont ceux indiqués dans la bibliographie.)

[2] Hegel, Préface de *La phénoménologie de l'esprit*, p. 15.

l'homme étant posée comme liée à celle de la culture, il n'est plus possible de les séparer l'une de l'autre. Il reste alors à mettre en lumière le passage qui puisse mener de la culture à l'homme. Il ne s'agit pas, pour nous, d'inventer un chemin mais de trouver celui emprunté par Cassirer.

Notre travail se propose donc d'approfondir cette question, de retrouver, à travers la problématique de la culture, la véritable préoccupation de Cassirer, celle de l'homme. De ce fait, la théorie de la culture devient notre problème majeur tant qu'il s'agit, à travers la diversité des faits culturels, de saisir une idée unitaire de l'homme.

Sur ce chemin, nous avons cru devoir dégager un élément essentiel de la réflexion de Cassirer : en effet, celui-ci présente « la méthode transcendantale »[1] comme *la voie sûre* susceptible de permettre de dégager les principes structuraux généraux sous-jacents aux formes culturelles. De là, il ramène *La philosophie des formes symboliques* à une « analytique transcendantale »[2] de la pensée mythique, religieuse, langagière et scientifique visant « l'appréhension et la description des formes structurales »[3] des phénomènes apparaissant dans la vie de l'homme. Dans cette perspective, penser l'homme en se référant à Kant revient à transformer la critique de la raison en une critique de la culture et à dégager le fondement de toute liaison ainsi que les structures fondamentales des activités perceptives intuitives et cognitives de l'homme qui sont à l'œuvre dans le mythe, le langage et la science.

On le voit : l'effort de Cassirer se présente d'emblée comme un kantisme élargi. Mais, caractériser la philosophie de la culture de Cassirer de kantisme élargi exige, à son tour, l'élaboration d'un passage reliant la science *stricto sensu* aux différentes expressions culturelles. Or, pour l'essentiel, le kantisme est une philosophie de *l'a priori*. Dans ces conditions, il nous faut voir jusqu'à quel point, en choisissant la voie critique, Cassirer réussit-il à mettre en place un nouveau cadre théorique de l'*a priori* qui lui permet de rester au sein de la philosophie kantienne

---

[1] E. Cassirer, *La philosophie des formes symboliques 3*, p. 63.

[2] E. Cassirer, L'idéalisme critique comme philosophie de la culture, in *L'idée de l'histoire*, p. 6.

[3] E. Cassirer, *La philosophie des formes symboliques 3*, p. 63.

tout en faisant reculer ses limites jusqu'à les étendre à de nouveaux objets qui lui sont étrangers ? En d'autres termes, il s'agit, pour nous, de tester la teneur de l'entreprise de généraliser le kantisme sans en invalider l'inspiration fondamentale. Pour ce faire, il nous faut comprendre comment Cassirer est parvenu à traverser les phénomènes culturels, pour les rapporter à une forme *a priori* et à instaurer une unité là où Kant lui-même n'avait vu que différence.

L'importance de ce problème fait qu'il convient d'y insister : cet *a priori* que Cassirer retrouve au fondement des constructions mythiques, religieuses et langagières, est-il celui-là même que Kant pose au fondement de la connaissance théorique ? Toute la question est, dès lors, de savoir si « l'*apriorité* n'est pas en danger permanent de glisser sur un autre plan, dans la dimension du subjectif sans plus »[1]. En outre, étant la condition de possibilité de la scientificité chez Kant, il nous faut chercher si le concept d'objectivité et celui de vérité peuvent « continuer à être définis en un même sens lorsque nous avons affaire aux problèmes du langage, de l'art ou de la religion et lorsque nous sommes confrontés au problème métaphysique de la réalité »[2].

Un kantisme généralisé ne va pas sans risque. En effet, pour poser le même *a priori* au fondement de toutes les formes culturelles, il faut prouver que ces formes peuvent être ramenées à un élément commun, celui de la représentation. Fidèle à l'esprit de la *Révolution copernicienne*, la critique de la culture à laquelle procède Cassirer dans les trois volumes de *La philosophie des formes symboliques*, montre que toute détermination et toute maîtrise théoriques de l'être sont « liées au fait que la pensée, au lieu de se tourner immédiatement vers la réalité, institue un système de signes et apprend à utiliser ces signes en qualité de substituts des objets »[3]. Autant dire que le phénomène originel est le regard que l'esprit porte à lui-même. Dans ces conditions, il est loisible de penser que la culture, dans sa diversité, est « un processus de médiation »[4], de re-

---

[1] *Ibid.*, p. 64.

[2] E. Cassirer, *L'idéalisme critique comme philosophie de la culture*, op. cit., p. 8.

[3] E. Cassirer, *La philosophie des formes symboliques 3*, p. 59.

[4] *Ibid.*, p. 35.

présentation par lequel se manifestent, à la fois, le monde et l'esprit.

Admettre que toute la culture est de l'ordre du savoir médiat et de la représentation, c'est supposer tout un travail que réalise la subjectivité au niveau le plus élémentaire des manifestations de l'esprit. Notre analyse des formes culturelles doit donc s'orienter vers la « recherche du sujet »[1] ; non pas le sujet concret mais le sujet transcendantal et les structures intellectuelles de la « subjectivité pure » qui organisent les champs de la culture en les rendant possibles. C'est pourquoi nous avons cherché à comprendre comment la subjectivité pure, qui garantit la nécessité et l'universalité des lois de la science chez Kant, peut garantir, chez Cassirer, l'émergence de phénomènes aussi contingents que les images du mythe ou simplement les mots du langage ?

Pour pouvoir résoudre ce problème, il est important de savoir si, dans ses constructions l'esprit, qui fait usage de ces formes *a priori*, se contente de suivre « un schéma préconçu, prédéterminé, un schéma qui pourrait être décrit une fois pour toutes par une pensée *a priori* »[2], ou s'il faut lire la différence de forme d'ordre, exhibée dans le monde de la culture, en termes de modalités d'application d'une constante exigence d'ordre caractéristique de l'esprit humain. Dans ces conditions, il est permis de penser que l'homme n'ordonne pas son monde d'une seule manière mais d'une infinité de manières et qu'il ne peut continuer sa vie qu'en créant sans cesse de nouvelles formes d'adaptation qui donnent à voir, à chaque fois, un nouveau degré de maturation de l'esprit.

Pour faire valoir cette idée Cassirer suit, dans les trois volumes de *La philosophie des formes symboliques* et principalement dans le troisième, le processus inverse de la vie réelle de l'esprit afin de « retracer l'ordre de son développement des premiers éléments jusqu'à ses réalisations suprêmes »[3] et de montrer que, derrière l'histoire de l'esprit, se trouve la vie même de l'esprit, ses capacités et ses limites. Un esprit en possession

---

[1] Kant, *réflexion 4465.*

[2] E. Cassirer, *L'idéalisme critique comme philosophie de la culture*, op. cit., p. 8.

[3] E. Cassirer, *Les systèmes post-kantiens,* p. 2.

de formes *a priori* qui existent en lui indépendamment de toute sensation et qui constituent les formes structurales générales sous-jacentes à toute construction de sens, à tout travail de médiation ou de mise en forme du réel. Ce sont les formes *a priori* de l'espace, du temps et du nombre ainsi que les catégories du tout et de ses parties, de la chose et de ses propriétés que la genèse de l'esprit nous a permis de dégager.

La culture devient le chemin conduisant à la subjectivité. « Seule la genèse de l'esprit humain peut apporter une solution vraiment satisfaisante au problème de sa nature »[1]. C'est à partir de là que la question de l'homme doit être transformée : il s'agit à présent de progresser à partir de la structure interne de l'esprit vers ses différentes formes d'objectivation et de dégager ce qui permet à Cassirer de maintenir, au sein de la culture, une médiation continuée qui accorde sans jamais les confondre, la différence et l'unité des manifestations de l'esprit. L'homme chez Cassirer n'est pas un *animal rationale* mais un *animal symbolicum*[2]. L'élément fondamental est donc la symbolicité. Le centre d'intérêt d'une anthropologie doit alors se déplacer vers « l'analyse purement phénoménologique » [3] de la fonction d'exprimer qui permet à l'homme de créer le monde de la culture. Autant dire, comme Bachelard, que pour comprendre, il faut « participer à l'émergence »[4] du « processus psychique et spirituel »[5] ou « capacité spécifique »[6] qui existerait « en nous-mêmes »[7] et que Cassirer appelle fonction signifiante ou symbolique.

Avec le concept d'animal symbolique, Cassirer dégage une nouvelle voie qui lui permettra de poser à nouveau la question de l'homme à partir de la question de la signification, de « corriger et (d'élargir) la définition classique de l'homme »[8]. Toute la

---

1 *Ibid.*

2 E. Cassirer, *Essai sur l'homme*, p. 45.

3 *Ibid.*, p. 192.

4 Gaston Bachelard, *Le rationalisme appliqué*, p. 11.

5 E. Cassirer, *Essai sur l'homme*, p. 309.

6 E. Cassirer, Fondation naturaliste et fondation humaniste de la philosophie de la culture, in *L'Idée de l'histoire*, p. 39.

7 E. Cassirer, *La philosophie des formes symboliques* 3, p. 309.

8 *Ibid.*

question est alors de savoir ce qu'il faut entendre par définition classique de l'homme. S'agit-il des définitions non kantiennes ou kantiennes ou encore de celles qui, tout en se réclamant du kantisme, se limitent à un champ restreint d'investigation : l'histoire, l'économie, l'art ou toutes ces conceptions à la fois ?

En subsumant toutes ces définitions sous la détermination classique, Cassirer laisse supposer que bien qu'elles s'inscrivent, toutes, au sein de la préoccupation philosophique de la connaissance de l'homme, elles n'en demeurent pas moins, toutes, en deçà des véritables dimensions de la question de l'homme.

En effet, la tradition philosophique qui, avant Kant, avait réduit la question de l'homme au constat d'une dualité irrésolue entre le corps et l'âme, la sensibilité et la raison, était incapable de trouver la voie sûre d'une interrogation sur l'homme. Cette voie fut inaugurée par Kant. Mais celui-ci, pour qui la question « *Qu'est-ce que l'homme ?* » constitue un véritable fil d'Ariane assurant l'unité de la connaissance, de la liberté et de la croyance[1] avait « négligé les vraies possibilités de l'esprit »[2], se limitant, dans le travail de détermination phénoménale de la nature, aux conditions de possibilité des jugements synthétiques *a priori* de la physique pure et des jugements de la mathématique.

De son côté la philosophie post-kantienne, née de la prolifération des domaines de la connaissance à partir du XIXe siècle, avait privé l'homme de son statut transcendantal en le présentant comme un être « pris à son propre piège, ordonné à ses propres œuvres dont on lui refuse la paternité »[3]. L'homme y était réduit à un être qui parle un langage qu'il n'a pas institué, vit une vie qui lui échappe, produit des objets auxquels il reste étranger ou dans lesquels s'évanouit cette part de lui-même qu'il y a mise.

Une des thèses majeures de ce travail, est que la nouveauté essentielle de Cassirer réside dans cette attitude à la fois conservatrice et rénovatrice qui, tout en reprenant à son compte l'intérêt kantien pour le problème de l'homme et tout en adoptant

---

1 Kant, *Logique*, p. 24-25.

2 E. Cassirer, *La philosophie des formes symboliques* 3, p. 19.

3 *Ibid.*, p. 30.

sa « direction dans la position des problèmes »[1], a cherché à dépasser, à la fois, l'étroitesse de la conception de l'esprit chez Kant et la stricte spécialisation de ses contemporains. Cette initiative s'est effectuée dans le sens d'un déplacement du problème de la vérité vers celui, plus vaste, du sens et « l'élargissement progressif, dans l'idéalisme critique, du concept de réalité et du concept d'esprit »[2]. Vu sous cet angle, le projet philosophique de Cassirer se présente comme un tournant décisif dans le devenir de la philosophie critique. C'est qu'il s'agit ici de dépasser une conception figée de la raison ; une conception à laquelle n'ont pas pu échapper la plupart des philosophes qui ont répondu à l'appel du « retour à Kant »[3].

Or, le kantisme ne peut être élargi sans être délié de toute perspective ontologique. Entendu au sens d'une tâche générale et systématique, le kantisme, tel que le conçoit Cassirer, ne peut s'opposer à son élargissement « au delà du cercle de l'image théorico-scientifique du monde »[4] que Kant lui avait assigné. Mieux, il devient le modèle moderne de la philosophie qui cherche à poser corrélativement la question de l'homme et celle de la culture en procédant à « une investigation critique des divers modes de cognition par lesquels les différentes classes d'objets -les objets de l'expérience, les objets de la science, les objets de la pensée religieuse et métaphysique nous sont rendus accessibles »[5].

En effet, Alain Renaut le dit et le démontre, « la référence à une méthode peut coexister, au moins en droit, avec des contenus philosophiques fort divers et regrouper aisément des auteurs, voire des courants, très éloignés les uns des autres »[6] telles la

---

1 E. Cassirer et M. Heidegger, *Débats sur le kantisme et la philosophie (Davos, Mars 1929) et autres textes de 1929-1931*, p. 28.

2 *Ibid.*, p. 20.

3 Ce mouvement de « retour à Kant » est couramment daté par les historiens à partir de la leçon inaugurale de Édouard Zeller à Heidelberg en 1862 où il lance le mot d'ordre d'un « retour à Kant » repris ensuite par Cohen qui fondera en 1883 l'école de Marbourg autour du même précepte.

4 E. Cassirer, *La philosophie des formes symboliques 3*, p. 64.

5 E. Cassirer, *L'idéalisme critique comme philosophie de la culture*, op. cit., p. 5.

6 Alain Renaut, *Kant aujourd'hui*, p. 21.

philosophie de Cassirer ou de Heidegger, les théories de la science, de l'histoire, de la religion, du langage ou de l'art. Innombrables, en effet, sont les formes par lesquelles la raison affirme sa puissance et construit son univers.

Toutefois, nous devons nous demander si Cassirer, en liant la construction des formes culturelles et ses modalités à la subjectivité transcendantale, ne néglige pas ce qu'il désigne par « l'interprétation vraie de ce qui peut être appelé l'existence de l'homme »[1], dans sa dimension éthique et historique.

Cette question ainsi formulée nous impose le devoir de montrer qu'en ramenant la diversité de la culture à la subjectivité transcendantale, Cassirer situe la question de l'homme dans une perspective phénoménologique à l'intérieur de laquelle le Moi devient un problème. Ainsi posé, ce problème est précisément celui de « l'accomplissement de la finitude elle-même »[2].L'idée d'objectivation et d'accomplissement donne à la transcenda lité humaine une dimension éthique que Cassirer expose explicitement dans son dernier ouvrage intitulé *Le mythe de l'État* aussi bien que dans ses entretiens avec Heidegger en 1929 à Davos. Dans cette perspective, il devient clair que la différence entre le Moi empirique et le Moi transcendantal n'est pas statique mais dynamique, dans la mesure où il est donné à l'être empirique de transposer « tout ce qui est en lui de l'ordre du vécu en forme objective, quelle qu'elle soit, dans laquelle il s'objective lui-même »[3]. En d'autres termes, « en émergeant de la finitude (l'homme) amène celle-ci à se dépasser dans quelque chose de nouveau »[4]. Ce « quelque chose de nouveau » est le monde spirituel crée par l'homme lui-même. Dans ces conditions, ce n'est pas le sujet transcendantal qui devient empirique, mais l'être humain dans sa dimension empirique qui devient un sujet transcendantal.

C'est à partir de là que le véritable sens de la philosophie des formes symboliques chez Cassirer apparaît clairement. Cette philosophie désigne désormais une véritable anthropologie

---

[1] E. Cassirer, L'idéalisme critique comme philosophie de la culture, in *L'Idée de l'histoire*, p. 15.

[2] E. Cassirer, *Débats sur le kantisme et la philosophie*, p. 41.

[3] *Ibid.*

[4] *Ibid.*, p. 42.

philosophique qui admet le caractère concret de la vie humaine et se propose de l'expliquer. Une anthropologie qui cherche à cerner la singularité avec laquelle s'ordonne la manière de l'homme d'être au monde et de se manifester dans son être propre. D'ailleurs, dans ses considérations sur l'histoire et sur la politique, dans *Le mythe de l'État*, Cassirer n'abandonne-t-il pas la subjectivité transcendantale pour revenir au niveau anthropologique ?

Faut-il conclure de là que la politique et l'éthique constituent une sorte de philosophie seconde, face à la philosophie première, celle des formes symboliques ? Nous avons cherché à montrer que la mise entre parenthèses de l'éthique et de l'histoire dans *La philosophie des formes symboliques* n'était que provisoire, elle permet de mieux poser la question de l'histoire et ne signifie nullement que l'histoire est secondaire. Nous dirons même que c'est la théorie de la subjectivité qui mène à conclure au caractère primordial de l'éthique et de l'histoire[1]. Car toutes les formes de la pensée symbolique ne peuvent être comprises sans être rapportées « à un but commun »[2], un but éthique. Sans ce but, toute la culture n'aurait « d'autre signification que celle d'un divertissement que l'esprit humain jouerait avec lui-même »[3].

Tel est, esquissé à grands traits, le problème que ce travail essaie de penser en se référant à Cassirer. Comment doit-on s'y prendre ?

Présenter un travail doit comporter, entre autre, les questions méthodologiques qui sont impliquées par la spécificité de son objet. Aussi est-il de première importance de souligner que le principal risque méthodologique dans un travail sur un auteur serait, comme le dit Paul Ricœur, de substituer à un auteur

---

1 Ce n'est pas sans raison que l'*Essai sur l'homme*, présenté comme une reprise des problèmes exposés dans *La philosophie des formes symboliques*, consacre un chapitre à l'histoire.

2 E. Cassirer, *L'idéalisme critique comme philosophie de la culture*, op. cit., *p*. 15.

3 *Ibid.*

« historiquement réel »[1], un auteur « imaginaire en lui posant des questions qui ne peuvent s'inscrire dans sa problématique »[2]. Nous avons fait de notre mieux pour éviter deux écueils méthodologiques.

Le premier concerne une tradition établie par certains historiens de la philosophie qui consiste à réduire systématiquement toute philosophie à celle qui l'a précédée. Ainsi, le kantisme déclaré de Cassirer devient l'occasion de réduire cet auteur à l'ombre de Kant, dans le meilleur des cas à un bon disciple. Cette manière réductrice de lire et d'écrire l'histoire de la philosophie occulterait l'aspect essentiel de l'oeuvre du philosophe de Marbourg, celui de développer la *direction* kantienne de poser les problèmes. Or, on ne peut rendre compte du projet de développement sans porter notre attention sur le sens du kantisme chez Cassirer. En effet, seule la saisie du sens que Cassirer donne au kantisme peut nous permettre de mesurer l'ampleur du dépassement de la critique de la raison vers une critique de la culture.

Le second écueil méthodologique concerne la conception que l'on se fait du rapport d'une philosophie à ses concepts cardinaux. Une analyse critique de la philosophie de Cassirer sera erronée si elle omet la relation particulière que cette philosophie entretient avec les concepts kantiens d'*a priori* et de schématisme ou encore avec le concept leibnizien d'expression ou de *caracteristica universalis*. C'est ainsi que nous avons cherché à penser la philosophie de la culture de Cassirer en rapport avec l'ensemble des philosophies avec lesquelles elle établit un dialogue. Il s'agit, en quelque sorte, de remonter aux sources de cette philosophie et d'établir ses liens avec les philosophies de Kant, de Leibniz, de Hegel… en vue de la relier à tout son univers intellectuel.

Mais, la connexion des concepts au sein de la texture théorique constitutive de la philosophie kantienne peut-elle

---

1 P. Ricœur, *De l'interprétation : Essai sur Freud*, p. 45.

2 *Ibid.*

demeurer la même si une autre philosophie procède à l'éclatement même de ses concepts architectoniques pour en constituer une deuxième approximation ? Il ne s'agit ni de soumettre la philosophie de Cassirer à un paradigme extérieur et étranger, ni de faire le constat d'un renouvellement du kantisme, mais de montrer qu'historiquement, une philosophie ne peut signifier qu'à l'intérieur d'un *nexus* de pensées. Dès lors, rapporter la philosophie de Cassirer à celle de Leibniz ou de Kant c'est, en fin de compte, mettre en lumière un des aspects des mutations intellectuelles à l'intérieur de l'univers constitué de la philosophie.

I. Le problème d'une connaissance de l'homme

A. *De la connaissance du monde à la connaissance de soi*

§ 1. La négativité du constat

Le chapitre premier de *l'Essai sur l'homme* s'achève sur un constat négatif : « La théorie moderne, y écrit-il, a perdu son centre de référence intellectuel. Nous avons gagné en échange une complète anarchie de la pensée. »[1] Cette déception se présente comme la conclusion d'une vue d'ensemble dans laquelle Cassirer expose les différentes tentatives de penser l'homme, allant de Platon à Freud. Sans trop se justifier, eu égard à ce problème, l'auteur privilégie ce qu'il appelle la *philosophie moderne*. N'est-il pas alors paradoxal que ce que Cassirer privilégie comme moment historique soit, en même temps, ce qu'il désigne comme moment d'anarchie de la pensée et de dissolution de l'homme ? Qu'entend-t-il par anarchie ? Comment comprendre ce choix, somme toute, problématique ?

Cassirer définit cette anarchie comme étant la perte du « centre de référence intellectuel »[2]. Entendons par là, la perte du principe explicatif auquel on a toujours eu recours pour comprendre le monde, qu'il s'agisse de Dieu ou de toute autre chose par rapport à laquelle tout être aurait sa raison d'être et par conséquent, sa valeur. Un tel principe serait l'élément fondateur, tant dans l'ordre de l'être que dans celui du connaître, autour duquel s'articuleraient l'ensemble des choses et le système du savoir. Ce pivot, on le sait du reste, est passé, tour à tour, de l'*Âme* chez Platon, au *Monde* chez les Stoïciens, à la *Raison* chez

---

[1] E. Cassirer, *Essai sur l'homme*, p. 39.

[2] *Ibid.*

les classiques du XVIIe siècle en général. A l'intérieur de chacune de ces périodes, la connaissance n'est pas déterminée « par son objet mais par son origine »[1]. Cassirer s'intéresse moins à la diversité proposée à la pensée qu'au principe à partir duquel elle procède. Lorsque cette origine est humaine, le savoir est alors dit « naturel quel que soit le domaine auquel il se rapporte »[2]. Il suffit qu'il « découle de la seule raison humaine et ne s'appuie que sur elle seule sans recourir à aucune autre source de certitude »[3].

Dans ces conditions, il est aisé de distinguer deux origines de toute connaissance des objets. D'une même chose, on peut avoir soit une connaissance naturelle, soit une connaissance religieuse. Dans le premier cas, on a affaire à une connaissance que seule la raison rend possible. Dans le second cas, on a affaire, au contraire, à une connaissance que le règne de la grâce se charge de nous révéler. Toutefois, les connaissances auxquelles nous parvenons par notre lumière naturelle ne sont pas ou ne doivent pas, en principe au moins, être différentes de celles que le divin nous révèle par les voies qui sont les siennes. C'est que l'on suppose, à chaque fois, qu'il n'y a qu'une seule nature qui « participe à l'être divin »[4] et qui, par conséquent, porte en elle « la force de l'efficace divine »[5]. Le naturel n'est pas étranger au divin, il n'existe et ne persiste que par lui et en lui. Aussi, est-il accessible à l'âme ou la raison. La divinisation du naturel fonctionne comme une condition de possibilité de l'intelligibilité des choses. Principe de l'être et du connaître, elle assure l'harmonie entre ces deux ordres. Elle exprime par l'affirmation, *a priori*, de la participation du naturel au divin. Cassirer le montre, surtout, à propos de la Renaissance.

En effet, la présupposition de la participation de la nature à l'être divin est soutenue surtout par Giordano Bruno. Commentant les thèses de cet auteur célèbre des commencements des Temps Modernes, Cassirer met l'accent sur

---

1 E. Cassirer, *La philosophie des Lumières*, p. 71.

2 *Ibid.*, p. 71.

3 *Ibid.*

4 E. Cassirer, *Individu et cosmos dans la philosophie de la connaissance*, p. 72.

5 *Ibid.*, p. 73.

sa négation de toute séparation entre le créateur et la créature et notamment sur le fait que pour cet auteur, la loi à laquelle obéissent les êtres individuels n'émane pas d'un législateur étranger, « elle est fondée, selon le commentaire de Cassirer, dans leur être propre et elle est pleinement connaissable à partir de cet être »[1]. Notre auteur suit ainsi à travers la théorie de la connaissance, les traces de l'émergence de la question de l'homme. Il trouve que, déjà chez Giordano Bruno, le divin est incarné dans la nature. La nature est le lieu de la manifestation du divin, de sa présence à l'homme. Une telle position revient à placer la vérité dans la nature elle-même. De ce fait, l'exploration de la nature devient intrinsèquement significative : elle est à la fois, œuvre pieuse et travail utile.

Désormais, la vérité est à chercher dans les choses elles-mêmes ; elle n'est plus à recevoir d'un être transcendant. La vérité du monde ne se situe plus dans un arrière-monde ou un autre monde, mais dans le monde lui-même. Le profane s'avère déjà sacré. « L'observation sensible, commente Cassirer, va se combiner à la mesure exacte pour engendrer la nouvelle forme de la théorie de la nature »[2] et la nouvelle conception du lieu de la vérité. Cette nouvelle conception du lieu de la vérité sera, selon Cassirer, la base de la révolution scientifique d'un Kepler et d'un Galilée, et le premier signe de l'apparition de l'homme en tant que sujet actif dans le monde, observateur d'une nature « en tout instant présente sous nos yeux »[3]. Les analyses de Koyré sur cette époque sont largement inspirées de Cassirer. Ce « sol médiéval » [4] que Koyré considère comme la source de la science moderne est celui-là même que Cassirer considère comme la matrice où a germé l'homme. L'homme comme la science seraient ainsi deux « inventions médiévales »[5]. En effet, même s'il ne pose pas encore explicitement la vérité dans les choses, même s'il ne dicte pas encore ses lois à la nature,

---

1 *Ibid.*

2 *Ibid.*

3 *Ibid.*, p. 74.

4 A. Koyré, Les origines de la science moderne, in *Etudes d'histoire de la pensée scientifique*, p. 62.

5 *Ibid.*

l'homme est désormais à même de penser, de lire, par ses propres moyens, le livre de la nature et de dévoiler ses secrets.

Ses propres moyens ? Faut-il entendre par là ce dont l'homme dispose naturellement pour s'ouvrir au monde c'est-à-dire les sens et la raison ? Cassirer définit cette étape qui suit le Moyen-Âge comme le moment d'une révolution dans la méthode scientifique. Certes, il aurait été plus objectif que Cassirer relativise son jugement. Ce qu'il prend pour une « nouvelle forme de la théorie de la nature » n'est probablement qu'un projet qui mettra longtemps à se réaliser. En effet, pour que s'effectue le passage du monde de l'à-peu-près à l'univers de la précision[1], beaucoup d'efforts ont été nécessaires. Les grands projets mûrissent dans le temps.

Ce premier moment où la science devient une recherche qui soumet la nature à une interrogation expérimentale à l'intérieur de laquelle se conjuguent et se conditionnent la manipulation des choses et les idées de la raison s'inscrit dans une atmosphère de divinisation. Cette recherche reste, de part en part, empreinte d'esprit religieux, et prend le plus souvent, la forme d'une glorification de la toute puissance divine. D'ailleurs, Cassirer ne précise-t-il pas lui-même que la théorie physique de Kepler, tout comme celle de Galilée se propose de « découvrir dans la nature la trace de sa divinité ! »[2], et de révéler aux hommes « toute la perfection du plan divin de la Création. *Mundi absolutissimi* »[3].

On pourrait, dans ces conditions, s'interroger sur les raisons de la condamnation de Giordano Bruno et de Galilée par l'Eglise. S'ils n'ont travaillé qu'à montrer la puissance de Dieu à travers l'étude de la nature, comment avait-on osé leur reprocher d'avoir emprunté cette voie vers Dieu ? En fait, la raison de la condamnation de cette nouvelle pensée serait à chercher ailleurs, dans la nouvelle dimension que la vérité a prise avec cette pensée. En l'occurrence, la vérité n'est plus seulement dans ce que révèle le texte sacré ; révélation dont l'Eglise détient le monopole ; mais elle peut être aussi saisie par un autre biais, celui de l'observation. Elle peut être dite par un autre auteur, une

---

[1] A. Koyré, *Les Origines de la science moderne*, op. cit., pp. 63-64.

[2] E. Cassirer, *La philosophie des Lumières*, p. 73.

[3] Voir à ce sujet, G. Simon, *Kepler, astronome astrologue*, surtout, chapitre I, §3, p. 65.

autre compétence, l'homme[1] *simplement homme*. Une nouvelle figure fait alors irruption : l'homme en tant qu'être capable non seulement de recevoir la vérité mais aussi de la produire.

Mais, s'il est encore tôt de parler, dans cette nouvelle atmosphère, de naissance de l'homme, il est toutefois possible de parler de la position de l'esprit comme instance capable d'atteindre la vérité des choses et de la communiquer. En effet, la raison n'est pas seulement en mesure de lire « le livre de la nature »[2], mais elle est aussi à même d'en saisir la vérité première et d'accéder à son principe. Cassirer prend la philosophie du XVIIe siècle à témoin sans spécifier à quel philosophe il se réfère, mettant dans la même catégorie, Descartes, Malebranche, Spinoza et Leibniz. La déduction qu'il prend, à juste titre, comme méthode caractéristique de la pensée de ce siècle permet, selon lui, de rattacher « médiatement à la certitude première d'autres propositions afin de parvenir au moyen de cette connexion médiate, à parcourir toute entière la chaîne du connaissable et à la clore sur elle-même »[3], sans avoir recours à une justification extérieure. Cela est clair dans la philosophie de Descartes pour qui les idées claires et distinctes expriment, à la fois, la certitude du moi, celle de Dieu et celle du monde. Les règles de la méthode nous fournissent à ce propos une illustration de cette nouvelle démarche analytique. Il s'agit de procéder à un double travail, décomposition ou résolution, et composition ou reconstruction : décomposer chaque phénomène en ses éléments simples puis le reconstruire à partir de ces mêmes éléments, toujours en fonction d'un principe unique

---

1 On le voit nettement chez Descartes, voir *Discours de la méthode*, première partie, p. 131 : « Et ainsi je me délivrais peu à peu de beaucoup d'erreurs qui peuvent offusquer notre lumière naturelle et nous rendre moins capables d'entendre raison. Mais, après que j'eus employé quelques années à étudier ainsi dans le livre du monde, et à tâcher d'acquérir quelques expériences, je pris un jour la résolution d'étudier aussi en moi-même, et d'employer toutes les forces de mon esprit à choisir les chemins que je devais suivre. »

2 Une métaphore que l'on rencontre surtout chez Galilée, voir *L'Essayeur* : « La philosophie est écrite dans un grand livre qui se tient toujours ouvert devant nos yeux, mais on ne peut le comprendre si d'abord on ne s'applique à en comprendre la langue et à connaître les caractères avec lesquels il est écrit. »

3 E. Cassirer, *La philosophie des Lumières*, p. 42.

d'intelligibilité. C'est dire qu'une nouvelle approche du savoir se fait jour. Approche dont il faut probablement poser le problème.

§ 2. Une nouvelle approche du savoir

Cassirer veut-il dire qu'à partir du XVIIe siècle, le contour de la science nouvelle se fixe ? Soutient-il que le XVIIe siècle est le siècle où se démontre ce que Giordano Bruno avait déjà pressenti, à savoir que la science se définit non par son objet mais par sa méthode ? Si cela s'avère vrai, peut-on de là conclure à la naissance de l'idée de l'homme comme existence indépendante à la fois de Dieu et de la Nature ?

Pour Cassirer, les méthodes de Galilée et de Newton, fécondes et originales, ont été tenues par leurs successeurs pour seule arme permettant de renouveler le vaste domaine de la science et d'opérer radicalement la rupture épistémologique avec la science traditionnelle, qu'elle soit d'obédience grecque ou médiévale. Elles constituent à ses yeux une véritable « révolution méthodologique à laquelle la science moderne doit son origine »[1], en quoi notre auteur n'a pas tort. Newton n'a-t-il pas été considéré comme le Moïse des temps modernes ; Un Moïse auquel Dieu aurait révélé les secrets du monde[2] ?

Cette révolution méthodologique va plus loin que celle déjà ébauchée par la Renaissance ; elle a le mérite de mettre l'homme au centre de la réflexion philosophique. On cherche à cerner cet être particulier dont émane toute vérité. Descartes lui consacre son *Traité de l'homme* où il s'occupe de son anatomie et des

---

1 *Ibid.*, p. 64.

2 Une emphase du fils d'Ampère illustre très bien la tonalité prophétique que l'on accordait à Newton et le consensus qui s'est réalisé autour de sa théorie de l'attraction :
« *Du christ de la science annonçant la venue ;*
Kepler, du tabernacle avait ouvert la nue ;
Alors, du Dieu voyant adoré Platon,
Le verbe se fit homme, il s'appela Newton.
Il vint, il révéla le principe suprême,
Constant, universel, un comme Dieu lui-même.
Les mondes se taisaient, il dit : ATTRACTION.
Ce mot, c'était le mot de la création. »
Poème cité par I. Prigogine et I. Stengers, *La nouvelle alliance*, p. 77-78.

fonctions organiques. Spinoza en fera la finalité de l'*Ethique* car, dit-il, « à l'homme rien n'est plus utile que l'homme »[1].

Toutefois il serait hâtif de conclure à la naissance d'une véritable science de l'homme. Qu'il soit décrété centre de la réflexion philosophique ou origine et but de tout savoir sur la nature, l'homme reste, au centre de cette réflexion, un être métaphysique qui ne peut, comme tel, être l'objet d'aucune investigation analytique. Pour la pensée classique, on ne part pas de l'homme lui-même pour l'étudier, on y parvient à partir de prépositions métaphysiques. Le XVIIe siècle, premier moment de notre modernité, en constituant la science de la nature, a seulement rendu possible celle de l'homme. Il en a donné les conditions de possibilité métaphysiques.

C'est, selon Cassirer, le XVIIIe siècle qui sut tirer les conséquences théoriques et pratiques de la science nouvelle. Aussi est-on en droit, selon notre auteur, de le considérer comme le deuxième moment de la modernité. Une idée centrale domine ce siècle : l'affirmation du caractère paradigmatique de la science newtonienne et l'adhésion, presque sans réserve, à sa valeur explicative, tant elle incarne ce que S. Kuhn appelle « une promesse de succès »[2]. Il est décrit comme un siècle où l'esprit vit de la conviction « que les grandes trouvailles étaient déjà faites, les secrets de la nature déjà mis au jour et pour toujours »[3] et qu'il ne restait qu'à reproduire à l'infini ce modèle qui a réussi. On voulait être Newton en tout : Newton de l'histoire naturelle, de la philosophie et de l'esthétique. Tout le siècle est comme habité, selon notre auteur, par « une obsession un peu irritante d'une *Révolution copernicienne* »[4], la science cherche à réaliser toutes les promesses du nouveau paradigme, celui de la gravitation universelle et s'emploie à augmenter « la corrélation entre (ses) faits et les prédictions »[5] et à le préciser lui-même.

---

[1] Spinoza, *Ethique*, livre 4, scolie de la proposition XVIII, p. 505.

[2] S. Kuhn, *La structure des révolutions scientifiques*, p. 40.

[3] E. Cassirer, *La philosophie des Lumières*, p. 17.

[4] *Ibid.*

[5] *Ibid.*, p. 40.

§ 3. La philosophie des Lumières

Se référant à D'Alembert, notre auteur estime que, confiant et rassuré, le XVIIIe siècle, héritier des grandes découvertes, n'avait qu'à élargir le champ d'application de la nouvelle science. En effet, pour D'Alembert, l'invention de cette « nouvelle méthode de philosopher »[1] et son application, à tout ce qui est offert à l'esprit, « a dû exciter dans les esprits, une fermentation vive (...) agissant en tout sens comme un fleuve qui a brisé ses digues »[2]. Un mot clé est au centre de cette effervescence, *la lumière naturelle*. Confiante en ses capacités grâce aux victoires de la science, la raison est décidée à prouver qu'elle est capable de continuer de s'émanciper des idées reçues, de la théologie et de la métaphysique traditionnelle. C'est en ce sens que cette époque se nomme l'époque des *Lumières*. La *lumière naturelle* s'empare, en effet, de tout : de la religion, de la connaissance et de la politique. Par sa présence, elle semble justifier beaucoup de choses : le despote éclairé de Voltaire autant que la religion dans les limites de la simple raison de Kant. On veut, en quelque sorte, généraliser ce que le XVIIe siècle avait établi au niveau du domaine de la connaissance de la nature.

Un double mouvement de la pensée se dessine, vertical et horizontal. D'une part, on veut étendre ces idées nouvelles à l'interprétation du passé et de l'avenir, et d'autre part, on cherche à mettre à jour « les forces créatrices par lesquelles ces résultats sont intimement élaborés »[3]. En résulte alors, selon Cassirer, « une forme de pensée philosophique parfaitement neuve et originale »[4]. C'est désormais vers l'esprit que se tourne la pensée. On se trouve, pour ainsi dire, presque fatalement, conduit vers l'élaboration d'une sorte de « phénoménologie de l'esprit » dont la finalité serait de le suivre dans son mouvement créateur, de retrouver le cheminement au terme duquel il a su déchiffrer l'énigme de l'univers.

Voilà ce qui impose à la pensée philosophique un nouveau souci, une nouvelle interrogation : il s'agit moins d'augmenter

---

[1] D'Alembert, *Essai sur les éléments de la nature*, T. IV, p. 3.

[2] *Ibid.*

[3] E. Cassirer, *La philosophie des Lumières*, p. 32.

[4] *Ibid.*

notre connaissance des choses que de suivre son cheminement et de définir ses conditions de possibilité. Cette nouvelle voie doit mener, selon notre auteur, à établir un savoir de soi, un savoir de « sa propre nature et de son propre pouvoir »[1].

Ce sentiment général qui domine ce siècle des Lumières, Cassirer le résume dans la phrase de Pope : « The proper study of mankind is man. »[2] C'est que l'on ne voit dans la multiplicité des branches de la connaissance et dans l'extension que réalise le savoir scientifique, que la manifestation et le déploiement d'une force créatrice qui réside dans l'homme. Aussi l'homme est-il devenu ce qu'il faut d'abord comprendre si l'on tient à comprendre le reste, surtout le fait que le monde soit intelligible et que la science elle-même soit possible.

Cassirer démontre ainsi qu'avec la philosophie des Lumières, le centre d'intérêt de la réflexion philosophique se déplace du monde vers l'homme. Croyant trouver dans le concept de raison le secret de la science, la philosophie des Lumières soulève un nouveau problème : quel sens faut-il donner à cette raison considérée comme source de tout exploit cognitif ? Quelles sont les tâches qui lui reviennent dans cette entreprise impressionnante et de quels moyens dispose-t-elle ? De la réponse à ces questions dépend la place qui va être octroyée à l'homme dans le monde.

Le XVIIIe siècle croit pouvoir répondre à ces questions en se référant à la nouvelle méthodologie scientifique, celle déjà mise à l'épreuve par la science newtonienne. Tout le monde[3], ou presque, se réclame de la méthode de Newton. *Les regulae philosophandi* de Newton, constate Cassirer, prennent la place du *Discours de la méthode* de Descartes[4]. On estime que Newton a fourni une solution durable aux problèmes majeurs que pose la nature[5]. En quoi consiste cette méthode newtonienne ? Cassirer la résume brièvement en une méthode qui va de l'observation des phénomènes aux lois[6]. Newton lui-même nous dit dans son

---

1 *Ibid.*, p. 40.

2 *Ibid.*

3 *Ibid.*, p. 43.

4 *Ibid.*, p. 42.

5 Voir, S. Kuhn, *La structure des révolutions scientifiques*, pp. 62-63.

6 E. Cassirer, *La philosophie des Lumières*, p. 43 : « Newton, dit Cassirer,

Traité d'optique que « la meilleure manière de raisonner que puisse admettre la nature des choses »[1] dans les sciences physiques aussi bien que dans les sciences mathématiques consiste à « employer dans la recherche des choses difficiles, la méthode analytique avant de recourir à la méthode synthétique »[2]. La méthode analytique ou méthode déductive « consiste à faire des expériences et des observations et à en tirer par induction des conclusions générales, et à n'admettre aucune objection contre ces conclusions qui ne soit prise de quelque expérience ou d'autres vérités certaines (...) pour synthèse, elle consiste à prendre pour principes des causes connues et éprouvées, à expliquer par leur moyen les phénomènes qui en proviennent, et à prouver ces explications »[3].

La philosophie naturelle de Newton que nous appellerions aujourd'hui plutôt science expérimentale est soutenue par une hypothèse de base, à savoir que l'ordre que la science découvre dans les phénomènes n'est pas un ordre qui transcenderait la matière ; il se trouve dans les phénomènes eux-mêmes. A l'origine il n'y a pas le désordre mais l'ordre. On présuppose, explique Cassirer, qu'entre les faits, il y a « une forme qui les

---

ne commence pas par poser certains principes, certains concepts et axiomes universels pour parcourir pas à pas au moyen de raisonnements abstraits, la voie qui conduit à la connaissance du particulier, des simples "faits". C'est dans la direction inverse que se meut sa pensée. Les *phénomènes* sont le donné, les *principes*, ce qu'il faut chercher. »

[1] Newton, *Traité d'optique*, livre III, question XXI, p. 579-581.

[2] *Ibid.*

[3] *Ibid.*, Reste à savoir si la méthode *théorisée* correspond effectivement à la méthode *pratiquée* par l'auteur des *Principia*. Ce problème omis par Cassirer mérite d'être posé. Voir à ce sujet A. Koyré *Etudes Newtoniennes*, Paris, Gallimard, 1968, pp. 36-37 : « Newton, dit Koyré, nous le savons bien, n'a jamais admis que l'attraction fût une force "physique". Il dit et répète maintes et maintes fois que c'est uniquement une "force mathématique", qu'il est absolument impossible- non seulement pour la matière mais même pour Dieu- d'agir à distance c'est-à-dire d'exercer une action là où l'agent n'est pas présent- ceci, conclut Koyré, nous donne un singulier aperçu sur les limites de ce qu'on appelle l'empirisme de Newton...il dit et répéta que c'est une propriété (l'attraction) qu'il faudrait expliquer; qu'il ne pouvait pas le faire, et comme il ne voulait pas donner une explication fantaisiste quand une bonne théorie lui faisait défaut et comme la science pouvait parfaitement bien continuer à progresser sans elle, il préférait n'en donner aucune et laisser la question ouverte. »

pénètre et les unit »[1]. Cette forme est « mathématiquement déterminée, structurée et articulée selon le nombre et la mesure »[2] ; elle est le langage de la nature. La raison est appelée à en dégager le sens en en construisant la syntaxe. C'est ce qui fait dire à D'Alembert que l'affaire de la philosophie est de montrer la présence de la raison « dans les phénomènes eux-mêmes »[3] ; ce qui ne peut aller sans exiger une redéfinition de la raison elle-même.

L'élément nouveau, pour Cassirer, dans cette conception de la raison, est que celle-ci n'est plus le siège des idées innées ou des « vérités éternelles qui sont communes à l'esprit humain et à l'esprit divin (…) antérieures à toute expérience, qui nous révèle l'essence absolue des choses »[4]. La raison, dit Cassirer, est désormais « la forme de l'acquisition »[5] des vérités, un « pouvoir originel et primitif »[6] qui nous conduit à découvrir la vérité, à l'établir et à s'en assurer. C'est ainsi que la science voit s'élargir ses horizons : elle n'est plus uniquement investigation dans le monde des choses, une sortie vers l'extérieur, mais elle est aussi retour à soi afin d'acquérir une connaissance de soi.

Tout se passe comme si, au XVIIIe siècle, l'esprit devait, par un mouvement de retour à soi, mesurer le trajet qu'il venait de parcourir pour comprendre comment il est parvenu là où il est et comment il a su arracher au monde son secret, ce que Cassirer désigne comme « la loi qui l'enveloppe et le pénètre tout entier »[7], celle que Newton a nommée *loi de la gravitation universelle*. En somme, le XVIIIe siècle, selon Cassirer, ayant pris acte de l'affirmation d'une autonomie, a cherché à en déduire une autre : il est allé de l'autonomie de la nature pour en déduire l'autonomie de l'entendement humain. De l'une à l'autre, le passage ne semble poser aucune difficulté. C'est pourquoi Cassirer peut légitimement opposer le XVIIe au XVIIIe siècle, comme le siècle des révolutionnaires au siècle des

---

1 E. Cassirer, *La philosophie des Lumières*, p. 43.

2 *Ibid.*, p. 43.

3 D'Alembert, *Discours sur l'Encyclopédie*, p. 48.

4 E. Cassirer, *La philosophie des Lumières*, p. 48.

5 *Ibid.*

6 *Ibid.*

7 *Ibid.*, p. 70.

héritiers. « La philosophie des Lumières, écrit-il, n'a guère fait que mettre au clair une situation de fait qui était le résultat méthodologique du travail scientifique de deux siècles ; elle en a tiré les conséquences mais sans accomplir de ce point de vue, de révolution intellectuelle »[1]. La principale conséquence tirée de la science du XVIIe siècle est le rapport entre la connaissance de soi et la connaissance du monde, déjà en germe chez Descartes.

En fait, la liaison entre la connaissance de soi et la connaissance du monde a toujours existé, Cassirer la montre largement dans le premier chapitre de son *Essai sur l'homme*. Elle a cependant toujours été considérée comme un problème partiel par rapport à un problème général, celui de la connaissance *lato sensu*. La nouveauté qu'apporte la philosophie des Lumières n'est pas tant de désigner le problème de la connaissance de soi comme corollaire de la connaissance de la nature, mais de l'avoir exposé sous une nouvelle lumière, celle de la légitimité de l'usage de la raison.

Le modèle newtonien, en tant qu'exemple d'application des principes mathématiques à la physique, semble apporter à la pensée du XVIIIe siècle, selon Cassirer, la preuve de « l'applicabilité absolument illimitée »[2] de la raison comme force d'analyse. On chercha alors, explique Cassirer, à étendre l'esprit géométrique, « d'une part sur le plan psychique, d'autre part sur le plan social »[3]. Par cette extension, le XVIIIe siècle a prouvé « qu'un nouveau domaine devient accessible à l'autorité de la raison »[4], à cette nouvelle méthode d'analyse et de synthèse. Ce domaine est celui de ce qui est convenu d'appeler les phénomènes humains.

Peut-on pour autant parler à ce niveau de l'émergence d'une philosophie du sujet ? Non certes, car ce retour à soi n'a pas probablement constitué de prime abord une véritable philosophie de la subjectivité. Ce qui s'est produit au XVIIIe siècle n'est pas tellement l'émergence d'une nouvelle forme de *Cogito*, mais plutôt l'analyse du *Je suis* pour lui-même, comme le dit Michel

---

[1] *Ibid.*, p. 87.

[2] *Ibid.*, p. 50.

[3] *Ibid.*

[4] *Ibid.*, p. 50.

Foucault[1]. Il était naturel que l'homme qui, avec Descartes surtout, a cru pouvoir devenir maître et possesseur de la nature et cela par la connaissance des principes à partir desquels il peut la reconstituer, la maîtriser et la soumettre à sa volonté pense, à présent, à se connaître lui-même. Cette ambition de maîtriser la nature suggère celle de la maîtrise de soi. L'homme entre ainsi dans le champ du savoir, comme objet à connaître. Or, il n'y entre pas d'une seule manière mais disons, de plusieurs manières.

Cassirer cherche alors à dégager les forces profondes qui ont produit et façonné ces manières de considérer l'humain. Une histoire de l'émergence de l'homme effectuée selon le postulat qu'à chaque conception physique correspond une conception de l'intervention de la raison d'où découle forcément une conception de la structure de la raison et par conséquent une anthropologie différente. Un postulat qu'on peut exprimer dans une terminologie kantienne qu'en fonction de ce que je peux connaître, de ce que je dois faire et de ce qu'il m'est permis d'espérer, je sais ce que je suis.

---

1 M. Foucault, *Les mots et les choses*, p. 323.

B. Penser l'homme après Newton

§ 1. La réduction matérialiste ou le bonheur mortel.

La démystification de la nature devait inéluctablement mener à la démystification de l'humain, longtemps mis à la marge de la quantification en raison de sa complexité que l'on impute à la présence en lui de l'âme ou de l'esprit. Le réduire à une simple nature pourrait le rendre enfin maître de lui-même et régler, une fois pour toutes, son rapport au monde et à Dieu. Un projet qui requiert que l'on transpose dans le domaine des mouvements de l'homme, les règles qui régissent les corps célestes et les corps terrestres.

Mais comment inclure l'homme tout entier dans le mécanisme universel ? Ne faut-il pas assouplir ce mécanisme lui-même afin de lui permettre de rendre compte de toutes les formes de transition qui, sous le rapport de la complexité au moins, existent entre la nature inanimée et la nature animée ?

Le premier courant de pensée que Cassirer présente dans sa *Philosophie des lumières*, en tant que mode de pensée spécifique provenant directement de l'enthousiasme pour la science nouvelle, est le courant matérialiste. Il retient de cette science l'homogénéité du regard que l'on doit désormais porter sur le monde matériel. Cette homogénéité du regard doit partir « d'un fait fondamental d'où on pourra déduire tout le reste »[1], y compris les faits élémentaires de l'âme. La difficulté que cette première tendance doit dépasser est le dualisme qui se justifie mal au regard du précepte principal de la méthode newtonienne : l'observation. Une seule solution pourrait bannir ce dualisme : prouver « que la réalité matérielle et la réalité psychique (peuvent être) pour ainsi dire réduites au même dénominateur, (qu') elles sont construites des mêmes éléments associés selon les mêmes lois »[2]. L'adoption de la méthode newtonienne dans la connaissance de la nature se solda ainsi, chez les matérialistes, par une modification du sens ontologique de l'homme lui-même.

---

[1] E. Bréhier, *Histoire de la philosophie*, tome II, p. 387.

[2] E. Cassirer, *La philosophie des Lumières*, p. 52.

L'homme devient simple objet de la nature conçue comme tout homogène.

Le principe heuristique de ce qui est convenu d'appeler Matérialisme tel qu'il apparaît, au XVIIIe siècle, chez La Mettrie, D'Holbach, Helvétius... est que, ce qui s'applique à la connaissance du monde matériel convient ou doit convenir aussi au domaine humain. En tant que phénomène naturel, l'homme doit être connu de la même manière que la nature, c'est-à-dire mécaniquement : on doit chercher à comprendre l'agencement des rouages qui le mettent en mouvement. Pour ces matérialistes, toute attitude humaine est, en dernière analyse, un fait naturel, une chose, et doit être traitée comme telle, donc scientifiquement[1]. Il y avait, chez ces penseurs, une volonté de priver « l'idée de la nature de l'appui de l'idée de Dieu »[2]et de proclamer contre les mécanistes du XVIIe siècle (Descartes, Spinoza et Leibniz) que « le monde des faits doit être son propre support »[3]. Dès lors, la recherche d'un autre appui ou d'un fondement rationnel aux faits humains serait une recherche vaine.

Cassirer fait remonter les racines modernes de ce matérialisme à Hume dont la pensée, selon lui, est elle-même la continuation des travaux de l'école newtonienne. A notre sens, ces racines se trouvent déjà chez Hobbes pour qui la philosophie est connaissance des faits par leurs causes. La connaissance des choses comme celle des hommes est un système de définitions causales, « un savoir du parce que »[4] comme le définit Cassirer. Connaître un phénomène revient en somme à le mettre en relation avec d'autres éléments selon une règle constante et générale. Cette conception promet de réduire les phénomènes qualitatifs à leurs aspects quantitatifs et, par conséquent, à faire de la pensée un calcul[5]. Avec cette nouvelle définition de la

---

[1] *Ibid.*, p. 85.

[2] *Ibid.*, p. 88.

[3] *Ibid.*

[4] *Ibid.*

[5] Hobbes, Leviathan Chap. V, in *The english philosophers from Bacon To Mill*, p. 143 : « When a man *reasoneth*, he does nothing else but conceive a sum total, from *addition* of parcels; or conceive a remainder ; from *substraction* of one sum from another, which, if it be done with words is conceiving of consequencis of the names of all the parts, to the

pensée, il est permis d'espérer parvenir à une connaissance scientifique de l'homme ; car désir, volonté, imagination etc. peuvent être connus, c'est-à-dire calculés, autrement dit, ramenés aux lois du mouvement[1]. Cassirer qui reconnaît ainsi que selon Hobbes, « toute pensée est computation, et toute computation est addition ou soustraction » [2], avait tout ce qui prouve la filiation des matérialistes modernes à ce matérialisme rigoureux et rigide du siècle précédent.

Cependant, Cassirer ne parle de Hobbes que plus loin, dans le cinquième chapitre de *La philosophie des Lumières* au sujet des théories de l'Etat, du droit et de la société, théorie que nous estimons elle-même découler de sa théorie de la connaissance et de sa conception de l'homme. En effet, et Cassirer le reconnaît, pour Hobbes « l'Etat lui aussi est un corps, il n'y a pas d'autre solution (…) pour connaître sa nature, que de l'analyser jusque dans ses derniers éléments et de le reconstruire ensuite »[3].Nombreux auteurs du XVIIIe siècle ont épousé cette voie issue de Hobbes : « Toutes les erreurs des hommes, dit d'Holbach, par exemple, sont des erreurs de physique ; »[4] ils ne se trompent jamais que lorsqu'ils négligent de remonter à la nature, de consulter ses règles, d'appeler l'expérience à leur secours. Or, que nous apprend l'expérience ? Nous ne pouvons savoir empiriquement que l'extension des choses, leur figure, leur mouvement et leur repos, leur gravité et leur inertie.

Reste à savoir si les qualités ou états de la matière observable lui sont intrinsèques. S'agit-il de qualités premières ou de qualités secondes ? Ce problème physique aboutit

---

name of the whole, or from the name of the whole and one part, to the name of the other part… in sum, in what matter soever there is place for addition and substraction, there also is place for reason. »

1 *Ibid.,* p. 129 : « For seeing life is but a motion of limbs, the beginning, whereof is in some principal part within; whey may we not say, that all *automata*, have an artificial life? For what is the heart, but a spring; and the nerves, but so many strings, and the joint, but so many wheels, giving motion to the whole body, such as was intended by the artificer ? »

2 E. Cassirer, *La philosophie des Lumières,* p. 257.

3 *Ibid.*

4 D'Holbach, Le système de la nature, texte commenté par M. Holland, in *Réflexions sur Le système de la nature*, p. 3.

nécessairement à un problème métaphysique. La réponse cartésienne n'est pas unanimement acceptée. Les matérialistes du XVIIIe siècle que Cassirer désigne de « philosophes populaires »[1] se montrent plutôt sceptiques. Nous ne pouvons jamais prouver, se dit-on si les qualités tiennent à l'essence de la matière où si elles sont déposées en elle par Dieu ou une autre cause.

Se référant au *Système de la nature* de D'Holbach comme illustration de cette philosophie populaire, Cassirer résume ses prémisses en ces termes : « L'homme est l'oeuvre de la nature et n'a d'existence qu'en elle (c'est pourquoi) aucune explication extrinsèque »[2] aux lois de la nature elle-même ne peut en rendre compte. « Ce qui a retenu l'esprit de l'homme de prendre véritablement possession de la nature et de s'y établir à demeure c'est cette tendance fatale de mettre en question l'au-delà de la nature. »[3] Pour démystifier la nature et l'homme, il faudrait, écarter « cette idée de transcendance »[4]. Cette analyse est certes celle du premier chapitre du Système de la nature de D'Holbach que nous nous permettons de reproduire ici. « Les êtres que l'on suppose distingués de la nature, sont, dit-il, des chimères dont on ne peut se former aucune idée. L'homme est un être purement physique. Toutes ses erreurs sont des erreurs de physique, et c'est pour avoir négligé l'étude de la nature qu'il s'est formé des Dieux, qu'il est tombé dans l'esclavage, qu'il méconnaît ses devoirs et son bonheur. »[5]

Du substantialisme cartésien à l'intérieur duquel la distinction des qualités premières et des qualités secondes est aisée à faire, la matière étant simplement réduite à l'extension géométrique, on passe ainsi à une sorte de phénoménisme qui, à la hardiesse des vues de l'esprit, substitue la prudence de l'expérience. Dés lors, méthodologiquement au moins, le dualisme n'est plus de mise. En tant qu'objet d'investigation scientifique, l'esprit est soumis à la même législation que celle à laquelle obéit la nature. Les faits spirituels et moraux se ramènent ou doivent se ramener,

---

[1] E. Cassirer, *La philosophie des Lumières*, p. 93.

[2] *Ibid.*

[3] *Ibid.*

[4] *Ibid.*

[5] D'Holbach, *Le système de la nature*, p. 2.

comme les phénomènes physiques, à la matière et au mouvement. La mécanique cartésienne se trouve ainsi allégée de ses présupposés métaphysiques, ce qui permet d'en généraliser la portée pour la constituer en une véritable science universelle.

Le vaste assemblage qu'est l'univers n'est que de la matière et du mouvement. L'homme lui-même, dans sa dimension naturelle et matérielle, n'est qu'un mécanisme, un assemblage de différentes matières selon une combinaison déterminée, et qui se meuvent suivant un mouvement déterminé[1]. Il y a lieu de croire que la généralisation du mécanisme est en germe chez celui qui, plus que tout autre a tenu à en épargner l'esprit, Descartes. En témoigne ce qu'il dit dans *Les passions de l'âme* : « Tous les mouvements que nous faisons sans que notre volonté y contribue (comme il arrive souvent que nous respirons, que nous marchons, et enfin que nous faisons toutes les actions qui nous sont communes avec les bêtes) ne dépendent que de la conformation de nos membres et du cours que les esprits, excités par la chaleur du coeur, suivent naturellement dans le cerveau, dans les nerfs et dans les muscles, en même façon que le mouvement d'une montre est produit par la seule force de son ressort et la figure de ses roues. »[2]

D'Holbach n'hésite pas à faire le pas qui reste. Il assimile la connaissance de l'esprit à celle du mécanisme corporel. « L'univers, dit-il, ce vaste assemblage de tout ce qui existe ne nous offre partout que de la matière et du mouvement. L'homme lui-même n'est qu'un assemblage de différentes matières selon une combinaison déterminée, ainsi la différence entre les différentes espèces ou les différentes choses n'est qu'une différence de combinaison, d'assemblage donc de mouvement. »[3] Comprendre l'homme, c'est comprendre le mouvement. La science de l'homme ne requiert rien de substantiellement différent de ce que requiert le science de la nature. On passe par Descartes pour le dépasser en généralisant l'esprit même de sa philosophie : le mécanisme. Ainsi pour D'Holbach, « exister ne veut rien dire d'autre qu'être susceptible de mouvement et concevable dans le mouvement, le conserver

1 Descartes, Les passions de l'âme, art 16, in *Oeuvres et lettres,* p. 704.

2 *Ibid.*

3 D'Holbach, *Système de la nature*, p. 19.

en soi, le recevoir et le transmettre »[1]. L'homme, prolongeant la nature en en faisant partie, n'est, en fin de compte qu'un automate parmi d'autres.

On devine aisément les conséquences d'une telle conception et Cassirer ne manque pas de les relever : tout, dans l'existence, est à ramener au mouvement, les valeurs, la volonté et la liberté. La biologie et la physiologie générale deviennent la mécanique du vivant. Tout est à penser en tant qu'effet nécessaire du mouvement. Ce monisme mécaniste est encore plus explicite chez La Mettrie, un médecin doublé de philosophe. En citant son livre *L'homme machine*, Cassirer, rapporte que chez ce dernier, l'explication de la nature se fonde sur un principe heuristique selon lequel la matière organique renferme en soi « un principe moteur qui seul la différencie »[2]. Le corps humain serait ainsi selon La Mettrie, « une horloge mais immense et construite avec tant d'artifice et d'habilité »[3].

Tout ce que l'homme produit s'explique par son organisation physique. Ainsi, dit-il, on peut considérer « le cerveau (...) comme un ressort principal de toute la machine, qui a une influence visible sur tous les autres »[4]. La différence entre l'homme et le singe ou tout autre animal n'est, en dernier ressort, qu'une différence quantitative qui réside dans le degré de complication du mécanisme. Et cette complication ne peut être établie conceptuellement : seule l'expérience est en mesure de nous en dévoiler les causes, « la même méthode de constatation empirique, commente Cassirer, s'impose pareillement pour les problèmes qu'on appelle psycho-physiques »[5].

Tout est donc nature et mouvement. Tout est alors soumis aux lois de la mécanique, seules capables de tout expliquer. Cassirer voit dans ce mécanisme généralisé un monisme rigide où il est « impossible de tracer nulle part un trait de démarcation »[6] entre les phénomènes spirituels et les phénomènes corporels, ces deux

---

1 *Ibid.*, p. 4.

2 La Mettrie, L'homme machine, in *Oeuvres Philosophiques 1*, p. 110.

3 *Ibid.*, p. 105.

4 *Ibid*

5 E. Cassirer, *La philosophie des Lumières*, p. 96.

6 *Ibid.*

réalités, ajoute-t-il, sont « faites d'un seul jet »[1]. Ainsi, pour La Mettrie par exemple, « il n'y a dans l'Univers qu'une seule substance diversement modifiée »[2]. Ce qui ne peut nous autoriser à expliquer la pensée par l'âme car, « ce sont, dit-il, les mouvements de la matière qui pensent »[3]. Nulle expérience n'est capable de séparer le spirituel du corporel qui sont partout indissolublement liés, de telle façon que toute séparation serait une pure conjecture qui obscurcirait l'évidence des choses. Dans le même esprit, D'Holbach définit l'homme comme une production de la nature, et conclut de ce fait qu'il « n'a pas de raison pour se croire un être privilégié dans la nature ; il est sujet aux mêmes vicissitudes que toutes les autres productions »[4], résultat de combinaisons de certaines matières, douées de propriétés particulières. Dans ce cas, une anthropologie matérialiste ne serait rien d'autre qu'une mécanique physiologique.

Aux critiques qui trouvent aberrante l'attribution à la matière de déterminations telles que le sentiment, le souvenir, le désir, la volonté, la pensée, La Mettrie répond que ces déterminations ne sont pas plus étranges que l'extension et le mouvement que l'opinion générale, celle des cartésiens au moins, considère comme appartenant à l'essence de la matière : toute activité humaine, qu'elle soit physique ou morale est réductible au mouvement de la matière.

Etendu à notre problème, celui de l'homme, nous pouvons dire que chez les mécanistes du XVIIIe siècle, l'homme est le produit de la matière et du mouvement. Certes, à la différence de Descartes, on essaie d'enrichir cette matière. On ne la réduit pas brutalement à l'étendue géométrique, on en fait une matière variée. On se dit que la matérialité n'est plus le seul apanage du monde inerte ou animal, qu'elle inclut l'homme ou ce qui est tenu pour humain dans l'homme; tout ce que Descartes avait exclu de la matérialité en raison de son caractère spirituel, c'est-à-dire les actions de l'âme ou ses volontés qui « viennent

---

1 *Ibid.*

2 La Mettrie, *L'homme Machine*, p. 117.

3 *Ibid.*

4 D'Holbach, *Le système de la nature*, p. 48-49.

directement de notre âme, et semblent ne dépendre que d'elle »[1]. Mais le résultat est là, l'homme n'est plus ce qui s'oppose à la nature. Être naturel, il est l'objet d'une connaissance en tout semblable à celle de la nature. Il n'est ni l'image de Dieu, ni l'énigme du monde. Il n'est plus, ainsi que le dirait Spinoza, un « empire dans un empire ».

Suivant les principes matérialistes, l'idée d'une âme spirituelle, immatérielle et incorporelle ne correspond à aucune expérience réelle. Ce n'est là, dira Cassirer, « qu'une dangereuse illusion »[2]. Il n'y a rien dans notre tête dont l'expérience ne puisse rendre compte. Nous ne sommes le siège ni d'idées innées ni de sens moral transcendant. Pour La Mettrie, la science cartésienne contient en elle-même, les éléments essentiels d'un matérialisme cohérent. Il suffit de la débarrasser de sa métaphysique, c'est-à-dire de sa spiritualité. De son côté, D'Holbach refuse de faire de l'Homme un univers spécifique construit autour de l'âme. Il faut, selon lui, libérer l'homme de l'illusion d'être soustrait au déterminisme universel. L'erreur de tous les philosophes idéalistes consiste dans la fausseté des conceptions qu'ils se font des idées et du corps. Les premières sont à leurs yeux de pures entités, des universaux, des significations abstraites, tandis que le second n'est qu'un mécanisme inerte. Il ne faut voir dans le corps qu'une machine sensible. S'assure ainsi, en principe au moins, le passage de la théorie cartésienne de l'automatisme animal à la théorie de l'automatisme humain.

A cette philosophie de la nature et de l'homme, Cassirer fait correspondre une philosophie religieuse ; car une telle théorie de l'âme implique en premier lieu, la négation de l'immortalité et, par conséquent, de tout espoir relatif à un au-delà[3]. Réduit au terrestre, mécaniquement compris, l'homme est, du même coup privé de ses attaches célestes. Produit de la nature qu'il prolonge en en comprenant le mécanisme, l'homme de la nouvelle philosophie est enraciné dans une temporalité concrète et pratique. L'homme est fait de telle sorte que tout en lui travaille pour une seule fin qui lui est immanente : sa propre conservation.

---

[1] Descartes, *Les passions de l'âme,* Art. 17, op. cit., p. 704.

[2] E. Cassirer, *La philosophie des Lumières*, p. 97.

[3] *Ibid.*

Chez D'Holbach par exemple, l'homme n'est pas fait pour réaliser la volonté de Dieu sur terre, il est au contraire régi par « une force d'inertie »[1] qui fonctionne comme force de conservation que l'auteur définit comme « disposition nécessaire »[2] en lui et dans tous les êtres, dispositions qui, par des moyens divers, tendent à persévérer dans l'existence qu'ils ont reçue, « tant que rien ne dérange l'ordre de leur machine ou sa tendance primitive »[3]. Cette force d'inertie, D'Holbach l'appelle par imitation des physiciens, « gravitation sur soi »[4]. Car, « chaque être ne peut se mouvoir que d'une manière particulière, chaque être a des lois du mouvement qui lui sont propres et agit constamment suivant ces lois à moins qu'une cause plus forte n'interrompe son action »[5].

Nous sommes ainsi, selon Cassirer, devant « le système du déterminisme le plus rigoureux »[6] et le plus dépourvu de failles. Tout s'explique dans la nature par le mouvement des parties de la matière. Le désir ou le vouloir n'échappent pas à ce déterminisme. Tout ce qui arrive dans la nature ou émane de l'homme est nécessaire et peut-être expliqué par les conditions et les qualités qui sont siennes. Cassirer tire de ce système déterministe les conséquences morales : il ne saurait y avoir selon lui, « dans le règne de la nature (...) rien de juste ou d'injuste, de bon ou de mauvais : il y règne l'équivalence parfaite de tous les êtres et de tous les événements »[7]. La croyance à la liberté serait ainsi selon D'Holbach et La Mettrie une illusion dangereuse qui dénonce l'erreur de notre science et dénote une défaillance dans notre conception des choses. De ce fait l'homme ne serait, en dernière analyse, qu'une machine, le produit d'une agrégation atomistique. « C'est, selon La Mettrie, la structure de l'atome qui le forme, son mouvement qui le fait

1 D'Holbach, *Système de la nature,* p. 19.

2 *Ibid.*

3 *Ibid.*

4 *Ibid.*

5 *Ibid.*, p. 22.

6 E. Cassirer, *La philosophie des Lumières*, p. 97.

7 *Ibid.*

agir ; des conditions qui ne dépendent pas de lui (qui) déterminent son être et gouvernent son destin. »[1]

Deux points caractérisent ce mécanisme : un déterminisme universel et une conception fonctionnelle de l'âme. Dans le monde moral comme dans l'univers des choses physiques, tout effet a une cause et toute cause est elle-même un effet d'autres facteurs. Il n'y a pas, dans le monde physique ni dans le monde humain, de place au hasard, à la liberté, à l'indifférence. Compter avec de tels facteurs n'est que le signe de l'ignorance. « Vivre, dit D'Holbach, c'est exister d'une façon nécessaire pendant des points de la durée qui se succèdent nécessairement, vouloir c'est acquiescer ou ne point acquiescer à demeurer ce que nous sommes, être libre, c'est céder à des motifs nécessaires que nous portons en nous-mêmes »[2]. D'Holbach compare ce qui est communément appelé les mouvements de la volonté aux mouvements d'une boule dont la trajectoire est modifiée par les chocs reçus et qu'on peut expliquer parfaitement et en montrer le mécanisme et la nécessité par les lois du choc. « Le cerveau, dit-il, se trouve dans le même cas qu'une boule, qui quoiqu'elle ait reçu une impulsion qui la poussait en ligne droite, est dérangée de sa direction, dès qu'une force plus grande que la première l'oblige à en changer. »[3]

Ce *Système de la nature* qui exprime le déterminisme le plus rigoureux est, pour Cassirer, la propédeutique d'un « système social »[4] et d'une « morale universelle »[5], objets de deux autres ouvrages de D'Holbach, dans lesquels se donne à lire un matérialisme militant qui fait de la destruction de la métaphysique et des religions surnaturelles dont les principes de base sont le spiritualisme et le dualisme, sa cible privilégiée. Il s'agit pour lui de démystifier cette vaste duperie destinée à contrôler les esprits et de permettre à l'homme comme dit Cassirer « de prendre en main la mise en ordre du monde et la réaliser dans la paix »[6]. Partant, il pose, à titre de principe,

---

[1] La Mettrie, *Discours sur le bonheur*, op. cit., p. 211 et suivantes.

[2] D'Holbach, *Système de la nature*, op. cit., p. 126.

[3] *Ibid.*

[4] E. Cassirer, *La philosophie des Lumières*, p. 97.

[5] *Ibid.*

[6] *Ibid.*

métaphysique et heuristique à la fois, que toute transcendance serait une contre-nature.

Cassirer relève cette conclusion de *L'homme machine* : « Jamais le monde ne sera heureux tant qu'il ne se décidera pas à être athée. »[1] Les religions sont le plus grand ennemi de la marche naturelle de l'esprit humain vers la réalisation des intérêts de l'homme et de la société. En maintenant en l'homme un conflit permanent entre les passions de son cœur, ses vices, ses habitudes et « les craintes chimériques dont la superstition a voulu l'accabler »[2], elles cherchent à le réduire au désespoir.

Ce matérialisme populaire comme le désigne Cassirer, n'est pas moins une forme de libération de l'homme et un appel aux Lumières au sens kantien de ce terme. L'homme ne peut ordonner son monde que s'il ordonne au préalable son être propre. Il doit, commente Cassirer, se libérer de toutes les idoles, de toutes les illusions « sur l'origine première des choses »[3]. L'homme ne peut « prendre en main la mise en ordre du monde et la réaliser dans la paix et la sécurité »[4] tant qu'il ne s'est pas débarrassé du « spiritualisme théologique qui a empêché jusqu'à présent toute organisation vraiment autonome du système politique et social »[5]. Ce qui menace l'ordre du monde ce sont donc les idées de Dieu, de liberté, d'immortalité. Une sorte de « poison sacré »[6], dira La Mettrie, dont il faut désinfecter la vie afin qu'elle reprenne ses droits et sa pureté. Cassirer pose ainsi le noyau du matérialisme non pas du côté de la conception de la nature mais du côté de « l'éthique » [7] et de la philosophie du sujet. Pour comprendre les vrais intérêts de l'homme, les matérialistes commencent par une théorie de la nature pour ne laisser aucune place au surnaturel, se limiter à la conjonction du logique et de l'empirique. Leur but n'est pas de réussir une explication scientifique mais de parvenir à une promesse de bonheur.

---

1 *Ibid.*, p. 98.

2 D'Holbach, *Système de la nature*, op. cit., p. 145.

3 E. Cassirer, *La philosophie des Lumières*, p. 97.

4 *Ibid.*

5 *Ibid.*

6 La Mettrie, *L'homme machine*, op. cit., p. 97.

7 E. Cassirer, *La philosophie des Lumières*, p. 97.

Comment caractériser cette philosophie matérialiste que l'on s'est contenté, jusqu'ici, d'exposer dans ses grandes lignes à partir de la lecture de Cassirer des textes de La Mettrie et d'Holbach ?

-Le premier trait caractéristique de cette philosophie se situe au niveau de sa tendance à la généralisation à la sphère totale de l'humain, du mécanisme qui a déjà montré ses mérites au niveau de l'explication des phénomènes naturels.

-Le deuxième serait la tendance progressive vers la laïcisation totale du savoir indépendamment de son objet, l'homme ou la nature ; un mouvement qui se caractérise par l'institution de l'expérience non seulement comme moyen de vérification des idées mais aussi comme voie de se faire une idée juste de ce qui est. On assiste à ce niveau au premier pas d'une connaissance de l'homme. Comme tout premier pas, il est incertain et indécis.

-Le troisième se laisse mieux apprécier si on comprend ce matérialisme généralisé à partir de ce qu'il est devenu après le XVIIIe siècle. En effet, cette assimilation de l'homme à un objet physique, assimilation requise par le souci de le libérer de la superstition, n'a t-elle pas abouti à la négation de l'homme comme sujet ? Identifiant l'humain au naturel, le mécanisme, réduisant l'homme aux lois de la nature n'en perd-t-il pas l'essence ?

§ 2. La solution kantienne

L'objection majeure que soulève la thèse des matérialistes peut se formuler ainsi : comment la nature peut-elle être, en même temps son propre modèle et sa propre fin ? On trouve qu'il est difficile d'expliquer le travail de l'esprit humain par les propriétés de la matière même à un degré très élevé de son organisation. On en vient, de ce fait, à se demander si l'homme n'est que matière. N'a t-il pas d'autres pouvoirs que ces pouvoirs empiriques ? N'y a-t-il pas quelque chose en lui qui soit premier et surtout, substantiellement différent du matériel ?

Soulevé d'abord dans la *Dissertation de 1770*, ce problème considéré par Kant comme « la clé de tout le mystère (...) de la métaphysique »[1], est formulé plus explicitement en 1772 dans la

---

[1] Kant, Lettre à Marcus Herz 21 février 1772, in *Correspondances*, p. 94.

Lettre à Marcus Herz où Kant s'interroge « sur quel fondement repose le rapport de ce qu'on nomme en nous représentation, à l'objet ? »[1]. Comment les concepts qui semblent être de purs produits de notre intellect peuvent ils rendre compte d'objets qui nous sont étrangers ? Telles sont les questions majeures auxquelles la théorie kantienne tente d'apporter des réponses fondamentalement différentes de celles qui ont été jusqu'ici avancées.

Commentant la *Critique de la raison pure,* Cassirer ramène le problème critique à un problème génétique, « seule, dit-il, la genèse de l'esprit humain peut apporter une solution vraiment satisfaisante de sa nature »[2]. Si l'esprit n'est pas un degré d'organisation de la matière et si, dans nos connaissances des objets le rôle anticipateur de l'esprit est déterminant, dans le sens où comme dit Kant lui-même, « la raison n'aperçoit que ce qu'elle produit elle-même d'après son projet »[3]. Le problème serait alors de s'interroger sur ce qui rend l'esprit capable de produire ces jugements sur les choses. Qu'est-ce qui lui permet de dépasser le donné empirique vers des vérités que jamais la matière ne pourrait fournir ou laisser apparaître ?

Le problème kantien n'est plus alors celui des choses, de leur essence ou de leur nature, mais celui du moyen par lequel les objets nous sont rendus accessibles. Cassirer reformule cet impératif kantien qui sera aussi le sien comme suit : « Au lieu de comparer la matière et l'esprit ou de les opposer, il nous faut comparer et opposer les modes de la pensée physique et ceux de la pensée métaphysique. »[4] Autant dire que l'intérêt que nous portons aux choses n'a de sens que par l'attention que nous accordons au mécanisme qui nous permet de créer une connaissance des choses.

Ce qui retient l'attention de Kant dans l'événement scientifique qu'est la *Révolution copernicienne* c'est la capacité de l'esprit d'informer la matière et d'en produire des connaissances que la simple observation, aussi précise soit-elle,

---

[1] *Ibid.*

[2] E. Cassirer, *La philosophie des Lumières*, p. 117.

[3] Kant, *Critique de la raison pure*, Préface de la deuxième édition, p. 43.

[4] E. Cassirer, *L'idéalisme critique comme philosophie de la culture*, op. cit., p. 6-7.

ne peut fournir. Ces connaissances font croire qu'elles proviennent de l'esprit, comme si ce dernier avait en lui, avant même de procéder à l'expérimentation, une connaissance de l'objet de son expérience. Cette inadéquation entre ce que l'observation la plus poussée peut donner et les jugements constitutifs de la science *stricto sensu* pose un problème auquel le kantisme est une réponse. Kant était persuadé que ces jugements ne peuvent être réduits uniquement à « la façon dont le sujet est affecté par l'objet »[1] et qu'un esprit qui serait lui-même issu d'une organisation de la matière ne peut les produire.

Cassirer résume l'apport majeur de la philosophie critique dans cette affirmation qu'aucune « instance étrangère »[2] n'est interposée entre le sujet et l'objet de sa connaissance, entre la connaissance et la réalité. Le kantisme serait ainsi une philosophie qui limiterait le champ de ses investigations à l'esprit humain. Il n'est pas une simple critique des sciences quant à leur efficacité pratique ou leur concordance à la réalité ou à l'absolu, mais une critique de ces sciences en tant qu'elles expriment, toutes, « des manières de connaître les objets »[3]. Cette nouvelle philosophie est pour notre auteur, « une véritable révolution du mode de penser »[4]. En effet, les mathématiques qui sont entrées « depuis les temps les plus reculés (...) dans la voie sûre de la science »[5], ainsi que la physique d'ailleurs, ne constituent pour l'auteur des critiques qu'un modèle à méditer. Toute la question est alors de savoir quelles sont les conditions de leur possibilité. Non pas leurs conditions historiques et contingentes, mais fondamentales et transcendantales. Ce statut d'objet de méditation que ces sciences ont pris, en tant que produit de la pensée, légitime, chez Cassirer, l'octroi du même statut à toute production spirituelle.

Pour Cassirer, l'intérêt de cette interrogation sur les conditions de possibilité de la science, est qu'elle soit une interrogation sur le pouvoir de la raison elle-même. Le projet critique est comme le dit Kant lui-même dans la préface de la

---

[1] Kant, *Lettre à Marcus Herz 21 février 1772,* op. cit., p. 94

[2] E. Cassirer, *La philosophie des Lumières*, p. 121.

[3] E. Cassirer, *La philosophe des formes symboliques 3*, p. 18.

[4] *Ibid.*, p. 17.

[5] Kant, *Critique de la raison pure*, p. 16.

Critique de la raison pure, « une mise en demeure adressée à la raison de reprendre à nouveau la plus difficile de toutes ses tâches et d'instituer un tribunal qui lui donne assurance en ses justes prétentions »[1]. Pourquoi ce tribunal ? Pour « changer la démarche jusqu'ici suivie en métaphysique »[2], en détournant son attention du produit vers la fonction de la connaissance et vers sa légalité.

Cassirer situe ainsi l'apport spécifique de la philosophie critique dans la compréhension de l'homme, dans la mise en valeur de sa capacité de « création libre »[3]. En passant d'une critique des connaissances à une critique de la raison, Kant a ouvert, selon Cassirer, à la recherche philosophique une nouvelle voie, celle de la recherche de la possibilité de tous les produits de la raison ; non seulement la science mais aussi la religion, l'art, la technique...ou ce que Cassirer nomme, dans sa terminologie, *culture*. Il a surtout fourni, avec cette critique de la raison, la clef du monde humain. En effet, cette recherche de possibilité dirigée vers l'entendement humain n'est, en dernier ressort, qu'une investigation anthropologique dans le sens où l'entend Cassirer, celui d'une « analyse critique de la conscience perceptive »[4] capable de nous ramener à la « couche primitive de l'intellect, des concepts *a priori* »[5], donc à une analyse de soi.

Ce retour à soi que suggère nécessairement la philosophie critique en tant qu'elle porte sur l'*a priori*, se donne à penser comme un appel que l'homme s'adresse à lui-même pour sonder la sphère de ses propres possibilités. Sur cette voie il se rend alors compte que son essence réside dans l'acte même qui lui permet de se libérer du vécu et de se l'approprier en le soumettant à ses propres jugements. Il découvre ainsi que le moi vers lequel il doit se tourner n'est nullement le moi phénoménal que l'on peut saisir dans l'expérience située dans l'espace et dans le temps, mais le moi transcendantal, condition *a priori* de toute connaissance objective.

---

1 *Ibid.,* p. 34.

2 *Ibid.,* p. 49.

3 E. Cassirer, *La philosophie des formes symboliques 3*, p. 18.

4 *Ibid.,* p. 25.

5 *Ibid.*

Cassirer ne manque pas de rappeler que ce moi transcendantal est porteur de normes d'objectivité. Kant le précise d'ailleurs bien, ni dans son usage pratique, ni dans son usage théorique la raison ne se « laisse conduire par la nature comme à la laisse »[1]. Pour connaître ce *moi*, il faut donc le chercher à travers et dans ce qu'il produit : science, morale, technique et surtout mathématiques[2], autant de productions par lesquelles il donne sens au monde en l'informant à partir des formes pures de la sensibilité et des catégories de l'entendement. Car, sans l'intervention de l'homme qui intuitionne, détermine, analyse et conceptualise, toute donnée empirique demeure un matériau brut, une simple matière informe. C'est donc par l'homme et en lui que le monde en tant qu'objet de connaissance se tient et se maintient. La forme que prend le monde est le produit d'une information, acte qui trouve sa source en nous-mêmes. L'ordre du monde n'est pas une donnée dont on doit prendre acte, mais l'effet de notre propre activité.

Ainsi, malgré tout ce qui l'oppose aux matérialistes du XVIIIe siècle, Kant ne s'inscrit pas moins pour Cassirer, dans « l'allure et la direction de toute la vie intellectuelle de son époque »[3], cette direction qui consiste à suivre le processus de la « connaissance de ses actes, la conscience de soi et la prévision intellectuelle »[4]. Admirateur de cet ordre et de cette régularité[5] que Newton a su trouver entre les choses, Kant se trouve, lui aussi, renvoyé à la problématique de l'homme. A la manière de ses contemporains, il « a vu et glorifié dans la raison et la science la suprême faculté de l'homme »[6]. Lieu d'enracinement du savoir organisateur, inventeur d'ordre rationnel, l'homme est source de tout miracle.

---

1 Kant, *Critique de la raison pure*, p. 43.

2 E. Cassirer *La philosophie des formes symboliques 3*, p. 25 : « Kant développe ainsi avec une entière rigueur et dans toutes les directions l'idée d'une "forme" intellectuelle qui serait dès l'origine inhérente au monde perçu, mais cette forme à ses yeux, coïncide au fond avec celle des concepts mathématiques. »

3 E. Cassirer, *La philosophie des Lumières*, p. 40.

4 *Ibid.*

5 *Ibid.*, p. 43.

6 *Ibid.*, p. 41.

En effet, montrer que tous les corps tombent même ceux qui s'élèvent semble relever du miracle ; un miracle qui montre, à ciel ouvert la force de l'esprit humain. Kant pense que l'ordre que Newton avait trouvé n'est pas un ordre immanent à la nature, à la matière, mais un ordre auquel elle est soumise par l'esprit de l'homme. Dans la mesure où la raison n'aperçoit que ce qu'elle produit elle-même et que c'est elle qui prend les devants, « nous devons, dit Cassirer, trouver le moyen de découvrir son vrai visage et surtout de dégager les forces profondes qui ont produit et façonné ce visage »[1]. Toute information que nous pouvons émettre sur la matière est déjà un dépassement du donné brut. Ce dépassement est le travail de notre entendement ; il est notre jugement sur le donné. Ainsi dans chaque information sur les choses, il y a une faculté en moi qui fait travailler ses formes *a priori* et qui nous permet d'émettre un jugement.

Cherchant à étudier les conditions de possibilité de la connaissance, Kant découvre, comme le montre Cassirer, que l'unité transcendantale de soi est la condition de toute expérience possible. Les objets sont réglés sur notre pouvoir de connaître[2]. Par la synthèse théorique qu'il opère, l'homme rend possibles les objets du savoir scientifique en général et devient à ce titre le législateur de la nature. La connaissance est donc de part en part humaine. Dans ces conditions, il est loisible de partir de l'étude de cette production cognitive, pour explorer le sujet lui-même. De la connaissance du produit, on espère inférer la connaissance du producteur. Le savoir révèle l'homme a lui-même et lui montre ses pouvoir et ses limites.

Or, le kantisme montre qu'il y a autant de formes d'*a priori* que de facultés. Au niveau de la sensibilité, pour que l'appréhension sensible des choses ne soit pas une simple affection, il faut que le divers me soit présenté dans l'espace et le temps. Ces derniers sont ainsi les formes *a priori* de l'intuition et, partant la condition nécessaire de toute intuition sensible en tant qu'ils sont absolument indépendants de toute expérience : l'espace n'est autre chose que « la simple forme de l'intuition sensible extérieure »[3] selon lequel le divers se juxtapose, « le

---

[1] *Ibid.*, p. 37.

[2] Kant, *Critique de la raison pure*, pp. 159-160.

[3] *Ibid.*, p. 162.

temps n'est autre chose que la forme du sens interne »[1] selon lequel le divers se succède.

Au niveau de l'entendement qui est « un pouvoir de connaître non sensible »[2] ou « pouvoir de penser »[3], les jugements ne peuvent s'effectuer sans concepts, c'est-à-dire sans que le divers des intuitions soit ramené aux « concepts unitaires »[4]. De la synthèse des intuitions et des concepts naissent les objets théoriques de notre connaissance. Intuitions et concepts constituent ainsi « les éléments de notre connaissance »[5] qui n'est, en fin de compte qu'une synthèse qui consiste dans le fait « d'ajouter les uns aux autres des représentations différentes et de saisir leur diversité en une connaissance »[6]. L'unité des objets renvoie donc à deux facultés de l'esprit humain, la sensibilité et l'entendement[7].

Toutefois, pour que l'esprit puisse aller de la sensibilité à la conception et pour qu'il puisse analyser et synthétiser, il faut qu'il ait conscience de sa propre présence au cours de son activité synthétisante. Cette conscience de soi comme pouvoir de synthèse, Kant l'appelle, comme Descartes, le *Cogito*, le *je pense*. C'est ce *je* qui accompagne tous les actes de l'entendement et qui rend la connaissance possible.

Ce qui semble intéresser Cassirer dans la démarche kantienne du phénomène à sa condition de possibilité, des produits du sujet de la connaissance au sujet lui-même, c'est cette inversion du vecteur de la réflexion philosophique. Il en prend acte : « L'élément ultime de la réalité, »[8] dit-il, ne se rencontre plus dans les choses, il faut le chercher et pouvoir « le trouver dans

---

[1] *Ibid.*, p. 100.

[2] *Ibid.*, p. 132.

[3] *Ibid.*

[4] *Ibid.*

[5] *Ibid.*, p. 118.

[6] *Ibid.*

[7] *Ibid.*, p. 86. « Il y a deux souches de la connaissance humaine, qui viennent peut-être d'une racine commune, mais inconnue de nous à savoir la *sensibilité* et *l'entendement* ; par la première les objets nous sont donnés, par le second, ils sont pensés ».

[8] E. Cassirer, *La philosophie des formes symboliques 3*, p. 36.

notre conscience »[1]. L'homme est désormais à lire dans les lois avec lesquelles, en déterminant la nature, il exprime sa propre nature.

Tel est, nous semble-t-il, le lien essentiel à partir duquel se développera la réflexion de Cassirer. La leçon du kantisme est, pour lui, fondamentale : connaître l'homme à partir de ses produits. Mais, beaucoup plus explicitement que Kant, Cassirer généralise la portée de ce produit : il englobe désormais le langage, le mythe, la religion, et la connaissance scientifique elle-même, qu'il insère dans le concept général de formes symboliques.

La réponse à la question « *Qu'est ce que l'homme ?* » ne peut donc, pour Cassirer, trouver une réponse adéquate dans la seule analyse du fait scientifique par le biais de la compréhension approfondie de la science newtonienne. Elle requiert la prise en charge de toute production humaine, de tous les rapports symboliques que l'homme établit avec le monde. Un vaste programme pour une science anthropologique à créer. Kant a eu l'immense mérite d'en esquisser les contours, d'en définir l'esprit. Cassirer se propose d'aller plus loin. En effet, chez Kant, le problème se pose à un niveau métaphysique restreint : l'être pur du moi je ne peux qu'en présupposer l'existence à travers ma conscience de mon unité et de ma continuité, dans l'exercice du moi de « sa fonction de synthèse »[2]. C'est seulement du fait que je sois capable de « lier un divers de représentations données dans une conscience »[3], que je peux me représenter « l'identité de la conscience dans ces représentations mêmes »[4]. Kant précise plus sa pensée, « l'unité analytique de l'aperception, dit-il, n'est possible que sous la supposition de quelque unité synthétique »[5].

Du fait même que Kant à mis l'accent plutôt sur la science *stricto sensu* que sur les expressions culturelles de l'intelligence humaine, et eu égard à l'optique métaphysique à partir de laquelle il s'est posé le problème de l'homme, sa réponse à la question qu'il a posée ne paraît être que partielle. C'est à la

---

1 *Ibid.*

2 Kant, *Critique de la raison pure*, p. 159.

3 *Ibid.*

4 *Ibid.*

5 *Ibid.*

postérité de s'atteler à réaliser le fameux programme kantien. Cassirer en est l'un des représentants les plus célèbres. Il revendique ce statut en partant de l'approche kantienne qui privilégie la conscience et qui croit que la liberté, lorsqu'il s'agit de l'homme, est le fait irréductible qu'il faut comprendre si l'on tient à dire quelque chose de sensé de l'homme lui-même. Pour ne pas sortir de l'histoire, il étend son regard vers tous les produits de cette liberté sans exception.

L'homme que Kant a laissé à la postérité est à la fois objet et sujet. Il est objet de savoir en tant qu'être phénoménal et sujet en tant que condition du savoir, pouvoir de mise en forme et d'organisation. La première dimension justifie toute approche scientifique de l'homme à condition qu'elle ne considère en lui que son aspect empirique. Cette approche n'a pas tardé, au XIXe siècle, à donner lieu à ce qui est convenu d'appeler Sciences Humaines : une série d'approches qui traitent de l'homme à partir de ce qu'on peut atteindre de lui : son organisme, son langage, les objets qu'il fabrique, les formes d'existence qu'il mène. Il s'agit d'études qui, comme le dit Michel Foucault, se sont « logées dans le corps »[1] et se sont occupées « de la perception, des mécanismes sensoriels, des schémas neuro-moteurs, de l'articulation commune aux choses et à l'organisme »[2].

Ces études qui ont fonctionné, comme une sorte « d'esthétique transcendantale »[3], en raison de leur caractère scientifique embryonnaire, ont parfois succombé à la tentation de la totalisation de la vérité de l'homme à partir de l'aspect dont on s'occupe. De ce fait, elles se sont souvent transformées en métaphysiques dogmatiques. Toutefois, cette nouvelle philosophie reste, selon Cassirer, fidèle « au sens concret véritable de la révolution critique dans la manière de penser »[4]. Cassirer en parle, non comme un phénomène d'opinion, mais comme un « phénomène relié à un événement dans l'ordre du savoir »[5]. C'est là une façon explicite de lui reconnaître une

---

1 M. Foucault, *Les mots et les choses,* p. 330.

2 *Ibid.*

3 *Ibid.*

4 E. Cassirer, *Les systèmes post kantiens*. p. 287.

5 M. Foucault, *Les mots et les choses*, p. 356.

dimension scientifique indéniable. Cet événement dans l'ordre du savoir annonce l'apparition des sciences de l'homme : un nouveau champ d'investigation qui soumet l'homme, dans le détail de son être matériel et historique, à une recherche scientifique.

Ainsi les sciences de l'homme qui se spécialisent de plus en plus et qui réduisent de plus en plus l'humain à une dimension de son existence ou de sa vie, ont donné lieu à des philosophies diverses et opposées. C'est ainsi qu'on a vu apparaître une philosophie évolutionniste et une philosophie sociale ou économique en rapport avec la théorie de Darwin ou celle de Comte ou de Marx. L'homme est tour à tour présenté comme le terme d'une évolution animale, comme un être social ou économique. Cassirer cite certains de ces auteurs dans son *Essai sur l'homme*, sans s'étendre sur leurs théories. Conséquence : au lieu d'une seule anthropologie, nous en avons plusieurs qui, comme les caractérise Cassirer en empruntant une expression à Max Scheler, « font preuve d'une entière indifférence réciproque »[1]. Cela ne va pas sans bouleverser les données du problème.

Cassirer en prévoit le résultat : on ne peut avoir « de l'homme une idée qui ait de l'unité »[2]. Au contraire, plus les sciences humaines se spécialisent, plus, dit-il, elles « voilent l'essence de l'homme plus qu'elles ne l'éclairent »[3]. Chaque connaissance fragmentaire suppose une idée de la totalité qui est propre à elle et qui ne se vérifie qu'avec ses propres présupposés et en fonction de la dimension de l'homme qu'elle tient pour essentielle : l'économie, le langage, la société, l'inconscient, la vie… Cassirer exprime cet état de morcellement de l'homme et de dispersion de la connaissance que l'on a de lui en ces termes : « Plus le mouvement philosophique lié à la critique de la raison s'étend, plus le but, l'auto - compréhension de la raison, s'éloigne sous l'effet des multiples tendances qui se réclament de lui. »[4] Certes, la philosophie nouvelle se rapproche de l'homme autant que le permettent les sciences dont elle se charge de

---

[1] Max Scheler, *Situation de l'homme dans le monde*, p. 20.

[2] *Ibid.*

[3] *Ibid.*

[4] E. Cassirer, *Les systèmes post-kantiens*, p. 13.

légitimer et de critiquer les fondements, mais elle ne le saisit jamais dans sa totalité.

La deuxième dimension justifie toute pensée philosophique qui a cru pouvoir refuser la science l'accusant d'incapacité de parvenir à la vérité des choses et s'est tournée vers ce qui est spécifique en l'homme : la liberté, l'intuition, la volonté (Bergson, Schopenhauer, Nietzsche...). Mais, que ce soit dans le premier ou dans l'autre cas, nous ne pouvons parler d'une philosophie qui puisse dire, à la manière d'un système métaphysique, tous les aspects de l'homme à partir d'un certain nombre de principes tenus comme éléments premiers et ultimes.

§ 3. L'approche hégélienne

Aux approches matérialistes et positivistes que nous avons présentées s'oppose comme nous l'avons annoncé, dans l'histoire de la philosophie moderne, une autre philosophie, celle de Hegel. Elle est autrement rigoureuse. Avec elle, le problème de l'homme se pose autrement que chez les matérialistes du XVIIIe siècle et les positivistes du XIXe siècle et autrement que chez Kant. Elle pose le même problème de l'homme mais avec de nouvelles perspectives qui ne manquent pas d'être la conséquence de la prégnance de la philosophie kantienne sur la philosophie qui la suit.

Dans quel sens peut-on dire que l'hégélianisme est une conséquence de la philosophie kantienne ? En cherchant à poser des bornes à l'usage pur de la raison et à limiter les prétentions de la métaphysique, la philosophie critique a conféré, selon Cassirer, « une nouvelle force et une nouvelle résonance aux motifs spirituels les plus profonds de la métaphysique »[1]. Par son intention même de délaisser la connaissance des choses pour celle de l'organisation de l'esprit, elle aurait donné un autre élan à la métaphysique sous la forme de « grandes systématisations spéculatives »[2] portant sur la détermination de cette organisation. Les philosophies de Fichte, de Schelling et de Hegel sont, pour Cassirer, autant de métaphysiques qui ont germé dans le sol de la philosophie critique.

---

[1] *Ibid.*, p. 225.

[2] *Ibid.*

C'est « au sein du système kantien lui-même »[1], précise Cassirer, et dans sa « doctrine de l'unité synthétique »[2]que réside le point de départ de ce qu'il appelle le « développement immanent »[3] de la pensée de Kant. La doctrine de Hegel serait selon notre auteur attachée au concept de réalité tel qu'il est développé et achevé « dans le tout des trois critiques »[4]. Ce n'est que dans la philosophie hégélienne que se réalise le dépassement effectif de l'opposition entre l'esprit et la réalité, que l'objet passe au statut de simple « expression (et...) concentration de lois qui constituent l'esprit lui-même et ses fonctions »[5].

Avec Hegel donc, le problème de la synthèse et de l'unité de la synthèse kantiennes est déplacé comme le précise Cassirer, « du terrain de la connaissance pure à celui de la vie spirituelle concrète, dans la totalité de ses manifestations »[6]. La tâche de la philosophie est de supprimer les oppositions entre esprit et matière, entre âme et corps, entre foi et entendement, entre liberté et nécessité. Tel est l'intérêt de la raison chez Hegel. Parvient-on pour autant avec Hegel à une anthropologie philosophique qui puisse nous fournir une représentation de l'homme dans son unité ?

L'hégélianisme est présenté par Cassirer comme une philosophie de l'esprit, au sein de laquelle s'opère une tentative de synthétiser toutes les manifestations de l'existence humaine dans un « royaume de l'esprit » que Cassirer appelle la culture; un terme dont il use pour désigner l'ensemble des manifestations de l'élément spirituel qui, dans leur structure complexe et hautement organisée, constituent l'univers à l'intérieur duquel respirent les âmes individuelles, les esprits particuliers. Mais l'effort de totalisation du divers phénoménal effectué dans la philosophie hégélienne, ramène ce divers à l'unité d'un principe absolu. La culture pour Hegel est le règne de ce qu'il appelle l'Esprit absolu ou « l'esprit du monde »[7]. L'existence

[1] *Ibid.*, p. 226.

[2] *Ibid.*

[3] *Ibid.*

[4] *Ibid.*, p. 227.

[5] *Ibid.*

[6] *Ibid.*, p. 229.

[7] Hegel, *La Raison dans l'histoire*, p. 50.

individuelle et concrète ne peut avoir conscience de soi qu'en niant sa limitation individuelle et en se déterminant dans une relation avec une vie spirituelle universelle. La personne chez Hegel, commente Cassirer, « devient personnalité »[1], elle ne parvient à une conscience authentique d'elle même « qu'en réalisant en elle une opposition vis-à-vis de la sphère entière de la vie spirituelle »[2], pour en même temps dépasser en elle, de nouveau et d'une façon continue, cette opposition.

Or, dans son rapport à l'Esprit absolu, l'esprit fini est, chez Hegel, soumis à une loi qui le dépasse. Le héros croit poursuivre, à travers les combats qu'il livre au monde, ses propres fins alors qu'en réalité il ne fait que réaliser des fins qui le dépassent. Le sujet fini est subordonné à ce que Hegel appelle « une fin ultime (...) la Raison divine, absolue »[3], une sorte de *raison de la raison*, cette substance qui désigne, chez Hegel, « ce par quoi et en quoi toute réalité trouve son être et sa consistance »[4], une volonté qui surplombe toute volonté individuelle.

Dans ces conditions, la science de l'esprit ne peut pas être une science de l'homme, mais une science de l'Absolu. Elle n'est pas une anthropologie mais une théologie puisque la Raison absolue est « divine »[5]. La considération de l'homme ne se justifie que par cela qu'en lui et par lui s'exprime historiquement cet Absolu. Si le produit humain est digne du regard philosophique, c'est parce qu'il est le lieu où se manifeste l'Universel qui assure, par sa présence, l'unité de l'existence humaine dans la pluralité de ses dimensions. Car c'est cet Absolu ou Raison qui « se manifeste et s'explicite dans ces figures multiformes que nous nommons les Peuples »[6]. L'unité que Hegel cherche ainsi à établir ne se construit pas autour de l'homme et ne peut constituer une anthropologie.

---

[1] E. Cassirer, *Les systèmes post-kantiens,* p. 228.

[2] *Ibid.*

[3] Hegel, *La raison dans l'histoire*, p. 49.

[4] *Ibid.*, p. 47-48.

[5] *Ibid.*, p. 49.

[6] *Ibid.*, p. 48.

En effet, en tant qu'être nature, « l'homme se manifeste comme volonté naturelle et subjective; besoin, désir, passion, intérêt particulier »[1]. Or, chez Hegel, cette masse de désirs « n'a qu'une autonomie apparente. Tout son être n'est que le don gracieux que lui octroie l'idée »[2]. L'idée ou l'esprit du monde se sert des passions et des intérêts des hommes comme d'instruments afin de réaliser ses fins qui sont bien plus élevées que toutes les fins particulières des individus et des peuples. Pour Cassirer, le mérite de la philosophie hégélienne réside dans ce fait qu'elle a tenté « de donner un coup d'arrêt à ce morcellement croissant »[3] des connaissances et de l'homme lui-même, et d'organiser ces deux pôles « en fonction d'une idée directrice »[4] unitaire. Toutefois, aussi important qu'il soit, ce mérite demeure aux yeux de Cassirer insuffisant. Car, chez Hegel, comme chez les matérialistes ou les positivistes, l'humain demeure fondamentalement subordonné à autre chose que lui : l'Absolu ici, la loi naturelle ailleurs. Dans ce cas comme dans l'autre, à l'être humain et aux actes individuels on dénie toute valeur intrinsèque propre.

Le principal apport de cette philosophie apparue à partir du siècle des Lumières, qu'elle soit matérialiste, critique ou idéaliste, est sa croyance dans la valeur cognitive de l'expérience ; « seule l'expérimentation, l'observation fidèle de la nature »[5] peut nous ouvrir l'accès direct de la réalité empirique des choses autant que de l'homme. C'est seulement le sens de la réalité et de l'homme qui change à chaque fois. C'est ce fait qui nous empêche de penser l'histoire de la philosophie en termes de ruptures. Cette histoire, quelle que soit l'époque que nous en extrapolons, est à penser selon Cassirer, à l'image des développements de la monade chez Leibniz. Il y aurait ainsi un pont entre la pensée matérialiste de l'homme et la pensée

---

[1] E. Cassirer, Perception des choses et perception des expressions, in *logique des sciences de la culture,* p. 114.

[2] *Ibid.*

[3] E. Cassirer, *L'idéalisme critique comme philosophie de la culture,* op. cit., p. 14.

[4] *Ibid.*

[5] E. Cassirer, *La philosophie des Lumières,* p. 101.

criticiste ou purement idéaliste. Antithétiques, ces courants presque contemporains, bien que conflictuels, se réclament pourtant d'une même inspiration, celle de la révolution scientifique moderne, elles ne se rejoignent pas dans l'objet mais dans la méthode.

C. Du Savoir éclaté à la synthèse recherchée

§ 1. La positivité du négatif

On comprend mieux dans ces conditions, ce que Cassirer appelle anarchie de la pensée. Au moment où l'homme a, enfin, trouvé la clef de l'univers, il est resté, plus que jamais peut-être, dans l'incapacité de se comprendre lui-même. Ni la pluralité des voies d'accès à l'humain, ni la multiplicité des méthodes d'investigation n'ont pu permettre une meilleure connaissance de soi. Plus on connaît les choses, moins on se connaît soi-même. Tout se passe comme si l'anarchie de la pensée désignait, chez Cassirer, une crise générale qui invite à réinterpréter la philosophie moderne pour retrouver une voie adéquate permettant une réponse à la question kantienne : « *Qu'est-ce que l'homme ?* »

Que vise cet effort d'interprétation des philosophies modernes de l'homme ? Comme Leibniz, lecteur assidu, Cassirer ne méprise presque rien[1], il ne pense pas en solitaire comme on l'a souvent dit de Descartes. Comme Leibniz, également, il entend concilier la mémoire et la raison. La recherche personnelle ne constitue pas pour lui un commencement absolu. Penser ne peut se faire qu'avec les autres et à partir d'eux[2]. La philosophie de Cassirer semble être l'application de l'axiome Leibnizien qui pose l'érudition comme « préalable à la sagesse »[3]. L'histoire de la pensée constitue pour lui la matière nécessaire à l'art combinatoire qu'est sa philosophie des formes symboliques. Un art qui consiste à insérer les multiples tentatives de comprendre l'homme et d'en rendre compte philosophiquement, malgré toutes leurs oppositions, dans ce qu'il appelle « une relation de continuité conceptuelle »[4].

Dans la négativité même de cette anarchie de la pensée, Cassirer cherche un élément de positivité permettant d'établir

---

[1] Leibniz, *Lettre à Louis Bourguet du 3 Janvier 1714*, G P, III, p. 562.

[2] Tel est le principe que Spinoza énonce dans le livre III de *l'Ethique.*

[3] Leibniz, *Les nouveaux essais,* Livre VI, chap. 1, §.2, p. 314.

[4] E. Cassirer, *Les systèmes post-kantiens,* p. 14.

une anthropologie concordante. La philosophie de la culture, en tant que philosophie critique, ne peut se faire sur la base d'un oubli général de l'histoire de la pensée ou d'une table rase. Tous les efforts humains participent en commun à résoudre « un problème qui certes n'est complètement saisi et envisagé comme tel par aucune de ces tentatives en particulier »[1].

On voit alors dans quelle perspective s'oriente la pensée de Cassirer. Il adopte résolument une attitude positive à l'égard de la tradition philosophique. Il ne la renie pas mais il estime qu'elle a besoin d'une synthèse vivifiante. Il faudrait, selon lui, prendre ces « éléments particuliers disparates »[2] pour en constituer une totalité aussi cohérente que riche en déterminations. Cassirer opte pour un travail de synthèse qui aurait le mérite de transformer la négativité de la tradition en positivité à venir. Pour ce faire, il considère les éléments de la réflexion traditionnelle comme « la condition et le commencement d'une nouvelle compréhension »[3] de la philosophie critique en particulier et de la philosophie en général.

Cette tâche assignée à la réflexion philosophique s'accompagne chez Cassirer d'un renouvellement de la définition de la philosophie elle-même. La philosophie ne peut en aucun cas « passer pour un produit achevé dans une pluralité de théorèmes figés »[4]. Elle n'est pas un résultat définitivement donné mais « la voie par laquelle (ce produit) est atteint et la méthode grâce à laquelle il est fondé »[5]. Comme chez Kant, le philosopher prime la philosophie. C'est l'acte qui constitue l'être. L'élément déterminant est l'activité philosophante toujours reprise et non pas le système donné une fois pour toute. Cassirer souligne clairement que ce choix « doit être tenu pour l'un des traits les plus caractéristiques de la pensée kantienne, et est pour ainsi dire fondé sur une loi stylistique de cette pensée »[6].

---

[1] *Ibid.*

[2] *Ibid.*

[3] *Ibid.*

[4] *Ibid.*

[5] *Ibid.*

[6] E. Cassirer, *La philosophie des formes symboliques 1*, p. 19.

C'est à la lumière de ce choix kantien que Cassirer réinterprète la pensée du XIXe siècle. Le XIXe siècle, selon Cassirer, est un siècle kantien. Idéalisme et matérialisme s'en inspirent en partent ou y reviennent. Toutefois, il ne s'agit là, pour ainsi dire, que d'un kantisme affaibli. La preuve en est qu'il est, malgré tout, le siècle de la perte de l'unité de l'homme. C'est au moment où l'on s'est mis à parler beaucoup de l'homme que celui-ci est pratiquement perdu, incompris. La biologie d'une part, la philosophie marxiste d'autre part, ont participé, selon Cassirer, à « la perte de cette unité »[1] qui fut placée et réduite à quelques aspects vitaux et matériels sans liens entre eux : adaptation au milieu, instinct économique auxquels il faut ajouter plus tard, la volonté de puissance chez Nietzsche et l'instinct sexuel chez Freud. Avec le succès des sciences, s'établit le règne du positivisme à la fois dans l'interprétation du matériel et dans celle de l'humain.

Deux conséquences majeures résultent de cette nouvelle orientation de la pensée :

a) L'homme n'a plus aucune totalité et ne peut aucunement y prétendre ; les problèmes éthiques n'ont plus aucun sens. Cassirer exprime cette situation dans l'*Essai sur l'homme* dans un chapitre dont le titre est déjà très significatif, savoir « la crise de la connaissance de soi »[2]. Se référant à Max Scheler, il lui emprunte cette pensée alarmante : « Jamais dans l'histoire, dit-il, telle que nous la connaissons, l'homme n'a été autant qu'aujourd'hui un problème pour lui-même (...) Nous possédons ainsi une anthropologie scientifique, une anthropologie philosophique et une anthropologie théologique qui font preuve d'une entière indifférence réciproque, mais nous ne possédons pas de l'homme une idée qui ait de l'unité. En outre, (...) les sciences spéciales, toujours plus nombreuses qui ont trait à l'homme voilent son essence plutôt qu'elles ne l'éclairent. »[3] Cassirer trouve ainsi, qu'en se multipliant, les sciences particulières nous font perdre l'unité de l'homme. A cette unité

---

[1] E. Cassirer, *Essai sur l'homme*, p. 38.

[2] *Ibid.*, pp. 13-40.

[3] Max Scheler, *Situation de l'homme dans le monde*, pp. 17-20.

se substitue une pluralité « des points de vue propres »[1] à chacune de ses sciences.

b) Il suit de là « une anarchie de la pensée » qui est le signe d'une crise de la philosophie de l'homme que Cassirer explique par l'absence de ce qu'il appelle « un pouvoir central »[2] ou une autorité établie, capable d'unifier et d'intégrer la pluralité des points de vue sur la nature et l'homme.

Cette anarchie ou crise a pris, au XIXe siècle, une ampleur imprévue avec le déclin de la métaphysique et l'apparition des mathématiques non euclidiennes ; deux événements qui ont été interprétés comme étant le signe d'un « déclin des absolus ». En effet, avec Riemann et Lobatchevski, on découvre que la nécessité du raisonnement mathématique « n'est pas d'ordre métaphysique mais d'ordre méthodologique »[3]. Cette découverte change du tout au tout le statut ontologique du nombre. Il n'est plus désormais, dit Cassirer, que, « l'instrument spécifique de la connaissance »[4]. Sans « puissance mystique », sans « essence métaphysique », il n'est que schème général antérieur à toute application concrète, pratique ou technique[5]. De ce fait, la connaissance ne porte plus sur des essences ou des substances, mais sur des relations et des fonctions. « Quand nous parlons de l'objectivité du nombre, dit Cassirer, nous ne faisons pas de celui-ci une entité physique ou métaphysique séparée, nous signifions que le nombre est un instrument pour la découverte de la nature et de la réalité. »[6]

Le désordre constaté au sein de l'étude de l'homme est donc, dans une certaine mesure, le tribut que doit payer la pensée en contre partie du progrès réalisé par la science et sa libération des dogmes religieux, métaphysiques et mathématiques. Ce que Cassirer déplore, toutefois, dans cet aspect nouveau qu'a pris

---

1 Max Scheler, cité par Cassirer in *Essai sur l'homme*, p. 38.

2 E. Cassirer, *Essai sur l'homme*, p. 39.

3 *Ibid.*, p. 305.

4 *Ibid.*

5 *Ibid.*, p. 304 : « Les plus importantes théories mathématiques, dit Cassirer, ne proviennent pas de besoins pratiques ou techniques immédiats. Elles sont conçues comme des schèmes généraux de la pensée, antérieurs à toute application. »

6 *Ibid.*

l'épistémè du XIXe siècle et des débuts du XXe n'est pas tant le succès des sciences de l'homme, ni les détails qu'elles fournissent, mais « l'absence d'explication philosophique générale qui soit à la hauteur des faits accumulés »[1]. Plus on s'enrichit, plus on perd le sens de ce que l'on possède. Cassirer prend acte de cette situation paradoxale. Aucune autre époque n'a été dans une position aussi favorable en ce qui concerne les sources de la connaissance de la nature humaine. Mais, aucune époque n'a été aussi démunie quant à « la méthode pour maîtriser et organiser tout matériau »[2].

Comment sauvegarder à la fois l'intérêt de cette évolution scientifique, la richesse de ses sources et l'esprit de synthèse du kantisme ? On voit alors mieux l'enjeu du projet philosophique de Cassirer tel qu'il se développe dans ses écrits en général, sa *Philosophie des formes symboliques* en particulier. Toute la question est donc de savoir : comment penser l'homme dans son unité irréductible, sans rien sacrifier des acquis des sciences, ni céder à leur réductionnisme, à leur vue unilatérale nécessairement morcelée et morcelante ?

L'idéal serait de reprendre la tentative audacieuse de Hegel. Seulement, bien que riche et hautement synthétique, la pensée de Hegel, éprise d'Absolu, subordonne le fait humain à un destin qui le dépasse, voire même qui l'écrase. En tant que sujet individuel, l'homme n'a pas de place dans le système hégélien. La synthèse recherchée n'est pas une synthèse de l'homme ; elle est celle à travers laquelle s'exprime l'Esprit universel qui se sert des individus comme de moyens contingents et à la limite, en eux-mêmes, insignifiants. Pour constituer une science de l'homme, Cassirer cherchera à dépasser les points de vue partiels en les transformant en une synthèse générale qui produirait une connaissance de l'homme.

Dans cette perspective, positivisme, matérialisme et hégélianisme sont des positions philosophiques à dépasser ou à rectifier. Seule la voie kantienne reste ouverte. Mais elle ne peut servir cette cause qu'en se renouvelant. Aussi la pensée de Cassirer peut-elle se définir comme un kantisme renouvelé ou un

---

[1] A. Philonenko, Cassirer lecteur de Kant, in *E. Cassirer, de Marbourg à New York : l'itinéraire philosophique*, p. 46.

[2] E. Cassirer, *Essai sur l'homme*, p. 40.

hégélianisme de nouveau enraciné dans le sol kantien. Autrement dit, il s'agit de penser de telle façon que l'on puisse voir dans la science la manifestation de l'activité formatrice de l'esprit et dans la philosophie une phénoménologie de l'esprit au travail, sans toutefois céder à la séduction d'une métaphysique semblable à celle de Hegel. Une tâche difficile à accomplir : reprendre la problématique kantienne en vue d'élaborer une phénoménologie de l'esprit en élargissant l'éventail de l'activité de l'esprit et donner à ce dernier une histoire. Cette histoire correspond chez Cassirer à la culture qui n'est rien d'autre que « le procès de la libération de soi de l'homme »[1].

§ 2. D'un kantisme restreint à un kantisme généralisé

Cassirer se veut donc kantien. Quel contenu donne-t-il à cet engagement ? Que peut signifier le kantisme de Cassirer ? Pour lui, le kantisme n'est pas « une vision du monde »[2] à la lumière de laquelle nous expliquons les phénomènes mais une « méthode »[3], une voie sûre que Kant a su dégager des sciences mathématiques de la nature et dans laquelle il a vu la seule manière d'arracher la philosophie « à la juridiction de la métaphysique »[4] dogmatique. Cette méthode prend la forme d'une analyse transcendantale, qui pose à la raison le problème crucial : celui de la légitimité de ses jugements synthétiques *a priori*. « Toute méthode d'examen, dit Cassirer, qui n'explicite pas suffisamment cette synthèse reste inadéquate. »[5]

Comme telle, cette méthode requiert un transfert de l'intérêt philosophique. Celui-ci ne porte plus sur l'unité de l'être, mais sur l'unité de la fonction intellectuelle « qui construit et constitue l'objet, non comme absolu mais comme conditionné précisément par cette fonction »[6]. Avec Kant s'opère ce que Cassirer

---

[1] *Ibid.*, p. 317 : « La culture dans son ensemble, peut être envisagée comme le procès de la libération de soi de *l'homme.* »

[2] E. Cassirer, Perception des choses et perception de l'expression, in *Logique des sciences de la culture*, p. 115.

[3] *Ibid.*

[4] *Ibid.*, p. 17.

[5] E. Cassirer, Le concept dans les sciences de la nature et de la culture, in *Logique des sciences de la culture*, p. 143.

[6] *Ibid.*, p. 17.

caractérise comme une « révolution du mode de pensée »[1]. Ce n'est pas le produit de la science que l'on interroge mais « la modalité d'ouverture (...) le mécanisme de la clé destinée à ouvrir les portes de la connaissance »[2]. Et cette clef ne réside pas en dehors de l'homme mais en lui-même, elle est « son œuvre (...), le système de ses activité »[3].

Le kantisme de Cassirer, c'est aussi un kantisme renouvelé et élargi. En effet, il en étend l'esprit critique à la recherche du principe d'unité du savoir en général ; non seulement dans la connaissance scientifique mais aussi dans toutes les formes de compréhension du monde, depuis leur forme la plus élémentaire à leur forme la plus élaborée, c'est-à-dire à tous les produits de la culture humaine : langage, mythe, religion, art, science. Insérer et soumettre toutes ses formes de compréhension du monde dans le processus critique en tant que forme d'organisation spirituelle afin de chercher les caractéristiques de la fonction spirituelle, non pas uniquement dans son seul aspect logique mais « partout où entre en jeu une unité de sens »[4].

Estimant qu'en dépit de tous les développements auxquels elle a donné lieu, la philosophie kantienne « n'a pas été jusqu'à faire le tour complet des problèmes qu'elle a si clairement désignés sur la base de ses propres prémisses »[5], Cassirer se propose d'élargir la problématique kantienne à tout le champ du savoir humain, c'est-à-dire, « partout où une certaine perspective de l'esprit s'applique à la totalité des phénomènes, lui assigne une configuration déterminée »[6].

Ce passage d'un *kantisme restreint* à un *kantisme généralisé* s'opère chez Cassirer par le biais d'une extension du concept d'*expérience possible*. Alors que chez Kant ce concept se limite, quant à la signification, à un sens épistémologique *stricto sensu*, à savoir : la forme de la connaissance fixant « la possibilité de toute expérience objective recevable. Une possibilité qui vaut comme condition de tout jugement d'expérience à caractère de

---

1 *Ibid.*

2 *Ibid.*, p. 18.

3 *Ibid.*, p. 103.

4 E. Cassirer, *La philosophie des formes symboliques 3*, p. 29.

5 *Ibid.*, p. 23.

6 *Ibid.*, p. 7.

science »[1]. Chez Cassirer ce concept accède à une signification plus ample, plus intégrale, il renvoie à la pluralité de l'expérience humaine dont l'expérience physique ne constitue qu'un « moment parmi d'autres »[2].

Elargir le concept d'expérience possible revient à généraliser la fonction des principes purs *a priori* de nature synthétique que l'entendement tire de lui-même et dont il se sert pour donner fixité et objectivité au contingent et au particulier. Il s'agit donc de prouver l'existence de catégories ou de concepts purs à l'origine des productions de l'esprit généralement dites prélogiques, c'est-à-dire réduire la distance entre l'expérience vécue et l'expérience ayant valeur de connaissance objective.

A partir de cette position généralisatrice, Cassirer s'emploie à rectifier les conceptions kantiennes. C'est ainsi que, pour lui, le divers intuitionné n'est pas, ainsi que l'a posé l'auteur de la *Critique de la raison pure,* une matière informe donnée « avant la synthèse de l'entendement et indépendamment de cette synthèse »[3]. Bien au contraire, pour Cassirer, la matière sur laquelle la logique de la connaissance exerce sa tâche en lui donnant forme « n'est nullement dépourvue de structure. Non seulement ce qui n'est pas structuré ne pourrait pas être pensé, (mais) il ne pourrait pas non plus être perçu ou intuitionné objectivement »[4]. Il y aurait ainsi d'autres modes de mise en ordre suivant des subdivisions autres que celles opérés par les concepts de la science, une structuration prélogique qui « précède et sous-tend le travail du concept »[5].

C'est aux expressions de la culture humaine que Cassirer demande appui. Les mots comme les images mythiques, religieuses ou artistiques « nous montrent des modes d'ordonnancement qui suivent d'autres voies et obéissent à d'autres lois que la subdivision logique des concepts »[6]. Chaque

---

[1] M. Malherbe, L'expérience dans la philosophie critique de Kant, in les actes du colloque : *la philosophie critique de Kant*, p. 160.

[2] E. Cassirer, Objet des sciences de la culture, in *Logique des sciences de la culture*, p. 94.

[3] Kant, *Critique de la raison pure*, p. 168.

[4] E. Cassirer, *Objets des sciences de la culture,* op. cit., p. 95.

[5] *Ibid.*

[6] *Ibid.*, p. 95.

mode d'ordonnancement est un mode spécifique du savoir qui engage différemment ce que Kant appelle les formes de l'intuition, l'espace et le temps. Et à ce titre, chaque mode est lui même une forme possible d'objectivation du réel, donc une expérience possible. Du coup, langage, art, mythe et religion se trouvent hissés, sous le rapport de la signification, au niveau de la science. Car il s'agit dans tous les cas de « médiations »[1] par lesquelles l'homme « envisage le possible »[2]. Dans toutes ses activités, et non pas seulement dans son travail théorique, l'esprit humain se représente « en image quelque chose qui n'existe pas, pour passer ensuite de cette *possibilité* à la *réalité*, du virtuel à l'acte »[3]. Tous nos mots, toutes nos images comme d'ailleurs toutes nos lois scientifiques « se meuvent dans le cercle du possible et veulent dans une certaine mesure, en fixer les contours »[4].

Il serait ainsi incorrect de prétendre qu'il n'existe qu'une forme exclusive d'universalité qui serait celle de la science. Au contraire, les symboles de l'expression verbale, ceux de l'expression mythique ou esthétique manifestent, à leur manière, l'universel. Chaque expression assume, à son niveau, une « seule et même fonction symbolique (qui) s'épanouit selon ses diverses directions et y crée des formes sans cesse nouvelles »[5]. Comme la notion de forme chez Kant, la notion de fonction symbolique chez Cassirer se présente comme étant « la condition préalable de toute saisie d'objets ou de faits »[6]. Et, ce n'est pas seulement dans la science, mais aussi dans l'art, le langage et le mythe, qu'il est impossible de séparer le symbole de l'objet.

Partant de l'idée de l'expérience possible, telle qu'elle est présentée dans la théorie critique de la connaissance, Cassirer estime donc que nous pouvons y insérer tout le savoir humain et élargir ainsi l'objet de la philosophie à tous les produits du « lent progrès »[7] de l'esprit qui préparait « l'émergence de la vérité »[1].

---

1 *Ibid.*, p. 103.

2 *Ibid.*, p. 104.

3 *Ibid.*

4 *Ibid.*

5 *Ibid.*, p. 105.

6 *Ibid.*, p. 109.

7 E. Cassirer, *La philosophie des formes symboliques 3, p. 29.*

Cela permet à Cassirer de transformer la critique de la connaissance en critique de la culture, c'est-à-dire une critique de l'esprit, origine et condition de possibilité de toute forme de connaissance[2]. La critique s'intéresserait désormais à la totalité des fonctions de l'esprit, tout en maintenant l'idée kantienne du primat de la fonction spirituelle sur son objet. Elle reconnaîtrait en même temps « sa légitimité à chaque tentative de compréhension du monde à la portée de l'esprit humain »[3], tout en l'appréhendant dans sa spécificité.

Désormais, la connaissance scientifique, qui était considérée jusque là comme la seule forme d'objectivité et la seule voie d'objectivation légitime, est reléguée au niveau d'un mode d'objectivation du réel au même titre que le mythe, la religion, le langage qui sont, certes différents, mais non moins significatifs et non moins révélateurs de la fonction unifiante de l'homme. Langage, mythe, religion, art et science font ainsi partie du processus par lequel l'esprit construit à la fois « le monde du réel et le monde spirituel »[4]. Ramener la particularité de chaque forme culturelle à la nature du processus spirituel qui est à son origine, c'est faire de la philosophie des formes symboliques une véritable critique de la raison symbolique. Les formes culturelles doivent ainsi être prises, toutes, comme des moments particuliers du processus unique de symbolisation ou, pour utiliser une terminologie hégélienne, « des figures de la conscience »[5] dans le mouvement de réalisation de l'esprit humain dans l'histoire.

Cette généralisation de la question kantienne à toutes les expressions de la culture fait que ce que nous avons appelé kantisme renouvelé peut s'avérer si proche des vues hégéliennes. En effet, il suffit peut-être de rapprocher la signification de ce que Cassirer appelle forme symbolique ou forme culturelle de celle que Hegel appelle figure de conscience. Comme chez Kant et Hegel, l'esprit chez Cassirer ne retrouve en fin de compte que ce qu'il a lui même élaboré, c'est-à-dire sa propre expérience.

---

1 *Ibid.*

2 E. Cassirer, *La philosophie des formes symboliques 1*, p. 20.

3 E. Cassirer, *Objet des sciences de la culture,* op. cit., p. 96.

4 E. Cassirer, *La philosophie des formes symboliques 1*, p. 33.

5 Hegel, Phénoménologie de l'esprit, traduction de M. Heidegger, in *Chemins qui ne mènent nulle part,* p. 109.

Toutefois, et Cassirer prend toutes ses précautions pour établir la différence entre la conception hégélienne et la conception kantienne dont il se réclame. Si pour Hegel, l'entendement n'objective que « ce qu'il produit lui-même à partir de soi »[1], la culture chez Hegel devient l'équivalent de la culture chez Cassirer, du moins en apparence, car, le concept de production n'a pas le même sens dans le système hégélien et dans le système critique.

En effet, chez Cassirer, comme chez Kant, la production signifie l'établissement des conditions universelles auxquelles est lié « tout jugement objectif, tout jugement ayant une validité quant à l'objet »[2]. Produire, au sens critique, veut dire alors, rassembler le divers en une unité selon des règles qui n'épuisent pas l'expérience que nous pouvons avoir de ce divers mais en fixent la possibilité inépuisable. Au sens hégélien, la production, par contre, n'est pas la simple caractérisation « des conditions de la culture »[3], elle donne « la totalité et l'ensemble concret de la culture même »[4]. Le travail de l'esprit ne consiste pas uniquement à délimiter et à conditionner l'expérience possible, il dirige l'expérience réelle.

L'expérience devient ainsi chez Hegel « le système total de la conscience, ou l'entier empire de la vérité de l'esprit »[5] produit de « l'histoire de la formation de la conscience elle même à la science »[6]. La culture est ainsi la conscience elle-même dont le but « doit être saisi comme un *Tout* achevé en soi »[7]. Le procès total de la culture se concentre dans un sommet ultime et singulier, « en vue duquel uniquement tout le développement précédent était là »[8]. Cassirer démontre ainsi que la culture chez Hegel n'est pas l'objectivation d'une fonction, d'une forme, mais d'une substance absolue, qui est l'esprit absolu : le but auquel parvient le développement de l'esprit chez Hegel est pour

---

[1] E. Cassirer, *Les systèmes post-kantiens*, p. 282.

[2] *Ibid.*, p. 283.

[3] *Ibid.*

[4] *Ibid.*

[5] Hegel, *Phénoménologie de l'esprit*, p. 109.

[6] *Ibid.*, p. 104

[7] E. Cassirer, *Les systèmes post-kantiens*, p. 284.

[8] *Ibid.*, p. 285.

Cassirer, « son arrêt »[1] même, un arrêt qui dénie à l'esprit tout développement.

Tel est le risque que constitue pour Cassirer la philosophie hégélienne : sacrifier « l'autonomie et l'indépendance »[2] de chacune des formes culturelles en en faisant de simples formes inadéquates de la conscience, ou des moments du savoir à dépasser et à intégrer dans un moment qui les comprenne synthétiquement. Or, pour Kant comme pour Cassirer, « l'expérience et le système des principes synthétiques sur lesquels elle repose quant à sa possibilité ne peuvent plus être déduits de quelque chose d'autre, de quelque chose de plus élevé, et être justifiés à partir de là comme à partir d'une raison d'une espèce supérieure »[3]. La justification que Cassirer cherche est celle-là même recherchée par Kant, celle de la fonction ou de la « pure formule »[4]ou encore « d'une règle constitutive qui régit le *Tout* et le met en forme »[5].

Aussi, le rôle d'une philosophie des formes symboliques n'est-il pas de démontrer l'unité d'un contenu dans la culture, mais celle de la raison « dans ses différentes orientations fondamentales »[6], dans la culture comme tout dont l'unité réside « dans la forme fondamentale et originelle de la vie spirituelle elle-même »[7] et non dans un être transcendant. C'est là où son rapport avec le kantisme devient réellement critique, c'est-à-dire, intégrant aussi bien les mérites que les limites de l'héritage kantien.

§ 3. Mérite et limite du kantisme

Cassirer s'y prend donc autrement que Kant dans l'approche des faits culturels en tant que manifestation de la spiritualité. Il se donne ainsi l'occasion de montrer, à partir des exigences épistémologiques de ce problème, les mérites et les limites du

---

1 *Ibid.*, p. 286.

2 *Ibid.*, p. 288.

3 *Ibid.*, p. 287.

4 *Ibid.*, p. 288.

5 *Ibid.*

6 *Ibid.*

7 E. Cassirer, *Essai sur l'homme*, p. 291.

kantisme. La position de Kant est aux yeux de Cassirer une position militante. Kant est l'homme de *la Révolution copernicienne*, le rénovateur de la pensée philosophique. Il ne cherchait pas à résoudre un problème existant et à éviter une contradiction ou une stagnation dans la pensée, mais à « couper court à un problème »[1], un problème qui a induit l'humanité en erreur. C'est pourquoi, aux yeux de Cassirer, Kant est plutôt un éclaireur en ce sens qu'il n'a fait que « frayer »[2] une voie, la « déblayer »[3], laissant à la postérité la tâche de continuer et d'amener son propre apport à partir des principes mêmes de la philosophie critique. C'est cette ouverture principielle qui fait à la fois son énigme et sa fécondité. Profiter de cette richesse, voilà le travail de la postérité. C'est à elle qu'il incombe « de revenir à son point de départ et reconvertir en problème l'issue même »[4] du kantisme. La postérité, c'est dans une large mesure Cassirer lui-même, il s'agit pour lui en quelque sorte, d'habiter le champ philosophique kantien afin d'en exploiter toutes les possibilités. Une telle tâche, Cassirer l'appelle « le propre développement interne de la doctrine de Kant »[5].

Pour ce faire, Cassirer montre jusqu'à quel point ce développement interne de la philosophie kantienne permet de suppléer à ses propres insuffisances. La première idée à dépasser, à la lumière de la nouvelle détermination du champ de la philosophie critique, est l'idée kantienne de matière informe de la connaissance. Si toute appréhension est donation de sens et symbolisation, il va de soi que toute matière est, pour ainsi dire « quelque chose de formé ou du moins impliquant un aspect formel »[6]. Nous avons donc affaire jusqu'ici, à deux problèmes :

- Le premier problème est relatif à la relativisation du statut de la science. Au lieu de ne considérer que le scientifique *stricto sensu*, retenant la leçon de Hegel, Cassirer élargit le domaine des problèmes livrés à la méditation philosophique à tous les aspects de l'expérience humaine.

---

[1] E. Cassirer, *La tragédie de la culture*, op. cit., p. 196.

[2] E. Cassirer, *La philosophie des formes symboliques 3*, p. 20.

[3] *Ibid.*, p. 20.

[4] *Ibid.*, p. 20.

[5] *Ibid.*, p. 20.

[6] *Ibid.*, p. 23.

• Le second problème est la conséquence directe du premier. En effet, si tout est formé et tout est résultat d'un travail de la spontanéité, ne faut-il pas dès lors rectifier la définition de ce qui est communément appelé fait brut ou donné immédiat, voire même, en nier l'existence ?

Repenser ces deux problèmes constitue, chez Cassirer, une exigence que requiert le renouvellement du kantisme. Or, constate-t-il, « la *Critique de la raison pure* ne s'est aucunement fermée à cette exigence, mais elle n'a pas été jusqu'à faire le tour complet du champ des problèmes qu'elle a si clairement désignés sur les bases de ses propres prémisses »[1]. Pour supposer une organisation formatrice de l'esprit à tous les niveaux de la culture il faut forcément quitter l'idée kantienne d'un sensible donné et supposer l'existence d'une organisation dans toute impression sensible. Le donné pur et simple n'existe pas tout autant que le réel en soi. Les difficultés du kantisme, selon Cassirer proviennent précisément de l'hypothèse d'un donné pur et simple. Car une telle supposition implique forcément qu'à un certain niveau notre connaissance, notre esprit, est affecté par cette chose en soi. On ne peut, en effet, sans contradiction, affirmer le primat de la fonction sur l'objet et supposer en même temps qu'il existe un monde sensible dont l'existence ne doit rien à la fonction et qui constitue, dans une certaine mesure, le substrat de la fonction. Voilà pour Cassirer une erreur dont n'ont pas pu échapper les post-kantiens[2].

Pour Cassirer, Kant annonce l'ouverture d'une ère, celle de la critique. A ce titre, il ne peut qu'amorcer le problème. De même que la *Révolution copernicienne* n'a pris son plein sens qu'après Copernic, c'est-à-dire avec Galilée, Descartes et Newton ; de même, la philosophie critique n'accèdera à sa vérité et ne

---

[1] *Ibid.*

[2] E. Cassirer, *Les systèmes post-kantiens*, p. 226-227 : « L'objet de l'expérience, dit Cassirer parlant de Kant, est effectivement présenté comme le pur corrélat des fonctions synthétiques de l'entendement ; mais un nouveau monde d'objectivité s'élève derrière cet objet dans le concept de la "chose en soi", monde où la connaissance semble trouver sa limite ultime. Du même coup, la synthèse *a priori* perd ici la force de "principe suprême" absolument un et englobant toutes les oppositions particulières, et le dualisme du monde phénoménal et du monde nouménal semble de nouveau être l'ultime résultat indépassable. »

développera ses potentialités qu'avec les néo-kantiens. La critique de la raison, elle-même, doit être considérée comme l'ébauche de la critique de toute forme de donation de sens, effectuée par l'esprit humain, dans « toutes les directions de compréhension du monde »[1].

[1] E. Cassirer, *La philosophie des formes symboliques 3*, p. 23.

D. *le profil d'une anthropologie à venir*

§ 1. Du problème de la vérité au problème du sens

La philosophie dont la fonction signifiante est l'objet ne peut être qu'une « herméneutique »[1], dans le même sens que lui donne Ricœur, c'est-à-dire, une interprétation qui chercherait à comprendre: « Comment l'homme donne-t-il sens en remplissant de sens un sensible ? »[2]

Parlant des manifestations matérielles de la conscience comme autant d'objectivations d'une même fonction et non d'une même substance, nous ne saurons plus désormais employer la catégorie de la vérité mais celle du sens. Le problème du sens a, en effet, pour Cassirer, « priorité dans notre étude du langage de l'art et du mythe »[3], disons dans toutes les productions de l'esprit humain. Il faut comprendre le sens ici comme « schème structural général »[4] au moyen duquel chaque mode du symbolisme « peut classer, ordonner et organiser »[5] les faits.

Passer de la croyance de travailler sur un contenu réel, une nature donnée que l'on peut considérer comme un point de départ radical, auquel on ne peut accéder, comme dit P. Ricœur, que par « une fuite en arrière »[6], à l'idée de travailler sur « un contenu symbolique qui n'est pas immédiatement perceptible »[7], c'est passer du problème de la vérité de nos concepts et images culturelles, au problème de leur sens. Une philosophie de la culture doit s'intéresser à ce qui est véritablement réel et existant dans les phénomènes, la fonction signifiante. Elle doit, par

---

[1] E. Cassirer, *Essai sur l'homme,* p. 273.

[2] P. Ricœur, *De l'interprétation*, pp. 20-21.

[3] E. Cassirer, *Essai sur l'homme,* p. 105.

[4] *Ibid.*

[5] *Ibid.,* p. 105.

[6] P. Ricœur, *Le conflit des interprétations*, p. 264.

[7] E. Cassirer, *Essai sur l'homme*, p. 249.

conséquent, s'orienter vers le langage, le lieu où tout se dit afin de comprendre le « sens des différentes langues symboliques »[1].

En effet, si tout ce qui se dit est dit dans un symbole, le symbole ne peut être tenu pour le lieu de la vérité mais pour celui du sens. Un sens qui ne vient pas des choses, mais du travail structurant de l'esprit ou ce que Kant appelle la spontanéité. Parce qu'elle ne cherche pas seulement « à comprendre les actions mais les acteurs »[2], la philosophie des formes symboliques peut-être dite à la fois une sémiologie et une anthropologie :

1) Elle est une sémiologie dans la mesure où elle n'évolue pas dans un univers physique dont les faits sont déterminables objectivement, mais dans un univers symbolique. Ainsi, « pour interpréter le symbole, dit Cassirer, il nous faut développer des méthodes autres que celles utilisées pour la recherche des causes »[3], une méthode qui va au-delà de l'aspect sensible et matériel du symbole vers « l'activité signifiante »[4]. La philosophie des formes symboliques est une sémiologie parce que l'homme n'exprime pas directement les choses telles qu'elles sont, mais il ne les exprime que dans la mesure où il les convertit en symboles, donc les reconstruit. Cette conception de l'appréhension donne au concept de symbole « une amplitude égale à celle du concept de réalité d'une part, de culture d'autre part »[5]. Tout est symbole, rien n'émerge à la réalité si ce n'est dans et par le symbole.

2) Si « rien n'existe que par l'individu »[6] il va de soi que « c'est l'individu lui même qu'il faut connaître »[7]. C'est pourquoi, la philosophie des formes symboliques est aussi une anthropologie. Cassirer le justifie en empruntant une citation à Taine : « Au fond, dit celui-ci, il n'y a ni mythologie, ni langues, mais seulement des hommes qui arrangent des mots et des

---

[1] *Ibid.*

[2] *Ibid.*

[3] *Ibid.*, p. 273.

[4] E. Cassirer, *La philosophie des formes symboliques 1*, p. 51.

[5] P. Ricœur, *De l'interprétation*, p. 21.

[6] E. Cassirer, *Essai sur l'homme*, p. 272.

[7] *Ibid.*

images d'après les besoins de leurs organes, de la forme originelle de leur esprit. »[1] Cassirer peut très bien exprimer sa pensée dans une expression de P. Ricœur, car, pour lui aussi, c'est le symbole qui est « à penser »[2], si nous voulons saisir le sens et l'homme. Cette anthropologie serait critique car elle s'occupera de déceler les lois de cette structuration spirituelle en tant qu'elles sont des lois *a priori*.

§ 2. Les perspectives de la nouvelle anthropologie

Si nous considérons que la principale, voire, l'unique trace ou signe de l'humanité de l'homme, est son oeuvre ou le système de ses activités, la philosophie des formes symboliques qui se propose de nous faire connaître « la structure fondamentale de chacune de ces activités et qui nous permettrait de les comprendre comme totalité organique »[3], est une philosophie de l'homme ou une anthropologie philosophique.

Cette anthropologie se caractérise d'abord par l'ensemble des transformations qu'elle opère sur la philosophie. Eu égard à sa visée, elle se veut doublement enrichissante : enrichir le monde et l'homme à la fois. Le réel n'est plus seulement le quantifiable, l'exprimable en lois nécessaires. Il est aussi ce que nous pouvons exprimer en termes de sacré et de profane et ce que nous pouvons exprimer en mots, gestes, sons et couleurs. Il est tout ce par quoi et en quoi l'esprit humain révèle un sens et suggère la présence d'une unité significative. De même, « à côté de la pure fonction de connaissance »[4], il faut considérer les fonctions de la pensée linguistique, de la pensée mythico-religieuse, de l'intuition artistique car à l'intérieur de chacune d'elles est en oeuvre « une certaine organisation -organisation non pas tant du monde que dirigée vers le monde »[5] et qui fait que chaque fonction spirituelle « réalise un système objectif de sens »[6].

---

1 *Ibid.*

2 P. Ricœur, *le conflit des interprétations*, p. 284.

3 E. Cassirer, *Essai sur l'homme*, p. 272.

4 *Ibid.*

5 *Ibid.*

6 *Ibid.*

Il s'ensuit que nulle forme spirituelle, nulle philosophie, ne doit se leurrer sur ce qu'elle est ou sur ce qu'elle peut être en se réduisant à un « organe propre de la connaissance et du réel »[1]. Une telle position, qu'elle soit sensualiste, positiviste ou rationaliste, est une position qui comporte une contradiction. De ce fait, elle ne fera qu'aggraver « l'anarchie » dans laquelle se trouve la philosophie depuis l'époque moderne. Il est temps que la philosophie emprunte « la voie sûre »[2] qui est la sienne et qu'elle s'occupe de sa véritable tâche, celle que Kant appelle « la question capitale »[3] de toute philosophie.

En tant que recherche du sens dans toutes les sphères de l'expérience humaine, la philosophie devient une phénoménologie qui aura pour tâche non de dire l'être,soit comme partie soit comme copie, mais de déchiffrer « la fonction du savoir »[4]. En cela, Cassirer réalise l'inspiration fondamentale du kantisme, la prolonge en la généralisant à la recherche des conditions du sens dans « notre manière de connaître les objets en général en tant que celle-ci doit être *a priori* »[5].

Cassirer élargit donc la méthode transcendantale aux différents modes et directions d'appréhension du monde dont l'esprit fait usage. Il reconnaît par là « à chaque tentative de compréhension du monde à la portée de l'esprit humain »[6] sa « légitimité »[7]. Désormais, ce n'est pas seulement le fait que la science mathématique de la nature soit possible qui doit éveiller l'étonnement philosophique, c'est au contraire toute la culture humaine qui semble être une sorte de miracle intriguant et qui doit, par conséquent, être explicitée.

La science se trouve ainsi reclassée à l'intérieur de la culture comme une espèce à l'intérieur d'un genre ou d'une partie à l'intérieur d'un tout. Les formes de compréhension prélogique : langage, art, mythe et religion qui, dit-on, « suivent d'autres

---

[1] E. Cassirer, *La philosophie des formes symboliques 3*, p. 16.

[2] Kant, *Critique de la raison pure*, Préface de la 2e édition, p. 42.

[3] Kant, *Lettre à Marcus Herz du 21 février*, op. cit., p. 94.

[4] E. Cassirer, *La philosophie des formes symboliques 3*, p. 17.

[5] *Ibid.*, p. 18.

[6] E. Cassirer, *Objet des sciences de la culture*, op. cit., p. 96.

[7] *Ibid.*

voies et obéissent à d'autres lois que la subdivision logique des concepts »[1], se trouvent, par l'élargissement du kantisme, inclues dans les préoccupations critiques de la philosophie des formes symboliques comme autant de modalités d'objectivité du réel et d'expressions du travail de l'esprit humain. A ce titre, elles constituent toutes, des éléments indispensables pour l'élucidation de la question de la philosophie : « *Qu'est ce que l'homme ?* » Or, à la lumière de tout ce qui a précédé, cette même question peut se formuler ainsi : « *Qu'est-ce que la culture ?* »

Si toute la culture n'est que la manifestation des fonctions fondamentales de l'esprit (expression, représentation et signification) dans le « matériau sensible »[2] qu'est le symbole, une théorie de la culture peut-elle être autre chose qu'une théorie du symbole ? Chez Cassirer, le symbole se présente comme « la condition préalable de toute saisie d'objets ou de faits »[3]. Tout symbole, qu'il soit mythique, verbal, artistique ou scientifique ne peut être considéré comme « un simple décalque du monde donné des sensations et des intuitions »[4] ; il est, au contraire, une libre « donation de sens »[5]. Le sens est donc premier, il l'est parce que l'esprit, en tant que capacité de signifier et de mettre en forme, est premier.

Toute la culture fonctionnerait ainsi, pour Cassirer, comme un langage qui ne dévoile la réalité des choses et de l'esprit que dans « un sens »[6]. C'est cette donation de sens qui, tout en engendrant les symboles, engendre les choses par le même acte. Le sens est donc porté par des symboles. L'esprit fait être les choses par et dans les symboles. Chaque symbole est une sorte de « simulacre » (l'expression est reprise par Cassirer à Herz), auquel rien ne correspond dans les données sensibles elles-mêmes. Les différentes formes culturelles seraient ainsi, le langage de l'esprit, son expression symbolique, elles correspondraient plus à des perspectives humaines qu'à des réalités effectives.

---

1 *Ibid.*, p. 95.

2 E. Cassirer, *La philosophie de formes symboliques I*, p. 54.

3 E. Cassirer, *Objet des sciences de la culture*, op. cit., p. 109.

4 E. Cassirer, *La philosophie des formes symboliques 1*, p. 52.

5 *Ibid.*

6 *Ibid.*, p. 28.

Considérer les problèmes de la culture comme des problèmes de sens veut dire en premier lieu, que l'on ne peut explorer le monde humain à partir de l'extérieur, c'est-à-dire selon sa dimension physique, physiologique ou même psychologique. Seule une interprétation à partir de l'intérieur, c'est-à-dire à partir de la fonction signifiante en tant qu'activité structurante et constructive, est capable de dégager la spécificité de l'humain. Par conséquent, seule la phénoménologie, cet « effort pour appréhender à travers des événements et des faits empiriques des significations idéales »[1], peut saisir l'essence de l'humain par la compréhension des formes qui manifestent et concrétisent le travail de son esprit.

N'est-ce pas là la naissance d'une nouvelle sorte de phénoménologie, une phénoménologie critique ? Cette phénoménologie partirait des formes primaires de la conscience jusqu'à la forme de la connaissance pure pour constituer un autre aspect du kantisme élargi de Cassirer. Cet élargissement établit, en premier lieu, la continuité entre les différents niveaux de la conscience. Il n'y a pas de rupture mais un dépassement à l'hégélienne dans une phénoménologie de l'esprit où toutes les formes oeuvrent ensemble « dans le procès de la libération progressive de soi de l'homme »[2]tant à l'égard de la nature qu'à l'égard de lui-même. Ce processus de libération s'effectue selon une dialectique spécifique. Il s'agit d'une dialectique qui « ne contient en elle absolument aucune contradiction »[3]. Autant dire, une dialectique *non dialectique*, une logique de *l'interdépendance*. En effet, les formes culturelles, apparemment contradictoires, telles que le langage, le mythe et la science, « ne s'excluent pas ; elles sont interdépendantes »[4].

Il y aurait selon Cassirer, dans la culture, « une très particulière relation d'échange »[5] qui fait que l'activité d'un mode de symbolisation soit le point de départ de l'autre mode. Le monde de la culture constitue ainsi « une véritable activité

---

1 Lalande, *Vocabulaire technique et critique de philosophie*.

2 E. Cassirer, *Essai sur l'homme*, p. 317.

3 E. Cassirer, *La tragédie de la culture, op. cit.*, p. 205. Voir aussi, *Essai sur l'homme*, p. 106.

4 E. Cassirer, *Essai sur l'homme*, p. 317.

5 E. Cassirer, *La tragédie de la culture*, op. cit. , p. 204.

communicationnelle »[1], une synthèse qui se fait dans « un échange actif »[2] de signification.

Cela explique le rôle prépondérant que Cassirer accorde au langage. Cette importance du langage découle de sa fonction. Il constitue un exemple privilégié de l'activité générale de l'objectivation de l'esprit à l'œuvre dans toute la culture humaine. Aussi Cassirer situe-t-il « l'éveil de la conscience symbolique »[3] au moment de l'émergence de « la conscience linguistique »[4]. Ce n'est que par la médiation du langage que devient accessible pour nous « l'intuition d'une réalité objective »[5]. Mode de structuration prélogique, le langage ne constitue pas moins un modèle d'intelligibilité qui nous permet de donner une portée plus étendue au problème anthropologique posé par Kant : « *Qu'est ce que l'homme ?* »

La simultanéité de cette double conscience, linguistique et symbolique est ce qui fait que le langage est ce par quoi et en quoi se constitue un monde commun et s'exprime la nature de l'homme. Ce monde commun est constitué par le sens ; un sens qui se donne en partage, se communique et se transmet. De ce fait, l'être de l'homme, comme celui du monde d'ailleurs, se donne dans et par le langage. On ne trahirait pas la pensée de Cassirer en l'exprimant dans le langage de Paul Ricœur qui montre comment, en un certain sens, c'est tout l'homme qui est « dialogue »[6], langage partagé qui prend la figure d'une création et transmission d'un sens et émancipation de l'immédiateté.

En tant que telle, la présence de ce « dialogue » se fait partout sentir ; elle montre que le langage, « loin de nous enfermer dans notre propre représentation du monde »[7], est ce par quoi « nous nous ouvrons à une dimension supra - individuelle commune et valable pour tous »[8]. Le langage est le premier monde commun

---

[1] E. Cassirer, Le concept dans les sciences de la nature et de la culture, in *Logique des sciences de la culture*, p. 163.

[2] *Ibid.*

[3] E. Cassirer, *L'objet des sciences de la culture*, op. cit., p. 91.

[4] *Ibid.*

[5] *Ibid.*

[6] P. Ricœur, *Du texte à l'action*, p. 101.

[7] Cassirer, *L'objet des sciences de la culture*, op. cit., p. 89.

[8] *Ibid.*

dans lequel entre l'individu[1], mais il n'est pas le seul. Du fait même qu'il parle, l'homme « est un être avec ». Le solipsisme n'est qu'une erreur de perspective. On en voit la conséquence relativement au projet anthropologique. N'étant jamais seul, l'homme est, pour l'essentiel, un être communautaire. Cet « être avec autrui » est, en même temps, un « être dans le monde ». On ne le comprend qu'à partir et à travers ses manifestations, ses inventions, c'est-à-dire, à partir de ce qu'il fait. Cassirer y insiste; surtout dans son article intitulé *La tragédie de la culture* où il soutient que la vraie valeur de l'homme « réside uniquement dans ses actes et dans ce qu'il devient grâce à eux »[2]. Etre, c'est faire.

S'il en est ainsi, on comprend mieux dans quelle perspective se fait, chez Cassirer, l'analyse des phénomènes culturels en tant qu'anthropologie. Comme chez Kant, ce que l'homme poursuit à travers ce qu'il fait n'a pas une finalité eudémoniste, mais éthique. Aussi, doit-on penser que le but de la culture « n'est pas la réalisation du bonheur sur la terre, mais celle de la liberté, de la véritable autonomie, qui ne signifie pas maîtrise technique de la nature par l'homme, mais maîtrise morale de lui-même »[3].

§ 3. Assurer la relève de Kant

Cassirer se prend donc pour un héritier de la philosophie critique. Il en hérite la pensée fondamentale. C'est l'esprit que l'on cherche à travers les formes de compréhension. La philosophie critique de la culture serait non pas une phénoménologie des formes culturelles, mais une phénoménologie de l'esprit qui, en raison de l'autonomie de chaque forme culturelle, serait en même temps, une phénoménologie du langage, du mythe, de la religion, de l'art et de la science. Tous ces produits sont, pour Cassirer, « des moments intégrants d'un unique mouvement d'ensemble »[4].

Cet élargissement de la critique à la totalité de la culture, enrichit en conséquence la signification de l'humain. Il n'y a rien

---

[1] *Ibid.*

[2] E. Cassirer, *La tragédie de la culture*, op. cit., p. 196.

[3] *Ibid.*

[4] E. Cassirer, *La philosophie des formes symboliques 3*, p. 23.

que l'esprit produise et qui ne soit de ce fait même humain. Ainsi, les expériences de caractère expressif, intuitif ou conceptuel, sont toutes, au même titre, des expériences humaines qui expriment le travail d'une mise en forme ou d'une symbolisation effectuée par la spontanéité. L'homme, pour Cassirer, n'est pas un simple récepteur d'impressions externes, il est l'acteur de sa propre expérience dans le sens où il « la maîtrise en lui conférant une forme déterminée qui en définitive trouve sa source en lui-même, c'est-à-dire dans le sujet qui pense, qui sent et qui veut »[1].

L'homme, objet de la philosophie critique de la culture, ne peut plus alors être, comme pour Kant, l'homme transcendantal, ni, comme pour Hegel, l'homme instrument d'une force transcendante et impersonnelle qui lui ferait réaliser des volontés qui le dépassent. Il s'agit, comme il sera montré plus loin, de l'homme qui vit dans la nature et avec les autres, qui communique et crée et qui par sa communication et ses créations produit le sens ou la culture.

D'ailleurs, Cassirer prend la précaution de spécifier que son projet d'une phénoménologie de l'esprit, même s'il prend l'aspect d'un hégélianisme, n'emprunte pas moins des voies différentes qui font que sa phénoménologie ne soit pas une phénoménologie de l'universel, d'un « être en soi un et homogène »[2] dont les formes culturelles seraient les différents degrés ou étapes de sa manifestation et dont il faut établir le degré de réfraction en fonction de leur proximité ou éloignement de la « réalité même de la chose en soi »[3].

L'unité que la phénoménologie de l'esprit doit rechercher, selon Cassirer, est celle de la pensée, de l'esprit, de l'énergie formatrice qui sous-tend la diversité de ses expressions. Dès lors, synthétique et globalisante, une philosophie critique de la culture ne doit plus suivre séparément les différentes orientations de la pensée, ni considérer que l'une est plus représentative que les autres. Elle doit, au contraire, « les rapporter à l'unité d'un point

---

[1] E. Cassirer, *Fondation naturaliste et fondation humaniste de la philosophie de la culture*, op. cit., p. 39.

[2] E. Cassirer, *La philosophie des formes symboliques 3*, p. 13.

[3] *Ibid.*

médian, d'un centre idéal »[1]. Chercher un universel qui aurait l'aspect d'une loi de constitution des domaines particuliers, « un point fixe (…) qui ne donnerait à voir que les rapports purement immanents que toutes ces formes entretiennent entre elles et nullement leur rapport à quelque principe extérieur et transcendant »[2].

La philosophie critique de la culture est donc pour Cassirer une systématique de l'esprit : une classification cohérente et soutenue des objets de l'esprit en fonction de leur loi de variation ; loi qui, elle-même, ne varie pas. Le modèle le plus utilisé chez Cassirer pour rendre compte de cette systématique est celui de la *caractéristique universelle* ou encore celui du concept de groupe tel qu'il est utilisé en mathématiques par Félix Klein. L'universel recherché qu'il appelle tour à tour fil d'Ariane dans *l'Essai sur l'homme* et pouvoir central dans *La philosophie des formes symboliques*, fonctionne comme un principe régulateur, un moment présent dans chaque expression culturelle sans pour autant s'objectiver sous le même aspect. Seule la découverte de « ce milieu par lequel passerait toute mise en forme »[3], sans pour autant perdre sa nature particulière ni son caractère spécifique, peut dûment nous permettre l'élargissement de « la critique transcendantale à la totalité des formes spirituelles »[4]. Il s'agit pour Cassirer, de prouver l'existence d'une « fonction matrice »[5] à partir de laquelle se différencient les activités de l'esprit.

Cette reprise du kantisme n'est toutefois pas spécifique à Cassirer. Le projet de reprendre la critique transcendantale comme méthode philosophique, n'est pas apparu avec Cassirer, il constitue, au contraire, une constante majeure de la pensée du XIXe siècle. On la retrouve notamment chez les penseurs de l'école de Marbourg (communauté de réflexion philosophique autour de la pensée kantienne) dont les principaux fondateurs sont Natorp et Cohen. Cassirer rappelle constamment le rôle de précurseurs que ces éminents penseurs, interprètes de Kant, tiennent dans la nouvelle conception de la philosophie critique.

---

[1] E. Cassirer, *La philosophie des formes symboliques 1*, p. 21.

[2] *Ibid.*, p. 23.

[3] *Ibid.*, p. 26.

[4] *Ibid.*

[5] *Ibid.*

Comme eux, de la *Révolution copernicienne*, de cette manière de penser qui permet d'accéder au « caractère propre et distinctif de l'homme, au sens le plus large »[1] ; « ce médium tout à fait universel et cependant unique dans son universalité où seule la forme peut prendre naissance, où elle peut se développer et se reproduire »[2].

Comme les maîtres de l'école de Marbourg, Cassirer pense que la recherche de cet universel « n'implique nullement la supposition et l'exigence que nous devons (…) transcender le champ de l'existence naturelle »[3] pour nous installer dans un domaine idéal et absolu sans poids ni mesure. Cet universel, il faut le tenir dans la capacité spécifique de l'homme d'unifier le réel, de l'analyser et de créer ce réel même dans cette activité d'analyse et de synthèse.

Toutefois, le rapport de Cassirer à l'école de Marbourg est très restreint. En effet, il s'est vite démarqué de ses deux principaux fondateurs Natorp et Cohen. Cassirer refuse l'hégémonie que Cohen accorde aux sciences mathématiques dans le système des connaissances. Dans les débats de 1929 à Davos avec Heidegger, il explique que la science mathématique de la nature ne peut être pour lui « qu'un paradigme et non (…) à elle seule le tout du problème »[4]. Il n'adhère pas non plus au psychologisme de Natorp, et considère que l'on ne peut comprendre ces deux penseurs que si on les « envisage dans une perspective historique »[5]. Par son passage d'une critique de la connaissance à une critique de la culture, Cassirer s'éloigne de l'école de Marbourg tout en restant fidèle à cet esprit qui anime tous ses membres, l'esprit du kantisme qu'ils placent tous dans la méthode transcendantale.

---

1 *Ibid.*

2 E. Cassirer, *Fondation naturaliste et fondation humaniste de la philosophie de la culture*, p. 39.

3 *Ibid.*

4 E. Cassirer, *Débats sur le kantisme et la philosophie*, p. 30.

5 *Ibid.*, p. 29.

§ 4. Le sens d'une ouverture

En fin de compte, le problème majeur posé autant dans *La philosophie des lumières* que dans *Les systèmes post-kantiens* est celui du conflit entre deux positions quant à la saisie de l'essence de l'homme : une position qui tend à l'expliquer en l'insérant dans un système qui l'englobe et le dépasse comme une théorie de la nature, une théorie de Dieu ou une théorie de l'absolu et une position qui tend à le comprendre en lui-même à travers son propre agir.

Ce même conflit, qui a débuté au XVIIe siècle pour s'étendre au XVIIIe et au XIXe, se renouvelle et prend de nouvelles dimensions au XXe siècle. C'est la conséquence de ce qu'il est convenu d'appeler « l'avènement des sciences de l'homme ». Il prend alors la forme d'une contradiction entre l'intérêt pour la précision que la science met comme son objectif principal, et l'intérêt pour l'unité de l'homme qu'on voit se dissiper dans le courant de la spécialisation scientifique. Le XXe siècle nous a plongés dans un océan d'informations concernant les phénomènes humains, la machine humaine, tant psychique que physiologique, mais l'homme comme individu n'y figure pas. Ces informations ou savoirs donnent lieu à un savoir faire indifférent, un pouvoir inconscient de son objet et de ses fins. La principale conséquence de cette indifférence aux fins du pouvoir que donne la science est d'ordre éthique. L'oubli de l'homme comme unité ne peut aboutir qu'à l'absence de responsabilité dans la relation à autrui.

Le problème que posent, *La philosophie des formes symboliques* et *l'Essai sur l'homme* est la suite logique de ce constat de crise : l'homme est-il à expliquer ou à comprendre ? Il s'agit pour nous, de voir, dans ces deux œuvres, si Cassirer lui-même, se maintient aux limites de cette situation paradoxale ou s'il donne les moyens d'une nouvelle position du problème. Dans quelles perspectives s'oriente la pensée de Cassirer ? Quelle attitude adopte-t-il à l'égard de la tradition philosophique : la renie-t-il, la reconnaît-il ?

Il partira comme Kant des phénomènes (de la culture) comme données historiques et cherchera analytiquement les conditions subjectives *a priori* qui ont rendu cette culture possible. Il retiendra de Kant le fait que « nous ne pouvons découvrir la nature de l'homme comme nous découvrons la nature des choses »[1] et que « l'homme ne peut-être décrit qu'en termes de conscience »[2]. Pour comprendre l'homme, il faut aller vers lui, saisir son message et enregistrer ses empreintes dans tout ce qu'il produit ; saisir le sens qu'il émet en tant qu'agent, capacité de création. C'est dans ce sens que les principes universels et nécessaires, contenus dans l'expérience humaine, sont révélateurs de la nature de l'homme et non pas de la nature des choses.

Répondre à la question posée par Kant reste pour Cassirer l'impératif de la philosophie et son but ultime. L'étude phénoménologique de cette capacité de mise en forme est la voie royale pour une réponse possible à la question « *Qu'est ce que l'homme ?* » Expliquer la diversité des productions, des modes d'expression et de manifestations spirituelles de l'homme, sans devoir en rejeter une partie ou y opérer une sélection, voilà ce à quoi cherche à parvenir Cassirer.

Il fallait donc dépasser la simple explication scientifique vers une herméneutique philosophique, c'est-à-dire vers une explication de la vie de l'homme par l'exégèse des signes qui la manifestent. Mettre en évidence les structures cachées qui sont à l'origine de toute donation de sens et qui s'objectivent dans les formes symboliques (mythe, langage, art, science…). Il s'agit pour Cassirer de convertir le savoir de l'homme en conscience de l'humain et de poser l'humanité comme seule valeur dans l'histoire. Cassirer avait donc à concilier, à la fois, l'intérêt à l'évolution scientifique, la richesse de ses sources et l'esprit de synthèse du kantisme : penser l'homme dans son unité sans rien sacrifier des acquis de la science.

Cette conversion suppose que l'on dégage une fonction générale, c'est-à-dire, un processus de signification qui soit conçu en termes suffisamment généraux pour qu'il soit possible de considérer que c'est une seule et même fonction signifiante qui prend diverses formes et qui engendre à chaque fois une structure de sens distincte. Le problème qui se pose donc, à cette anthropologie qui se veut critique, est la façon de dépasser les points de vue particuliers tant scientifiques que philosophiques et

---

[1] E. Cassirer, *Essai sur l'homme*, p. 18.

[2] *Ibid.*

de les insérer dans une synthèse générale qui produirait un savoir sur l'homme comme totalité.

Comment restituer à chacune des formes de saisie du réel et de sa mise en forme sa prétention à la validité ? Comment rendre compte de l'essence de l'homme à partir du travail concret qu'est la culture ?

La réponse de Cassirer, comme il a été déjà mentionné, est le symbole. C'est ce concept de symbole qui doit orienter le second pas de ce travail sur l'anthropologie de Cassirer. Analyser le symbole et voir ce qui en lui permet de généraliser la méthode transcendantale à la totalité de la culture et expliquer la diversité des sens dont est capable notre fonction spirituelle. La diversité ou la relativité de sens doit nous mener à l'explicitation d'un concept central dans *La philosophie des formes symboliques*, c'est le concept de *prégnance symbolique*. Toutes ces investigations ont un seul but : chercher la manière dont chaque forme culturelle s'organise pour avoir sa spécificité, et surtout, cerner ce point médian, moyen terme ou point fixe qui a permis à Cassirer d'élargir la critique de la raison à la critique de la culture. Un moyen terme qui permet de maintenir l'unité des expressions culturelles sans effacer ni réduire la spécificité de chaque forme.

Nous retiendrons donc à la fin de cette première partie que Cassirer se propose de tenter un travail rendu possible et nécessaire par *la Critique de la raison pure,* et qu'il est amené, pour l'accomplissement de ce projet, à renouveler les bases de l'édifice kantien lui-même, voire même, à entreprendre une nouvelle construction. En effet, le projet de Cassirer est plus vaste que celui de Kant : démontrer l'unité des formes spirituelles aussi bien les formes scientifiques que préscientifiques ou non scientifiques. Ces nouvelles bases donneront un sens plus large à la question transcendantale dans la mesure où ce sont « toutes les directions de compréhension du monde dans leur aspect multiforme »[1] qui seront soumises à la critique.

[1] E. Cassirer, *La philosophie des formes symboliques 3*, p. 26.

II. De la critique de la raison à la critique de la culture

A. *Comment maîtriser une richesse inattendue ?*

§ 1. Unité présupposée, diversité donnée

Un fait caractéristique des débuts du XXe siècle : l'élargissement de l'explication rationnelle aux différentes dimensions de l'homme et aux différents niveaux de son existence. Une conséquence immédiate de ce phénomène est la prolifération des données se rapportant à l'homme, concomitante au prodigieux développement des sciences et de leur spécialisation. L'homme, objet de connaissance, perd ainsi son unité métaphysique et apparaît désormais sous plusieurs facettes qui se réclament toutes de l'humain : le psychologique, le social, l'économique.

Tout se passe comme si le tribut que l'homme devait payer, en contrepartie de son auto-compréhension, était la perte de la croyance à son unité. Ce que l'on gagne en extension on le perd en compréhension. Les informations riches et diversifiées n'ont plus de substrat unique auquel elles peuvent se rapporter. On ne peut, en effet, construire l'homme un à partir d'une multiplicité fût-elle une multiplicité infinie. Une évidence dont fait état Sartre dans une esquisse de définition de l'anthropologie en montrant que nous ne pouvons épuiser la réalité de l'homme dans l'objectivité scientifique. On peut aujourd'hui tout connaître de l'homme en tant que réalité objective cependant, il serait prétentieux d'affirmer qu'on peut déduire de cette connaissance du détail le sens de son unité. En effet, chaque forme d'objectivité étudie « quelque chose dans l'homme qui n'est pas l'homme total et qui, d'une certaine façon, est un reflet purement objectif de l'homme »[1]. S'en tenir à ces formes d'objectivité ne peut nous donner « la structure ontologique de (sa) subjectivité »[2]. Par conséquent, cette « collection »[3], aussi large soit elle, reste toujours en deçà de ce que l'homme peut être. C'est pourquoi l'unité de l'homme ne peut s'y réduire ; elle ne peut, non plus, en résulter. Aussi, Sartre est-il en droit de poser que cette unité doit être posée « au départ »[4]; car elle ne peut jamais être « donnée à la fin »[5].

Tel est également le point de vue de Cassirer. S'agissant d'un principe *a priori* et non de résultat construit après coup, cette unité brisée se trouve, avec la naissance des approches positivistes de l'homme, à la recherche de sa totalité perdue. Mieux encore, c'est à ce moment là que l'on se rend compte d'un fait encore plus important : la prolifération de ces sciences a montré les limites de l'approche positiviste du problème de l'homme. Elle révèle que l'observable, le rationnel et le conscient ne peuvent pas rendre compte de l'homme comme unité. Elle a surtout montré l'absence de limite nette entre le matériel et le spirituel, le conscient et l'inconscient, l'individuel et le collectif.

Dès lors, si une étude philosophique de l'homme doit délimiter son objet, elle ne peut plus s'appuyer sur l'opposition classique entre le somatique et le spirituel, la *res cogitans* et la *res extensa*. Elle doit, au contraire, partir de leur unité ou de leur union comme d'un fait ou d'un principe. Cette fidélité à l'objet ainsi considéré ou posé fait que, presque nécessairement, la pensée perd en clarté ; car le simple, matériel ou spirituel, a cédé la place au composé qui constitue précisément ce qu'il convient d'appeler réalité humaine ou *facticité*. En tant qu'*être-dans-le monde* et *être-avec-autrui*, l'homme est aussi à la fois, un *être-corporel-spirituel*.

La pensée philosophique de l'homme se trouve ainsi face à une double difficulté d'ordre méthodologique : maîtriser

---

[1] J. P. Sartre, L'anthropologie, in *Situations philosophiques*, p. 284.

[2] *Ibid.*, p. 300.

[3] *Ibid.*, p. 288.

[4] *Ibid.*

[5] *Ibid.*

l'information abondante, riche et diversifiée et veiller à l'unité des deux composantes de l'objet de sa réflexion. Une troisième difficulté d'ordre métaphysique, elle découle du besoin d'unité et consiste à se demander où situer l'essence de l'humain ? Une question d'autant plus dramatique qu'il n'est plus possible de confier à un Dieu ou un Esprit absolu la charge d'y répondre.

Il faut reconnaître, qu'en un certain sens, Kant était plus heureux. A son époque les sciences de l'homme, encore presque inexistantes, n'embarrassaient pas outre mesure le philosophe. Il n'y voyait à juste raison peut-être que des prises de position plutôt métaphysiques parfois aussi vieilles que l'esprit humain. On comprend alors pourquoi le chemin kantien était trop court : ce n'est pas de la science que l'on doit attendre la définition d'une idée adéquate de l'homme. Les sciences ne peuvent, tout au plus, que nous révéler la juste perspective dans laquelle il va falloir la chercher, celle des idéalités de la raison pure telles qu'elles sont décrites dans la dialectique transcendantale de la *Critique de la raison pure* .

Contemporain d'une nouvelle effervescence des sciences en général et des sciences de l'homme en particulier, Cassirer ne peut se permettre d'opter pour une telle solution. Comment alors, sans perdre de vue le souci kantien, celui de l'unité de l'humain, mettre à profit tout l'acquis scientifique le concernant ?

§ 2. Du fait à la force originairement formatrice

Nous avons déjà établi que pour Cassirer l'homme ne s'appréhende qu'à partir de ce en quoi et ce par quoi il s'objective, à savoir la culture en général dont il est le créateur. De ce fait, la philosophie devient une pensée de la créativité humaine. Son objet est précisément, la force spirituelle que l'homme exerce sur les choses autant que sur lui-même. Or, cette orientation de la pensée ne peut s'accomplir que si l'on pose préalablement que l'esprit possède *a priori* une certaine vertu structurante qui lui permet d'organiser le réel et, par là même, de le doter d'un sens.

Aussi la philosophie change-t-elle d'objet : d'une critique de la raison, elle devient une critique de la culture. En tant que telle, elle s'assigne pour tâche de détecter à travers la culture comme fait objectif donné, l'activité de l'esprit qui en est la condition de possibilité. Elle suivra le déploiement progressif de la pensée dans les différents niveaux et les différentes formes que prend sa conscience de soi et du monde.

Posant la primauté de cette vertu formatrice, Cassirer cherchera à prouver qu'elle n'est pas seulement à l'œuvre dans la production de la connaissance scientifique mais aussi là où opère une capacité de liaison et de distinction, là où se produisent des synthèses en général, autres que celles qu'expriment les lois scientifiques. Elle est à l'œuvre partout où il y a une expression humaine. La compréhension de l'homme impose donc la réhabilitation et la réintroduction de tout ce qui fut écarté de la catégorie de travail libre et autonome de l'esprit : l'affect et l'intellect tels qu'ils sont en œuvre dans le mythe, la religion ou les niveaux élémentaires du langage enfantin. Et s'il en est ainsi, c'est parce que toutes les formes de l'esprit dites « pré-scientifiques » « partagent avec la connaissance la propriété fondamentale d'être habitées par une force originairement formatrice »[1]. Cette thèse fondamentale de Cassirer rend indispensable de réajuster, en fonction de ce qu'elle requiert, le sens de la réalité et de l'homme ainsi que celui de la philosophie qui, de ce fait, se mue en anthropologie.

On voit alors à quel résultat on aboutit : si toute production humaine est l'effet d'une activité productrice et si cette production n'est pas uniquement scientifique mais culturelle en général, faire de la philosophie une anthropologie ne change dans l'immédiat, au moins, rien à sa vérité. On élargit seulement la portée de ses visées, en élargissant, comme l'avait voulu Hegel, le champ de l'expérience humaine. Mais si inoffensif qu'il puisse paraître, cet élargissement retentit directement sur la philosophie kantienne. En effet, s'il s'agit dans tous les cas de la considération pensante d'un pouvoir créateur ou d'une force originairement formatrice, on voit mal, conclut Cassirer, les raisons qui plaideraient en faveur du maintien de la notion de chose en soi. S'agissant plutôt de philosophie anthropologique dont l'objet est l'énergie même de l'esprit et non de philosophie ontologique qui aurait pour visée l'être en tant que tel, on ne peut d'emblée présupposer l'existence de quelque chose qui serait par principe en dehors de cette sphère de la création de l'esprit. Dans

[1] E. Cassirer, *La philosophie des formes symboliques 1*, p. 18.

la perspective d'une philosophie anthropologique, l'être n'est que dans la mesure où il est constitué, construit, et par conséquent, il n'est que par l'acte humain qui le fait être, le crée. Etre, c'est être fait.

Cette position de Cassirer peut légitimement revendiquer le statut d'une position kantienne cohérente. En effet, l'auteur de la *Critique de la raison pure* a bien mis en évidence que la raison humaine « ne voit que ce qu'elle produit elle-même d'après son projet »[1], or, s'il en est ainsi, poser une chose en soi ne peut être qu'une décision contemporaine des limites imposées au champ livré aux investigations positives, le réduisant aux limites de l'expérience scientifique *stricto sensu*, celle de Galilée et de Newton. C'est, selon toute vraisemblance, dans ces conditions, que pourrait se justifier la décision de nature éthique consistant à « supprimer le savoir pour trouver une place pour la foi »[2] et de poser le noumène ou la chose en soi comme élément inaccessible au savoir tout en en faisant l'une de ses conditions.

Or, si l'on s'en tient à la thèse kantienne que la raison est énergie, force formatrice en en généralisant la portée, on doit dire en toute cohérence que c'est par notre médiation que les choses viennent au monde, c'est-à-dire acquièrent une signification, un sens transmissible, communicable. Venir au monde devient chez Cassirer synonyme d'être construit. Cela suppose l'intervention sur le donné suivant un principe d'organisation ou de construction. On comprend que dans ces conditions, la question fondamentale devient celle de l'esprit et non des choses ; elle porte sur l'action de l'homme dans le monde et non sur le monde lui-même. De ce fait, Cassirer se trouve amené à se poser le problème fondamental qui, de tout temps, a occupé la pensée philosophique, celui du rapport de la pensée à l'être.

Sur cette voie, fort de la position kantienne elle-même et des acquis de la science de son temps, Cassirer rencontre d'abord le phénoménisme. Le mérite du kantisme est d'avoir posé le sujet pensant au fondement de tout phénomène, en montrant que les conditions de l'expérience sont en même temps les conditions de l'objet de l'expérience ; thèse fondamentale à l'intérieur de

---

[1] Kant, *Critique de la raison pure*, p. 43.

[2] *Ibid.*, p. 54.

laquelle se nouent indissolublement, le problème du fondement subjectif du savoir et celui de son objectivité.

Cette position phénoménologiste, du fait même qu'elle présuppose une vision éthique du monde, va bientôt être travestie. On en fait une simple position phénoméniste. De l'une à l'autre, le passage est très probablement rendu possible par le statut que l'on accorde dans les deux cas à la perception.

Si chez Descartes, le morceau de cire n'est vu, intuitionné selon sa vérité, que par « une inspection de l'esprit », et il n'est identifié, défini que par l'entendement[1], c'est que, ne pouvant pas par elle-même nous livrer ce qui est, la perception qui nous le livre doit être successivement corrigée. Pour que l'identité du morceau de cire soit appréhendée, il faut dépasser le qualitatif perceptible pour accéder à l'essence étendue seulement pensable. Avec l'*Esthétique transcendantale* la perception reprend tous ses droits; Kant ne cesse d'affirmer la positivité de la perception en tant que commencement du savoir. En témoigne l'ouverture de l'*Esthétique transcendantale* : « De quelque manière et par quelque moyen qu'une connaissance puisse se rapporter à des objets, le mode par lequel elle se rapporte immédiatement à des objets, et que toute pensée, à titre de moyen, prend pour fin, est l'intuition. »[2] La perception n'est plus occasion d'erreur mais

---

[1] Descartes, *Méditation II*, p. 280 : « Il faut donc que je tombe d'accord, que je ne saurais pas même concevoir par l'imagination ce que c'est que cette cire, et qu'il n'y a que mon entendement seul qui le conçoive. »

[2] Kant, *Critique de la raison pure*, p. 87. A ce niveau on peut considérer que perception et intuition sont équivalentes puisqu'il s'agit de définir le commencement de la connaissance. D'ailleurs on peut y ajouter la notion d'expérience qui fonctionne à ce niveau toujours comme *commencement*. Voir aussi p. 63 : « Que toute *notre* connaissance *commence* avec l'expérience, il n'y a là aucun doute ; car par quoi le pouvoir de connaître serait-il éveillé et mis en exercice, si cela ne se produisait pas par des objets qui frappent nos sens, et en partie produisent d'eux-mêmes des représentations, en partie mettent en mouvement notre activité intellectuelle pour comparer ces représentations, pour les lier ou les séparer, et élaborer ainsi *la matière brute* des impressions sensibles en une connaissance des objets, qui s'appelle expérience ? » Voir aussi p. 67 : « L'expérience est sans aucun doute le *premier produit* que fournit notre entendement, en élaborant la matière brute des sensations. Elle est par là précisément l'enseignement premier, tellement inépuisable, dans son développement, en instructions nouvelles, que la chaîne de toutes les générations futures ne manquera jamais de nouvelles

point de départ de la vérité. Elle n'est plus à rectifier mais à interpréter. Elle est le signe d'une présence sans laquelle aucun objet ne sera livré à notre connaissance elle-même. Cette réhabilitation de la perception est, à dire vrai, un élément d'une position plus générale, celle d'une réhabilitation de la sensibilité en tant que telle, objet de l'esthétique transcendantale. Elle signifie doublement :

- Affirmer la finitude de la connaissance en tant qu'elle est nôtre c'est-à-dire pleinement humaine[1].

- Reconnaître à cette connaissance finie, sa véracité propre, condition de sa limitation au sensible. Ce que nous connaissons, nous le connaissons réellement. Il n'est ni illusoire, ni factice ; il est la réalité même bien qu'il soit différent, par sa nature, de ce que peut être la chose en soi.

- Or, par opposition à cette attitude « phénoménologique », le phénoménisme limite le savoir au seul sensible empirique, en opposant obstinément fait et concept. C'est à cette obstination que s'en prend Cassirer dans *Substance et fonction* d'abord, dans *La philosophie des formes symboliques* ensuite. Qu'il s'agisse de Duhem ou de Ostwald ou de Du Bois-Raymond, Cassirer situe l'origine de cette dualité tranchante au niveau d'une naïveté désespérante vivant de la croyance en une « matière de la perception sur laquelle viendrait se plaquer après coup une forme conceptuelle »[2]. On s'explique, du reste, le mécanisme de cette naïveté. Elle ne voit pas qu'« une fois franchi le seuil de la première observation naïve de faits isolés, une fois posée la question de la connexion et de la loi du réel, nous sommes déjà au-delà des limites strictes que l'exigence positiviste nous prescrit »[3].

Discutant, dans *Substance et fonction*, la scission opérée par les empiristes et les positivistes, entre les choses et l'esprit, Cassirer nie avec force « l'existence de deux régions distinctes »[4], d'un monde externe et un monde interne. Si nous

---

connaissances qui pourront être recueillies sur ce sol. »

1 *Ibid.*, p. 63.

2 E. Cassirer, *Substance et fonction, éléments pour une théorie du concept*, p. 179.

3 *Ibid.*, p. 143.

4 *Ibid.*, p. 307.

posons, dit-il, comme le fait Duhem, au nom d'un mythe de la pureté, l'existence d'un substrat extérieur à notre pensée, d'un fait brut, « *datum* absolu, établi une fois pour toutes et immuable »[1], (même si ce substrat lui-même ne représente pas la structure originelle des choses), nous réduisons notre rapport au monde à un rapport d'observation et nous fonderons sur cette dernière « la vérité et la certitude de nos jugements »[2].

La théorie phénoméniste réduirait ainsi, un concept aussi emblématique que le concept de symbole à un simple « travestissement particulier imposé aux données sensibles »[3]. En effet, la théorie de Duhem met, selon Cassirer, le travail intellectuel de conceptualisation en position intermédiaire « entre les phénomènes réellement observés au cours d'une expérimentation et le résultat définitif de cette même expérimentation »[4]. Dès lors, et par le fait même qu'elle pose la possibilité d'un retour à une réalité phénoménale pour vérifier la validité de ses concepts, elle tombe dans un double piège.

- Le premier piège est d'ordre théorique, celui de l'ontologisme ou du substantialisme. Même si Duhem nie toute portée ontologique à la science en général, il ne pose pas moins la possibilité d'un accès à l'être dont il fait le privilège de la théologie. La tâche de la science se trouve donc arbitrairement réduite à inventer des images, « des artifices mathématiques destinés à sauver les phénomènes »[5]. Si chez Kant, l'entendement se limite lui-même, c'est pour mieux libérer la raison en demeurant toujours fidèle à la sphère de l'humain. Qu'il s'agisse des préceptes de l'*esthétique transcendantale*, des concepts de l'*analytique transcendantale* ou des idéalités de la *dialectique transcendantale*, le savoir humain est toujours jaloux de son autonomie. Pour qu'elle soit possible, une théorie de la religion ne doit pas sortir des « limites de la simple raison »[6]. Au

---

1 E. Cassirer, *La philosophie des formes symboliques 3*, p. 452.

2 E. Cassirer, *Substance et fonction*, p. 138.

3 *Ibid.*, p. 139.

4 *Ibid.*, p. 172.

5 Duhem, *Essai sur la notion de théorie physique de Platon à Galilée*, p. 140.

6 Thèse fondamentale du kantisme, développée dans *La religion dans les limites de la simple raison.*

contraire, le phénoménisme de Duhem, instaure le régime de l'hétéronomie, de la dépendance de la raison, quant à ses intérêts les plus élevés au moins, d'une instance extérieure, à savoir, la théologie révélée.

- Cette « restauration » du régime de la dépendance de la raison s'accompagne, on le comprend presque sans peine, d'une négation de « la moindre liberté créatrice »[1]. Sous ce régime, on sera amené à méconnaître « la pure énergie, l'activité et la spontanéité de la forme »[2]. Alors que le phénomène kantien se veut réel, ontologiquement vrai, le phénomène de Duhem n'est qu'un simple reflet de la réalité physique à jamais scientifiquement inconnaissable. Du phénoménisme au scepticisme il n'y a qu'un pas que Duhem ne peut hésiter à franchir. On le voit surtout à sa défense de l'équivalence des hypothèses, celle de Ptolémée et de Copernic : « Que les phénomènes, dit-il, cessent d'être sauvés par le système de Ptolémée ; le système de Ptolémée devra être reconnu certainement faux. Il n'en résultera aucunement que le système de Copernic soit vrai, parce que le système de Copernic n'est pas purement et simplement la contradictoire du système de Ptolémée. Que les hypothèses de Copernic réussissent à sauver toutes les apparences connues ; on en conclura que ces hypothèses peuvent être vraies ; on n'en conclura pas qu'elles sont certainement vraies ; pour légitimer cette conclusion, il faudrait prouver auparavant qu'aucun autre ensemble d'hypothèses ne saurait être imaginé, qui permit de sauver tout aussi bien les apparences, et cette dernière démonstration n'a jamais été donnée. »[3]

A cette conception phénoméniste aboutissant inévitablement au scepticisme, Cassirer oppose la sienne qui nie toute distinction tranchée et arbitraire entre le donné et le pensé. Le donné ne peut jamais se penser comme ontologiquement antérieur ou étranger au pensé. Il n'est « que dans la mesure où il s'organise selon certaines fonctions de sens »[4]. Le monde de

---

[1] E. Cassirer, *Substance et fonction*, p. 138.

[2] E. Cassirer, *La philosophie de formes symboliques* 3, p. 43.

[3] Duhem, *Essai sur la notion de théorie physique de Platon à Galilée*, p. 132.

[4] E. Cassirer, *La philosophie des formes symboliques 3*, p. 76.

l'homme n'est donc pas un monde bipolaire partagé entre une matière et un esprit, il est, au contraire, « un cosmos idéel »[1]. Un cosmos dans le sens grec du terme, c'est-à-dire, unité et système ordonné. Mais cet ordre, loin d'être imposé à l'homme par une instance extérieure, Dieu ou la nature, est un ordre posé par l'esprit humain lui-même, selon ses lois propres et il se donne à voir dans les différentes formes symboliques. Le monde, rappelons-le, est toujours le monde d'un homme. Il est un monde humain qui n'existe que par et dans la culture.

Or dans ce monde humain de la culture, il n'y a pas de « fossé »[2] ou de « *hiatus* »[3] entre la sphère des faits et celle des symboles comme le prétendent les métaphysiques idéalistes et empiristes. Les symboles ne sont pas des « faits théoriques »[4], ils ne sont pas surtout « des formules dans lesquelles le physicien exprime ses observations »[5]. Par conséquent, ils n'existent pas indépendamment du travail intellectuel. On ne peut même pas les dire résultat du travail intellectuel qui serait celui de « comparaison et de (...) mesure des faits »[6]. C'est dire que les symboles n'amorcent pas le travail de la pensée, ils sont ce travail même, l'agent et le produit en vertu de quoi un réel peut se réaliser c'est-à-dire accéder à l'existence. Cassirer l'exprime énergiquement dans le troisième volume de *La philosophie des formes symboliques* en ces termes : « Le concept n'est pas une voie déjà frayée mais la fonction même de frayer la voie. »[7] On serait tenté d'ajouter qu'il n'est pas une chose mais un acte ; il n'est pas de l'ordre du fait mais du se faisant.

Se renouvelle alors, selon une inspiration fondamentalement kantienne, résolument anti-positiviste, le problème du rapport de la pensée à l'être, du sujet à l'objet. Ce rapport est de part en part « symbolique »[8]et non « ontico-réel »[9]. Symbolique, il l'est

---

[1] *Ibid.*

[2] E. Cassirer, *La philosophie des formes symboliques 3,* p. 34.

[3] *Ibid.*

[4] *Ibid.*

[5] *Ibid.*

[6] *Ibid.*, p. 175.

[7] *Ibid.*, p. 325.

[8] *Ibid.*, p. 352.

[9] *Ibid.*

d'abord en ce sens que l'objet ne préexiste pas au travail de l'esprit ; il n'en est pas ontologiquement indépendant. Il est, au contraire, posé par la pensée « et engendré suivant les conditions de la construction mentale »[1]. Tout fait, à proprement parler, est fait ; il est une construction donc une théorie.

L'enjeu de la critique du phénoménisme devient alors plus clair. L'erreur des phénoménistes, des positivistes ou des nominalistes consisterait, pour l'essentiel, en cela que l'on pose l'existence d'une « facticité en soi, de *Datum* absolu, établie une fois pour toutes et immuable »[2]. C'est ce présupposé non interrogé sur sa légitimité qui fait que l'on prend le travail de l'esprit pour une sorte de « falsification »[3]de la réalité, en ce sens qu'on l'interprète par son éloignement de l'existence à l'état pur, comme semble le soutenir Bacon. Au nom d'un mythe de la pureté, on exige de la raison de se démettre de ses fonctions.

Contre cette tendance dogmatique, Cassirer montre que « le rationnel, n'est pas le contraire logique du factuel, mais un de ses principaux moyens de détermination et à chaque changement de ce moyen, la facticité elle-même renouvelle son contenu spirituel »[4]. Les déterminations de la réalité ne s'ajoutent pas à l'ordre des faits qui leur préexistent en tant que *Datum*, elles sont, au contraire, « la définition même du factuel »[5]. Les faits ne nous sont pas donnés à l'état pur et disjoints des concepts mais n'existent pour nous « qu'au moyen du réseau d'ensemble des concepts »[6]. A l'origine, il y a le faire et non le fait, l'homme et non le monde.

Le défaut capital du phénoménisme, de l'empirisme et du nominalisme, est « d'avoir vu dans les faits des essentialités détachées et subsistantes »[7]et d'avoir réduit le travail de l'esprit à

---

1 *Ibid.*, p. 452.

2 *Ibid.*

3 *Ibid.* p. 323 : « Bacon reprochait déjà à la pensée conceptuelle, en guise d'objection principale, de ne pas se reposer sur la réalité de l'expérience comme sur du pur donné, de transformer en un sens quelconque et de falsifier par là cette réalité, au lieu de l'accueillir à l'état pur. »

4 *Ibid.*, p. 480.

5 *Ibid.*, p. 452.

6 E. Cassirer, *Substance et fonction*, p. 175.

7 *Ibid.*

une simple reproduction de ces faits avec toute la fidélité possible et à une traduction du fait brut par un symbole, ce qui revient à dire à une substitution de noms aux choses. Un verbalisme, « une fausse abstraction »[1] selon Cassirer, dont la conséquence immédiate est de nous rendre « toujours plus étrangers à la réalité véritable »[2]. La véritable opération judicatoire de l'esprit consiste à quitter les questions portant sur la réalité et la facticité de la matière de nos connaissances pour aller vers celles qui portent sur l'intelligence elle-même et à établir « la règle en vertu de laquelle la simple différence servirait à traduire une suite d'éléments reliés par une loi »[3].

Nulle composante de la perception ne confirme le sens d'un symbole, seule « la loi qui définit l'enchaînement de ses différents éléments »[4] peut en prendre acte. Cet enchaînement des éléments est justement ce qu'il faut prendre « comme le vecteur même de l'idée de « réalité » empirique »[5]. L'erreur des empiristes réside dans la limitation assignée à la raison de telle façon qu'elle ne peut aller jusqu'au bout pour se rencontrer elle-même, se rendre compte que c'est elle qui décrète. Seul le retour à soi permet à la raison de découvrir son pouvoir inventif, sa libre activité. Ce que la raison doit voir, ce ne sont pas les faits mais son pouvoir de produire ces faits qui se manifeste dans une « multiformité vivante d'un monde perceptif régi et imprégné d'un bout à l'autre par des modes déterminés de formation »[6].

Il en résulte que la perception pour Cassirer est loin d'être une opération passive, immédiate et simple. Au contraire, elle suppose un travail créatif de la pensée : des divisions et des articulations que sous-entend l'acte de construction. Notre perception est déjà une synthèse qui résulte du jugement ou de l'acte de prédication prenant sa source dans « une énergie inhérente »[7] à la pensée. Dans l'acte de percevoir, ma pensée

---

[1] E. Cassirer, *La philosophie des formes symboliques 3*, p. 176.

[2] *Ibid.*

[3] E. Cassirer, *Substance et fonction,* p. 177.

[4] *Ibid.*, p. 176.

[5] *Ibid.*

[6] *Ibid.*, p. 27.

[7] E. Cassirer, *Perception des choses et perception des expressions, op. cit.*, p. 135.

prend la forme d'une force naturante, elle ne saisit que ce qu'elle a préalablement déterminé. La synthèse est l'activité naturelle et spontanée de l'esprit humain. Par son acte même de vivre, l'homme crée le monde, le monde n'est que ce que je vis. Et, comme les facettes de ma vie sont illimitées, le monde que je crée est aussi inépuisable que les possibilités de mon expérience.

Il suit de là que le monde de la culture n'est pas un monde constaté mais un monde créé. Il est le produit de notre représentation. La « conquête du monde comme représentation constitue, selon Cassirer, le but et le produit exclusifs des seules formes symboliques, du langage, du mythe, de la religion, de l'art et de la connaissance théorique »[1]. L'esprit humain est donc un esprit représentatif et non réceptif. Il est spontanéité. Il travaille à former des synthèses selon des *a priori* auxquels Cassirer donne le nom de « lois originales de production »[2].

De ce fait, la raison ne peut être considérée comme un miroir passif où viendraient se refléter et se mirer les choses extérieures, que l'on considérerait comme données dans une existence autonome et substantielle. La raison humaine est un agent dynamique par et dans lequel le monde vient à l'existence objective et devient intelligible. Cette objectivité et cette intelligibilité sont présentes dans le symbole. En un sens, l'homme n'attend pas ses références du monde, il les invente. Voilà ce qui donne à son monde un sens différent de celui des animaux. Car, « comparé aux autres animaux, dit Cassirer, l'homme ne vit pas seulement dans une réalité plus vaste, il vit, pour ainsi dire, dans une nouvelle dimension de la réalité »[3], une dimension dont il est seul à détenir les clefs.

Tous les éléments constitutifs de ce monde de l'homme, l'art, la religion, le mythe, le langage et la science, ne reproduisent pas une existence en soi et ne sont pas « les différentes manières qu'aurait un réel en soi de se révéler à l'esprit, mais les diverses voies que suit l'esprit dans son processus d'objectivation »[4]. Au-delà du matérialisme plat et du positivisme borné, Cassirer cherche à retrouver les dimensions spécifiquement humaines.

---

1 E. Cassirer, *La philosophie des formes symboliques 3,* p. 310.

2 *Ibid.*, p. 62.

3 E. Cassirer, *Essai sur l'homme*, p. 43.

4 E. Cassirer, *La philosophie des formes symboliques 1*, p. 18.

Contre toute théorie du reflet, ou de la passivité, de la *tabula rasa*, il saisit une spontanéité qu'il identifie à un pouvoir créateur dont on rencontre les effets au niveau le plus élémentaire de l'expérience de la vie.

§ 3. Conscience et vie : critique du bergsonisme

Il n'y aurait ainsi selon Cassirer ni une réalité absolue des choses, ni une passivité fondamentale de l'esprit, ni, non plus, une façon unique de les exprimer. Cette puissance spirituelle originelle se donne déjà à lire au niveau immédiat du vécu humain. Dans *l'Essai sur l'homme*, se référant au biologiste Uexkül, il montre que « la réalité n'est pas quelque chose d'unique et d'homogène ; (et qu') elle est immensément diversifiée, renfermant autant de systèmes et de modèles qu'il y a d'organismes différents. Chaque organisme est pour ainsi dire, un monde ; un univers propre parce qu'il a une expérience propre »[1]. S'il en est ainsi de la vie animale, on doit légitimement s'attendre à ce qu'il en soit davantage au niveau de la vie consciente d'elle-même. Contrairement à ce qu'en disent la métaphysique classique et à la psychologie empiriste, la conscience n'est pas un degré de développement de la pensée. Bien au contraire, elle est présente dès les premiers balbutiements de la vie humaine. Le fait encore plus significatif est qu'elle est « dans un changement incessant de signification (et qu'elle) ne montre nulle part le même aspect »[2].

On comprend alors le sens de la conscience chez Cassirer : elle est le « principe qui détermine et fonde toute détermination de l'être »[3]. En tant que telle, elle ne peut être qu'une « pure potentialité de toutes les formations objectives »[4] qui constituent l'expérience. Elle est le moyen d'adaptation[5] de l'homme à son environnement. Etre-dans-le-monde, l'homme exprime sa

---

[1] E. Cassirer, *Essai sur l'homme*, p. 41.

[2] E. Cassirer, *La philosophie des formes symboliques 3*, p. 63.

[3] *Ibid.*, p. 66.

[4] *Ibid.*, p. 67.

[5] E. Cassirer, *Essai sur l'homme*, p. 15 : « Il faut décrire, dit-il, les premiers pas vers la vie intellectuelle de l'homme comme des actions qui impliquent une sorte d'*adaptation* mentale à l'environnement immédiat. » Voir aussi, p. 43.

présence au monde en extériorisant son monde intérieur dans un système de signes qu'il apprend à utiliser « en qualité de substituts des objets »[1]. On comprend dès lors, que cette adaptation n'est pas tant l'adaptation de l'homme aux choses qu'une adaptation par l'homme du monde extérieur à son monde intérieur, c'est-à-dire à sa conscience en tant qu'unité formelle.

Tout ce que l'homme produit, depuis les manifestations d'adaptation les plus élémentaires de l'enfant qui apprend à se diriger dans son monde, jusqu'aux formes les plus élaborées des lois scientifiques, le moi ou la conscience y joue « le rôle prépondérant »[2]. C'est pourquoi, on doit les reconnaître comme autant d' « actes d'adaptation mentale à l'environnement »[3]. Au fondement de tout, on doit donc poser l'existence d'une subjectivité que l'on doit prendre, chez Cassirer comme chez Kant, pour une origine de tout travail de l'esprit. Chez Cassirer, comme chez Kant, ce fondement originaire se manifeste comme forme « d'un tout de fonction à partir desquelles s'édifie réellement pour nous le phénomène d'un monde et de son ordre déterminé de sens »[4]. Mon monde est mon invention. Il ne me préexiste pas; il naît avec moi, mieux, de moi. Il est ma représentation. Aussi, rappelons-le, une philosophie de l'homme est-elle, nécessairement, dans cette perspective au moins, une philosophie éprise par la passion de l'immédiat, non comme fait ou donné mais comme esprit.

Mais, lorsqu'elle se place sous le signe du criticisme, une telle philosophie doit, par vocation, se placer « entièrement à l'extérieur du chemin pris jusqu'ici »[5]. Cassirer prend en charge le geste kantien par excellence. Fort des acquis de la science moderne, Kant opère, dans la philosophie, une *Révolution copernicienne*. La philosophie est moins pensée d'un objet que pensée de pensée, un retour de la raison vers elle-même. Fort des acquis des sciences de l'homme, Cassirer appelle, lui aussi, à une conversion de l'esprit. Désormais, celui-ci doit se regarder lui-même. Il est de tradition d'appeler ce mouvement réflexion.

---

[1] E. Cassirer, *La philosophie des formes symboliques 3*, p. 59.

[2] E. Cassirer, *Essai sur l'homme*, p. 21.

[3] *Ibid.*, p. 15.

[4] E. Cassirer, *La philosophie des formes symboliques 3*, p. 65.

[5] *Ibid.*, p. 35.

Cassirer lui donne un sens précis : « Nous devons, dit-il, chercher l'immédiateté authentique en nous-mêmes, et non à l'extérieur. Ce n'est point la nature en tant qu'ensemble des objets dans l'espace et le temps, mais notre propre moi, ce n'est pas le monde objectif, mais le monde de notre propre existence, de notre réalité vécue. »[1] Telle est la voie devant nous conduire vers la réalité que Cassirer identifie à « l'immédiateté »[2].

Ne se confondant pas avec le réalisme naïf, cette immédiateté requiert que l'on change l'orientation de nos recherches pour assumer la rupture avec notre manière naïve de voir le monde. On serait tenté de dire qu'il s'agit d'une immédiateté critique, non seulement parce qu'elle se distingue jusqu'à l'opposition complète, du réalisme du donné devant aboutir au platonisme et au phénoménisme, mais aussi parce qu'elle se garde de se laisser identifier à une célèbre philosophie de l'immédiat, celle de Bergson.

En effet, Cassirer et Bergson peuvent être placés sous le signe de la philosophie du faire ou du se faisant. L'un comme l'autre, met l'accent sur l'activité, la spontanéité de l'esprit. Toutefois, la différence entre les deux philosophes est capitale. Alors que l'auteur de *La pensée et le mouvant* la place dans la réalité elle-même, Cassirer en fait une propriété de l'esprit. Chez Bergson l'immédiateté n'est pas celle de la conscience mais des données de la conscience. Il n'y a pas chez lui une conscience immédiate, mais *Des données immédiates de la conscience*, sujet de son célèbre essai. En revanche, chez Cassirer, l'immédiat n'est pas le donné mais la conscience elle-même. Aussi tient-il à se démarquer du bergsonisme. L'immédiateté, écrit-il, est « le processus authentique et originaire de la vie »[3]. Or, cette authenticité est d'emblée symbolique. On en voit la conséquence : on ne saurait parler d'un élan vital qui ne puisse être défini « d'après les catégories valables pour le monde des choses »[4]; car ce serait poser arbitrairement un fondement encore plus profond que celui de la conscience elle-même à l'œuvre. En fait, ce n'est qu'en fonction de cet arbitraire, qu'il serait possible

---

1 *Ibid.*, pp. 35-36.

2 *Ibid.*, p. 35.

3 E. Cassirer, *La philosophie des formes symboliques 3*, p. 51.

4 *Ibid.*

de placer en dehors de la portée de la science et de ses catégories, cet élan vital ; et ce n'est qu'à partir de ce présupposé que Bergson peut refuser à la science le droit d'en parler adéquatement et, plus généralement encore, celui de prétendre être « l'organe véritable de la connaissance du réel »[1], lui préférant l'intuition pure.

Cassirer ne manque pas de mettre l'accent sur l'aspect mystique de la philosophie de Bergson, en expliquant que chez ce dernier, parce que la vie ne peut être atteinte par une démarche discursive, sa compréhension exige « de se transporter immédiatement en son centre »[2]. Seule l'intuition pure nous assure l'accès au moi et au monde du moi ; « ce que la pensée logique et discursive ne peut jamais opérer »[3]. Un mysticisme qui, de l'éloge de l'immédiateté des données de la conscience conclut, presque sans trop attendre, à la dévalorisation de l'activité formatrice de cette même conscience, à la négativité de sa fonction symbolique. On le constate à l'impuissance qui caractérise la science lorsqu'elle s'exerce à saisir l'essence de la vie ou l'élan vital. Saisir la vie dans les catégories, dira Bergson, c'est lui faire « violence »[4], solidifier dans la choséité ce qui n'est donné que dans l'écoulement du temps pur. La symbolisation serait ainsi, pour le philosophe de l'élan vital, le véritable « ennemi de la vie »[5]. Les divisions introduites dans le réel par le symbolisme du langage et du concept abstrait, qui sont pour Cassirer, les seules formes de manifestation du réel, ne sont pour Bergson, que chosification de la vie et repos contraires au mouvement vital.

La théorie de Bergson aboutit, conclut Cassirer, à « la plus radicale peut-être des récusations qui ait été avancée dans l'histoire de la métaphysique contre la valeur et la légitimité de toute formation symbolique »[6]. Certes, la métaphysique de Bergson appelle à une vision intérieure, à un retour à soi, mais ce retour à soi prend le sens d'une rencontre mystique avec la

---

1 *Ibid.*, p. 49.

2 *Ibid.*

3 *Ibid.*

4 *Ibid.*, p. 51.

5 *Ibid.*

6 *Ibid.*, p. 50.

réalité qui prétend se passer des contraintes du symbolisme. En témoigne la définition bergsonienne de la métaphysique. Celle-ci serait « la science qui prétend se passer de symboles »[1] pour se réfugier dans l'intuition pure, vision directe de ce qui est.

Or, pour Cassirer, tout comme pour Kant d'ailleurs, l'intuition à laquelle on confère la charge de saisir l'élan vital dans son processus authentique, « n'est pas un principe vraiment actif. C'est un mode de réceptivité, non de spontanéité »[2]. C'est pourquoi sans le regretter, Bergson réduit le travail de l'esprit « à une signification toute négative »[3]. Sans en prendre garde, il attribue, comme tous les réalistes, au réel, à la vie, ce qu'il aurait dû attribuer à l'esprit lui-même. C'est à l'élan vital, la véritable activité, la véritable spontanéité ; quant à l'esprit, il n'est en dernière analyse que le produit de cet élan lui-même.

S'il en est ainsi, il faut remettre Bergson lui-même là où il doit être, parmi les réalistes, au milieu des naturalistes malgré son opposition affichée à ces courants[4]. Dans ces conditions, rien ne serait moins faux que la critique bergsonienne du langage en général et du symbole en particulier. Une fois mis à nu les présupposés arbitraires de la primauté de la vie sur la conscience, de l'intuition sur l'intelligence, on voit mal pourquoi on identifierait comme le fait Bergson, symbolisation et aliénation au lieu d'y voir une forme de détermination de soi. Les formes auxquelles l'esprit se confie « ne sont pas, écrit Cassirer, des entraves ; ce sont au contraire les véhicules de son mouvement et de son développement propres »[5]. La confrontation entre le moi et le monde qui est une sortie du moi vers le monde, une extériorisation de l'esprit est « la condition nécessaire pour que

---

1 *Ibid.*

2 E. Cassirer, *Essai sur l'homme*, p. 228.

3 E. Cassirer, *La philosophie des formes symboliques 3*, p. 52.

4 E. Cassirer, *La philosophie des formes symboliques 3*, p. 51. De même, en prétendant s'opposer au mécanisme, Bergson n'en conserve pas moins l'opposition entre la vie et la réalité matérielle : « Face au simple monde des choses, le moi pur peut bien, pour se saisir et pour s'affirmer dans la mobilité de sa vie primitive se retirer dans une sorte de solitude absolue. »

5 *Ibid.*, p. 53.

le moi non seulement soit mais ait un savoir de soi »[1]. Le symbole n'est pas aliénant mais objectivant.

En conséquence, Cassirer croit devoir opposer à l'intuition mystique qui cherche à rencontrer la vie dans son mouvement même et de s'y identifier sans prétendre pouvoir l'exprimer, le symbolisme qui est une extériorisation et une objectivation à la fois de la vie et du monde. La vie « ne peut se saisir soi-même que si elle ne se contente pas de demeurer en soi-même. Il lui faut se donner forme ; car, c'est justement dans cette altérité de la forme, et uniquement dans elle, qu'elle conquiert, sinon sa réalité, du moins sa visibilité »[2]. Dans son immédiateté présumée, la vie ne saurait être qu'une « aliénation artificielle »[3] chose que Bergson a longtemps reprochée aux Mécanistes.

Cassirer et Bergson s'opposent donc quant au rôle assigné à la forme et au symbole. Tenir la forme pour une expression ou une manifestation de l'intériorité ou de la spontanéité, c'est, selon Bergson, abolir la distance ou la distinction entre l'intérieur et l'extérieur. Cette expression symbolique constitue pour Cassirer « l'unique voie dans laquelle la subjectivité pure se découvre soi-même »[4]. C'est aussi ce dépassement du dualisme entre l'intérieur et l'extérieur, entre la vie et la forme qui lui permet de passer d'une métaphysique de l'être à une phénoménologie critique de l'esprit humain. En effet, « c'est, dit Cassirer, la direction vers l'extériorité -non celle des choses mais celle des formes et des symboles- qui indique l'unique voie dans laquelle la subjectivité pure se découvre soi-même »[5].

Restant tout près de l'expérience vécue, Cassirer n'abandonne pourtant pas la méthode transcendantale. C'est pourquoi, contrairement à Bergson, il affirme que le courant de la vie, se laisse bien « prendre dans les mailles du filet que lui tendent nos concepts empiriques et théoriques »[6]. Le monde ou la réalité concrète ne se connaît que par et dans la médiation de l'homme. Celui-ci ne saisit des choses que ce qu'il y met lui-même. Plus

1 *Ibid.*

2 *Ibid.*

3 *Ibid.*

4 *Ibid.*, p. 54.

5 *Ibid.*

6 *Ibid.*, p. 51.

l'expérience de l'homme se développe et se complique et plus la réalité matérielle s'enrichit en significations. Ainsi, « loin d'avoir rapport aux choses mêmes, l'homme d'une certaine manière, s'entretient constamment avec lui-même »[1].

Ni matérialisme, ni positivisme, disions nous plus haut, la philosophie de l'homme ne peut, devons nous ajouter ici, prendre la forme d'un mysticisme. Ceux qui, comme Duhem, soutiennent l'idée d'un fait brut, ne diffèrent que par la forme de ceux qui, comme Bergson, évoquent le contact mystique avec les choses. Contre les uns et les autres, Cassirer pose que le réel ou la vie ne sont que choses pensées. S'il y a contact direct, saisie immédiate ou fait brut, ce ne peut être que la rencontre de l'esprit avec lui-même.

§ 4. Critique du behaviorisme

Posons donc que la réalité, bien comprise, indépendamment de tout élan mystique et de toute réduction phénoméniste n'est qu'un univers de formes ou d'images par lequel s'organise et prend sens le monde des choses. Ainsi rien de ce que contient notre culture, ne peut être pris pour une expression directe de ce qui est en soi. Tout est, au contraire, objectivation symbolique, élément constitutif d'un monde de signification.

C'est précisément dans ce monde que vit l'homme. Son privilège est qu'il le sait. Ce savoir en fait un « être à part » et le distingue radicalement de l'animal. Un exercice classique, trop classique peut-être au point de friser la banalité ! Mais qui a cru avoir réussi à tracer définitivement la ligne de démarcation entre l'animal et l'humain ? Force nous est de reconnaître que dans une quête du spécifiquement humain, l'animal demeure toujours à l'horizon de la pensée. C'est pourquoi, Cassirer n'hésite pas à revenir sur le problème de la différence entre l'homme et l'animal à partir de la considération du comportement de l'un et de l'autre, face au monde. On le voit à l'énergie qu'il déploie pour se démarquer d'un puissant courant psychologique contemporain, le béhaviorisme.

Dans l'*Essai sur l'homme*, Cassirer adopte une position paradoxale vis-à-vis des travaux du béhavioriste Uexküll. Il en

---

[1] E. Cassirer, *Essai sur l'homme*, p. 43.

exploite certains points tout en en critiquant les principes. Il adopte la position de Uexküll quant à l'interprétation du comportement animal et lui concède que « la seule clef de la vie animale est donnée par les faits d'anatomie comparée »[1], concession qui sous entend la négation de toute forme de vie intérieure chez l'animal. L'animal est, selon Uexküll, « doté, conformément à sa structure anatomique d'un certain (...) système récepteur et d'un certain système effecteur »[2] qui réduisent son comportement à un système de *stimulus-réponse*.

Toutefois, proteste Cassirer, nous ne pouvons plaquer le schéma du comportement animal sur le comportement humain. Nous ne pouvons donc réduire la compréhension de l'homme à la considération des comportements et des *stimuli* qui les font apparaître : « Entre le système récepteur et effecteur (il existe, chez l'homme) (...) un troisième chaînon que l'on peut appeler système symbolique. »[3] L'introduction de ce troisième chaînon fait qu'une attitude béhavioriste qui maintiendrait l'essence de l'homme dans les limites des phénomènes observables ou de leurs relations directes ne peut constituer un « accès possible à une psychologie scientifique »[4]. L'introspection, méthode écartée par les béhavioristes, s'avère être nécessaire pour la compréhension de soi de l'homme, « sans l'introspection, dit Cassirer, sans une conscience immédiate des sentiments, émotions, perceptions, pensées, nous ne pourrions même pas définir le champs de la psychologie humaine »[5].

La reprise de cette thèse classique de l'introspection montre la primauté de la conscience chez Cassirer. Il met derrière toute représentation, « une spontanéité de la raison »[6], un acte conférant signification ou donateur de sens, « condition de possibilité de toute connaissance d'objet »[7]. Cet acte que Cassirer définit comme « pure relation »[8] est « le véritable *a*

[1] *Ibid.*, p. 42.

[2] *Ibid.*

[3] *Ibid.*, p. 43.

[4] *Ibid.*, p. 14.

[5] *Ibid.*

[6] E. Cassirer, *La philosophie des formes symboliques 3*, p. 220.

[7] *Ibid.*, p. 224.

[8] *Ibid.*, p. 230.

priori, le terme premier selon l'essence »[1] qui détermine et fonde toute perception humaine. Reprenant la définition de Paul Natorp de la conscience comme « relation »[2], Cassirer aboutit à la définition de l'homme comme un être de représentation.

En effet, dans toute forme de perception, d'intuition ou de conceptualisation, « la relation semble être si essentielle à la conscience que toute conscience proprement dite est relation »[3]. Toute perception renferme ainsi un travail de construction au cours duquel, le sujet prend du recul par rapport au donné le convertit dans le langage de la pensée et le rend présent et communicable dans un signe, une image ou ce qu'on appelle communément une représentation. Au lieu de subir passivement l'effet des choses sur lui, l'homme les soumet au travail de l'esprit afin de leur imposer un sens propre. Loin d'être simplement mécanique chaque réaction de l'homme est une forme de pensée[4], c'est-à-dire un jugement sur les choses ou une symbolisation. Le monde humain n'est pas un monde composé de matériaux différents, mais un monde appréhendé par des moyens différents.

---

1 *Ibid.*

2 *Ibid.*

3 P. Natorp, *Allgemeine psychologie nach kritischer méthode,* cité in *La philosophie des formes symboliques 3*, p. 230.

4 E. Cassirer, *Essai sur l'homme,* p. 43.

B. Esquisse d'une définition d'une philosophie des formes symboliques

§ 1. La forme symbolique

On peut penser que l'homme ne connaît pas plus de choses, mais on doit reconnaître qu'il les connaît différemment, selon une structure plus compliquée que celle dont use l'animal le plus évolué. On en voit la raison : il dispose d'« une force originairement formatrice et non simplement reproductrice »[1]. Cette force est, pour l'essentiel, la faculté de produire des symboles. Comprendre l'homme, c'est alors comprendre cette faculté elle-même. Cet effort d'intellection est ce que l'on peut appeler, *lato sensu*, une philosophie des formes symboliques.

Saisie tant à travers ses positions critiques qu'à travers ses nouveaux choix, cette philosophie de l'homme que Cassirer cherche à instaurer se réclame, comme celle de Kant, de *la Révolution copernicienne*. Or, pour l'essentiel, cette révolution se caractérise par la volonté de dépasser l'opposition, très ancienne dans l'histoire de la métaphysique, entre la substance et la forme. Aussi Cassirer la situe-t-il, dans *La philosophie des formes symboliques*, au niveau de la substitution de la recherche « des points communs du sens »[2], à celle « des points communs de l'être »[3].

Se dessinent alors les grands contours de ce que peut être une philosophie des formes symboliques. On peut en préjuger par ce qui a précédé : elle se démarque résolument du matérialisme et du spiritualisme, de l'historicisme et du positivisme, de la phénoménologie ; roulant sur la notion de noumène et du phénoménisme frappant de stérilité la conscience humaine dans son rapport à la vérité, du vitalisme et du béhaviorisme, sans pour autant rien sacrifier des acquis des sciences de la nature ou de l'homme.

En mettant au fondement de l'existence humaine la conscience en tant que *force formatrice*, *énergie originairement*

---

[1] E. Cassirer, *La philosophie des formes symboliques 1*, p. 18.

[2] *Ibid.*

[3] E. Cassirer, *La philosophie des formes symboliques 3*, p. 309.

créatrice, une philosophie des formes symboliques promet de dépasser le dualisme métaphysique du monde objectif et du monde subjectif. A cette opposition figée, elle substitue la conscience d'une relation entre éléments déjà formés par cette conscience elle-même. Ainsi, l'objet que la pensée cherche à définir n'est pas un objet qualitatif et substantiel, mais un objet que constitue « une identité d'ordre et de correspondance fonctionnelle »[1]. Connaître ne signifie plus alors « décalquer sur un monde abstrait et schématique, un divers donné »[2]. Car, l'être lui-même, n'est plus un prédicat ou une propriété que l'on peut affirmer à propos de certaines choses et nier à propos d'autres choses. L'être est désormais le construit qui ne tient sa signification que de ce que Cassirer appelle « la relation à une forme précise, à une fonction de connaissance »[3]. La seule existence et la seule unité dont l'objet puisse bénéficier sont une existence et une unité fonctionnelles. L'esprit humain passe ainsi, en vertu de cette révolution, des choses aux relations, de l'idée d'un concept exprimant la constance des choses à celle d'un concept exprimant la pure constance de la loi.

Ce passage se laisse voir au niveau du nouveau statut accordé, tant par Galilée que par Descartes, aux qualités sensibles. En posant que les qualités sensibles sont des signes, la théorie de la connaissance passe d'une *théorie de la connaissance copie* à une *théorie du symbole*. « Les concepts clefs de la science, dit Cassirer, n'apparaissent plus comme des copies imitant un donné immédiat des choses, mais comme des projets constructifs de la pensée physique, projets dont la valeur et la portée théoriques ont pour unique condition un accord constamment renouvelé entre leurs conséquences nécessaires et ce que l'expérience permet d'observer. »[4]

Il s'agit désormais de comprendre la forme « en un sens purement fonctionnel au lieu de lui prêter un sens substantiel »[5]. Ce fait de devoir raisonner en termes de fonction, c'est-à-dire en

---

[1] E. Cassirer, *Substance et fonction*, p. 36.

[2] *Ibid.*, p. 324.

[3] *Ibid.*, p. 355.

[4] E. Cassirer, *La philosophie des formes symboliques 3*, p. 33.

[5] *Ibid.*, p. 227.

termes de « pur procédé »[1] de liaison et de connexion ne nous permet plus de poser l'existence d'un monde de substances stables. Chaque phénomène, au lieu de refléter une existence donnée, exprime « une direction spécifique de modelage idéal »[2], « un mode défini d'objectivation »[3]. Notre monde humain est ainsi un monde de « formes d'ordre et non de formes de choses »[4]. Ces formes d'ordre sont ce que nous appelons les formes symboliques. Et, une philosophie des formes symboliques qui se veut une philosophie de l'homme doit partir de ces formes d'ordre en tant que *quid facti* pour les interroger sur leur *quid juris*.

Si l'objet « n'est appréhendé que dans le jugement lui-même et dans l'activité de la pensée »[5], que l'être des choses réside dans les relations, une philosophie des formes symboliques doit, à la place d'un système de nature unique et rigide, substituer « des systèmes en quelque sorte ouverts et mobiles »[6] où l'accent est dirigé non pas vers le monde mais vers le mode de conceptualisation de ce monde, vers « l'acte opérant la synthèse des différents éléments »[7]. Les objets de la perception sensible doivent être relégués au statut d'objets secondaires auxquels il faut substituer les objets construits intellectuellement et « dont la spécificité logique n'est déterminée que par la forme de la combinaison d'où ils procèdent »[8].

On voit mieux alors quelle orientation prend, chez Cassirer, le projet d'une philosophie des formes symboliques qui se présente comme une anthropologie. Il s'agit d'une philosophie de l'homme en tant qu'être qui, à la différence de tout autre, « tire entièrement de lui-même tout ce qui dépasse l'agencement mécanique de son existence animale »[9]. Ce par quoi il dépasse ce niveau est, précisément, ce par quoi il s'objective. Or, cette

---

1 *Ibid.*, p. 409.

2 *Ibid.*, p. 423.

3 *Ibid.*

4 *Ibid.*

5 E. Cassirer, *Substance et fonction*, p. 396.

6 E. Cassirer, *La philosophie des formes symboliques 3*, p. 33.

7 *Ibid.*

8 E. Cassirer, *Substance et fonction*, p. 36.

9 Kant, Idée d'une histoire universelle, in *Opuscules sur l'histoire*, p. 72.

objectivation est, de fait multiforme. La multiplicité des formes de réalisation de soi interdit toute tentative de réduction de l'homme à l'une de ses dimensions, ou à l'un des sens dont il assure la production. Il s'en suit qu'une philosophie des formes symboliques qui se réalise comme anthropologie est une philosophie de la culture qui embrasserait dans une synthèse englobante « toutes les directions de compréhension du monde »[1], c'est-à-dire la totalité du monde de l'esprit. La « pluridimensionalité »[2] étant la caractéristique fondamentale de l'existence humaine, doit aussi être, l'objet spécifique d'une anthropologie qui se veut scientifique. Par vocation, elle est appelée à privilégier les formes et les fonctions, l'univers symbolique dont les éléments majeurs sont le langage, le mythe, l'art, la religion, « les fils différents qui tissent la toile du symbolisme, la toile enchevêtrée de l'expérience humaine »[3].

Telle est la tâche que Cassirer assigne à ce qu'il appelle la philosophie des formes symboliques. Science des manifestations de l'humain, elle peut aussi se dire une phénoménologie générale de l'esprit qui comprend « une phénoménologie de la pensée mythique et religieuse, (...) une analyse de la forme linguistique (...) et une morphologie de l'esprit scientifique »[4]. Tels sont d'ailleurs les thèmes des trois volumes de son œuvre maîtresse *La philosophie des formes symboliques* ; thèmes qu'il reprend dans l'*Essai sur l'homme* où il repose dans une autre perspective mais brièvement, les anciens problèmes[5], assurant ainsi à son œuvre l'unité d'une problématique.

Comment est possible une telle unité ? Comment est-il possible de rendre compte de la pluridimensionalité des phénomènes humains en les soumettant à une visée unitaire ? Existe-t-il une règle « qui permettrait de les réunir en une activité spirituelle unique (...) sans pour autant les annuler ni les détruire »[6] ?

---

[1] E. Cassirer, *La philosophie des formes symboliques 3*, p. 26.

[2] *Ibid.*

[3] E. Cassirer, *Essai sur l'homme,* p. 43.

[4] *Ibid.*, p. 8.

[5] *Ibid.*, p. 7.

[6] E. Cassirer, *La philosophie des formes symboliques 1,* p. 18.

Nos analyses précédentes nous permettent de risquer une réponse préliminaire : si, ainsi que le veut la philosophie critique, la synthèse ne se donne à lire que dans le symbole, il est évident que le premier geste par lequel doit commencer une anthropologie est l'analyse du symbole lui-même et partant, l'analyse de l'activité de symbolisation. Tels seront les problèmes auxquels se proposent de répondre les chapitres sur la définition du *symbole*, la notion d'*a priori* chez Cassirer et le concept de *prégnance symbolique*.

§ 2. Qu'est-ce qu'un symbole ?

Quelles conséquences sommes nous en droit de déduire du passage de la substance à la fonction ?

Nous avons opté ici, suivant en cela les pas de Cassirer lui-même, pour une réponse que nous avons cru à même de dépasser le blocage de la métaphysique. Un blocage qui s'exprime à travers une triple opposition qui a, jusqu'ici, condamné l'homme à une relation d'extériorité par rapport à ses propres productions : celle de l'extérieur et de l'intérieur, celle du sujet et de l'objet et enfin celle de la forme et de la matière. Le déblocage peut signifier l'affirmation de l'autonomie de l'esprit dans son activité créatrice. Contre le mysticisme bergsonien et contre la naïveté de l'empirisme en général, Cassirer considère que cette activité de l'esprit est de fond en comble symbolique. S'il en est ainsi, ma propre expérience est par essence communicable, transmissible. Parce que mon agir est symbolique, il s'expose de lui-même à autrui. L'expression est du même coup, une communication.

Deux éléments fondamentaux de toute théorie du langage qui prétend résoudre la vieille contradiction entre le particulier et le général, l'individuel et le social. C'est à Humboldt, linguiste d'obédience kantienne, que Cassirer emprunte, en grande partie au moins, la solution qu'il donne à ce problème. En effet, pour Humboldt, la détermination des contenus de notre conscience et la possibilité de leur communication, ne peut s'effectuer que si nous les fixons dans un signe matériel, si nous leur donnons une concrescence dans un substrat sensible. Ce substrat est le signe du langage dans lequel l'esprit concrétise le sens ou le contenu de signification à communiquer.

Comme tel, le langage devient l'organe essentiel de notre esprit. Il est à la fois le moyen et la forme d'extériorisation du contenu de notre esprit, « le véhicule de toute espèce de vision du monde par l'esprit »[1] ainsi que le « milieu par lequel doit passer la pensée avant de se trouver elle-même »[2] et de prendre une forme objective. Il faut prendre *objective* ici dans le sens de concrète, saisissable parce qu'elle est en vue, incarnée dans une « présence sensible immédiate »[3]. Dans cette perspective, eu égard à l'esprit, le langage serait « la totalité de ses manifestations historiques, la totalité de ses différences »[4]. Noeud du sensible et du sens, le langage est la condition même de la constitution d'un monde commun de sens.

Or, si tout se donne dans le langage, il est incontestable que le langage devienne comme dit Cassirer, « la condition même de la réflexion »[5]. Toute la philosophie ne serait qu'une réflexion par les mots sur des mots. La question qui doit alors diriger une philosophie du langage devrait se réduire à la recherche de l'essence des mots, car, de cette définition dépend l'essence même du monde qu'ils signifient.

Dire que l'essence du langage réside dans les mots, c'est réduire le langage à une chose et le classer en fonction de certaines déterminations. Une telle définition identifierait, selon Humboldt, l'esprit à ses manifestations et ne le saisira que de l'extérieur. Résumant la pensée de Humboldt, Luce Fontaine de Vischer dit que « le langage est une forme intérieure dont l'extérieur est la forme sonore. Il est dynamisme, *energeia* »[6].

La philosophie du langage se transforme alors d'une description et comparaison des langues à une méthode transcendantale qui cherche à faire apparaître la spontanéité de la subjectivité en œuvre. Le langage serait, dans un certain sens, la forme au sens kantien du terme, une forme qui a un rôle plus amplifié dans la mesure où elle est « génératrice de son

---

[1] E. Cassirer, *Langage et mythe,* p. 48.

[2] *Ibid.*

[3] *Ibid.*, p. 49.

[4] Luce Fontaine de Vischer, La pensée du langage comme forme, in *Revue philosophique du Louvain* n°68, 1970, p. 451.

[5] E. Cassirer, *La philosophie des formes symboliques 1,* p. 61.

[6] Luce Fontaine de Vischer, *op. cit.,* p. 453.

contenu »[1]. Il est cette activité constituante qui se déplace entre le sujet et l'objet et qui se donne par son activité même, une réalité effective et durable. Il y a contradiction dira-t-on : d'une part, on affirme que la forme du langage est génératrice de son objet et, d'autre part, on affirme que l'esprit se déplace entre le sujet et l'objet. Humboldt résout le problème en affirmant que notre vision du monde n'exprime pas les objets comme tels « mais les perceptions reçues et les mots que nous employons pour les exprimer ; autrement dit, nous créons des signes à partir de signes »[2]. Ce pouvoir d'opérer sur le monde par des signes et dans des signes représente, chez Humboldt, « la vie même de l'esprit »[3]. Il est la matérialisation du dynamisme caché de la subjectivité.

Cassirer reprend à son compte la pensée du langage chez Humboldt. Elle confirme selon lui, l'idée kantienne du rôle constituant de la conscience, « Humboldt a su, dit-il, apercevoir le problème de la critique philosophique du langage et en a esquissé le premier, le programme systématiques »[4]. Comme lui, Cassirer cherchera à inscrire la sphère du langage[5] dans la problématique philosophique du pouvoir synthétique. Posant que la forme intérieure du langage est sa capacité créatrice, il cherchera d'une part, à mettre en lumière cette forme intérieure, c'est-à-dire cette énergie qui est à l'origine de l'unité et de la différence des langues et d'autre part, à élucider le rôle médiateur du langage, cette capacité qu'il a de rendre dans le signe sensible un sens non présent dans les choses.

Si l'homme peut dire le monde, cela suppose qu'il y a un accord entre eux, un *a priori* en vertu de quoi s'effectue la corrélation sujet/objet. Le problème de la philosophie du langage chez Cassirer se trouve transformé en problème d'*a priori*. Parvenir à poser l'existence de cet *a priori*, c'est pouvoir prouver que l'essence du langage réside dans la subjectivité et que les

---

1 *Ibid.*

2 Humboldt, cité par Luce Fontaine de Vischer, *op. cit.*, p. 458.

3 Cité par Luce Fontaine de Vischer, *op. cit.*, p. 454.

4 E. Cassirer, Le langage et la construction du monde des objets, in *Essais sur le langage*, p. 41.

5 W. M. Urban, Cassirer's philosophy of language, in *philosophy of E. Cassirer*, p. 407.

signes du langage ne sont que l'expression de notre manière d'être dans le monde. Tel est le programme qu'il a essayé de réaliser dans le premier volume de *La philosophie des formes symboliques*. Comme pour Kant, la connaissance scientifique constitue un paradigme auquel Cassirer se réfère chaque fois qu'il cherche à établir une thèse. Ce parallèle entre la connaissance et le langage vise à démontrer que, comme nos concepts scientifiques, nos mots ne reproduisent pas « un dessein déjà donné dans l'objet »[1], mais impliquent « une force créatrice originale »[2]. Nos signes langagiers sont ainsi « des images spirituelles de l'univers (ou) des miroirs vivants de l'univers »[3], image qu'il emprunte à Leibniz.

Là se laisse voir un premier aspect de la radicalisation de la théorie kantienne de la *Révolution copernicienne* ; une radicalisation que Adam Schaff interprète comme un pas de plus vers un « idéalisme rigoureux »[4]. En effet, l'idée de la chose en soi, maintenue par Kant, est définitivement écartée. Se trouve de même écarté, le dualisme de l'intérieur et de l'extérieur. L'extérieur n'est rien d'autre que l'intérieur lui même extériorisé ou exprimé. La subjectivité est entièrement génératrice de son objet. Dès lors, l'esprit ne reproduit plus mais produit. La représentation « objective », précise Cassirer n'est pas le point de départ du processus de formation du langage, mais le but de ce processus ; « elle n'est pas son terminus *a quo*, mais son terminus *ad quem* »[5]. Le langage « n'entre pas, dit-il, dans un monde de perceptions objectives achevées, pour adjoindre seulement à des objets individuels donnés et clairement délimités les uns par rapport aux autres, des noms qui seraient des signes

---

1 E. Cassirer, *Le langage et la construction du monde des objets,* op. cit., p. 40.

2 *Ibid.*

3 *Ibid.*

4 A. Schaff, *Langage et connaissance*, p. 60 : « Dans ses *Prolégomènes*, Kant se défendait contre l'idéalisme et il y était autorisé. Cassirer, bien au contraire, déclare bien ouvertement sa prise de position idéaliste : comme les autres néo-kantistes, il "épure" le kantisme des choses objectives, il transforme les choses en des objets intentionnels spécifiques. »

5 E. Cassirer, *Le langage et la construction du monde des objets,* op. cit., p. 44.

purement extérieurs et arbitraires, mais il est lui-même médiateur dans la formation des objets ; il est, en un sens, le médiateur par excellence (…) pour la construction d'un vrai monde d'objets »[1].

Que doit-on entendre ici par *médiateur ?* A. Schaff le ramène au pouvoir qu'a le langage de créer « l'image de la réalité »[2] de la même manière que la science ou l'art. Cette création ne signifie pas une négation ontologique du monde matériel, mais une simple négation méthodologique. Cassirer s'est toujours opposé à la thèse de Berkeley de la réduction de l'être au perçu. C'est pourquoi, ce sur quoi porte la négation, c'est moins le monde lui-même que sa prétention d'être donné et de porter en soi son sens. Son image, son sens ne sont, en dernière analyse que notre propre production, notre propre vision. Ainsi, pour Cassirer, comme pour Husserl, « l'objet est constitué par l'intention qui attribue aux jugements une signification »[3]. A. Schaff voit ici une démarcation par rapport à Kant, car, dit-il, Cassirer « accepte (…) l'interprétation logique et non psychologique de l'*apriorisme* kantien »[4].

Mais faut-il vraiment parler d'une démarcation par rapport à Kant ? Ne faut-il pas plutôt y voir l'exploitation des présupposés de la philosophie kantienne elle-même ? En effet, Cassirer fait-il autre chose qu'étendre le concept de synthèse « pour chaque mode et pour chaque direction de notre formation intellectuelle »[5] ? Il ne nie pas l'existence des objets mais la thèse selon laquelle ces objets seraient donnés et par conséquent que l'image que nous en avons dépend « seulement de la nature de l'objet (sans rien devoir à) notre propre nature »[6]. La représentation est celle d'un objet auquel on « s'oppose objectivement »[7]. On s'y oppose en ce sens qu'on lui fait correspondre « un complexe sonore qui le symbolise et qui sert à

---

1 *Ibid.*, p. 44-45.

2 A. Schaff, *Langage et connaissance*, p. 51.

3 *Ibid.*, p. 58.

4 *Ibid.*, p. 56.

5 E. Cassirer, *Le langage et la construction du monde des objets*, op. cit., p. 40.

6 *Ibid.*

7 *Ibid.*, p. 46.

désigner et à communiquer »[1]. Ce symbole est, comme le concept chez Kant, une « unité synthétique de la diversité de l'intuition, une synopsis intellectuelle du multiple »[2]. Cette synthèse peut passer pour une sorte de maîtrise des choses opérée par ce que Cassirer appelle « médiation spirituelle (ou) désignation symbolique »[3]. Cassirer décrit dynamiquement ce processus en terme de « force d'abstraction (qui s'oppose à la) force d'attraction »[4] que l'objet exerce sur nous.

Cette abstraction est la condition de la constitution de l'objet et de la rencontre avec l'autre dans le sens qui se donne en partage en donnant naissance à une conscience commune, mieux une conscience sociale. Cette conscience sociale fait sa première apparition « dans ses formes les plus précoces et les plus simples »[5] et se trouve de ce fait, « directement liée (au) concours du langage »[6]. L'humanité comme communauté, conduit certes « au-delà du langage, dit Cassirer ; mais la langue est pour elle un point de passage obligatoire, une étape nécessaire sur le chemin qui y conduit »[7]. On s'hominise en accédant au langage, en communiquant avec autrui. On voit par là que c'est dans le langage que se dépose le produit de l'activité formatrice originaire de la conscience. Ce produit dit à la fois la vérité de ce que l'on est, la nature de mon rapport au monde et de mon rapport aux autres.

Peut-on parler ici d'un éventuel solipsisme qui serait la conséquence de cette manière de penser qui ne présuppose que la conscience ou l'esprit en tant qu'activité créatrice ? Une objection sceptique à laquelle Cassirer essaie de répondre. En construisant un monde de symboles qui vont en s'enrichissant et en s'articulant de plus en plus finement, l'homme ne finit-il pas par s'emprisonner dans le réseau qu'il a construit ? « Incapable à jamais de pénétrer l'essence propre des choses, »[8] ne devient-il

---

1 *Ibid.*, p. 47.

2 *Ibid.*, p. 48-49.

3 *Ibid.*, p. 55.

4 *Ibid.*

5 *Ibid.*, p. 59.

6 *Ibid.*,

7 *Ibid.*

8 *Ibid.*, p. 64.

pas l'otage des signes qu'il substitue à ces choses ? Certes, on pourrait penser, non sans raison, que le langage ne fait que s'interposer entre la conscience et les choses, et qu'il est, dans ces conditions, une falsification de la réalité. Cassirer y répond en avançant que « la dynamique de la pensée va de pair avec la dynamique du discours »[1] ; ce qui revient à poser que l'idée ne préexiste pas au langage, « elle se forme par lui et en lui »[2]. Une thèse dont l'explicitation requiert toute une problématique du symbole.

§ 3. Problématique du symbole

Dans l'exposition de sa théorie du langage, Cassirer précise que « le complexe sonore symbolise »[3]. La représentation verbale serait ainsi une « désignation symbolique ». Le symbole semble même fournir à la philosophie du langage chez Cassirer, à la fois son fondement et son unité. Toutefois, malgré ce rôle emblématique, le symbole n'en demeure pas moins problématique quant à son sens. Il l'est aussi quant à la manière dont on doit procéder pour le cerner. En effet, toute tentative de déterminer le concept de symbole nous confronte à la confusion qui a toujours régné dans l'emploi des termes qui semblent s'apparenter à lui : image, signe, figure… et qui sont parfois utilisés l'un pour l'autre. Le point commun entre ces termes, et certes l'origine de la confusion, c'est leur appartenance à ce qui est communément désigné par « connaissance indirecte », connaissance où « l'objet absent est représenté à la conscience »[4] par un substitut au sens large de ce terme.

Mais peut-on établir une distinction véritable entre connaissance directe et connaissance indirecte ? Cassirer lui-même n'affirme-t-il pas, contre les empiristes, que notre monde de l'esprit est un monde de médiation[5] et que toute appréhension du monde est une « formation »[6] ? Car, toute détermination et

---

1 *Ibid.*, p. 67.

2 *Ibid.*, p. 66.

3 *Ibid.*, p. 47.

4 G. Durand, *L'imagination symbolique*, p. 4.

5 E. Cassirer, *La philosophie des formes symboliques 3*, p. 54.

6 *Ibid.*, p. 53.

toute maîtrise théorique de l'être « se révèlent liées au fait que la pensée, au lieu de se tourner immédiatement vers la réalité, institue un système de signes et apprend à utiliser ces signes en qualité de substituts des objets »[1].

Quel est le rapport du signe au symbole ? Les définitions du symbole le donnent toujours comme appartenant à la catégorie des signes. Mais tout signe est-il pour autant symbole ?

Dans *L'imagination symbolique*, Gilbert Durand, distingue deux sortes de signes : les signes « arbitraires, purement indicatifs qui renvoient à une réalité... sinon présente du moins toujours présentable, et les signes allégoriques qui renvoient à une réalité signifiée difficilement présentable »[2]. L'*Essai sur l'homme* nous offre une distinction proche de celle-ci qui ramène les signes à deux univers différents. La compréhension du symbole dépend ainsi d'une élucidation de l' « équivoque inhérente au concept de signe et à son usage »[3]. Certains signes ont « une sorte d'être physique ou substantiel »[4] qui en fait un cas particulier de la relation « de cause à effet »[5]. Le symbole est, en revanche, le signe qui assure « une fonction de signification »[6], il n'indique pas mais signifie et constitue, à ce titre, un « élément de l'univers humain de sens »[7].

Dans l'*Essai sur l'homme*, Cassirer considère comme signe le *stimulus* qui s'associe chez l'animal à la réponse. La cloche dans les expériences de Pavlov constitue ainsi un signe[8]. Dans *La*

---

1 *Ibid.*, p. 59.

2 G. Durand, *l'imagination symbolique*, p. 6.

3 E. Cassirer, *La philosophie des formes symboliques 3*, p. 357.

4 E. Cassirer, *Essai sur l'homme*, p. 54.

5 E. Cassirer, *La philosophie des formes symboliques 3*, p. 357.

6 *Ibid.*

7 E. Cassirer, *Essai sur l'homme*, p. 53.

8 *Ibid.*, p. 52-53 : « Il est nécessaire si l'on veut poser clairement le problème, de distinguer soigneusement entre *signes* et *symboles*. Que nous trouvions dans le comportement animal un système plutôt complexe de signes et de signaux, il semble que ce soit un fait établi. Nous pouvons même affirmer que certains animaux, surtout les animaux domestiques, sont extrêmement sensibles aux signes. Un chien réagira aux moindres changements dans le comportement de son maître ; il distinguera même les différentes expressions d'un visage ou les modulations d'un langage symbolique humain. Les célèbres expériences

philosophie des formes symboliques, une chose ou un événement sont dits « signe » d'une autre chose ou d'un autre événement, « dès qu'il -ou elle- lui est lié par quelque relation constante d'ordre empirique »[1]. La fumée, liée à la présence du feu, en constitue le signe, tout comme le tonnerre associé à l'éclair. C'est dire que dans le signe il y a un rapport d'élément physique à un autre élément physique qui, par la répétition de l'expérience, finissent par s'associer dans la conscience. En revanche, le symbole n'impose pas à la relation entre signe et signifié des éléments susceptibles de constituer une telle limitation empirique. Le symbole peut même prétendre à « une applicabilité universelle »[2]. Penser tout signe comme un symbole, c'est courir le risque de limiter la pensée à une « pure fonction déictique »[3], une fonction de « monstration »dans laquelle le symbole fonctionnerait comme un doigt pointé qui ne peut montrer que ce qu'il est incapable de dire. Le signe ne peut donc être dit symbolique que dans la mesure où il ne se réfère qu'à un sens et non à une chose présentable[4]. Cela correspond à la définition que le troisième volume de *La philosophie des formes symboliques*, donne du symbole : « La totalité des phénomènes dans lesquels se présente, de façon ou d'autre un remplissement par le sens. »[5] Le symbole serait ainsi un phénomène sensible qui se « représente en même temps comme particularisation et comme concrétisation, comme manifestation et comme incarnation »[6].

Contrairement à la vision réaliste et naïve du monde, le donné immédiat pour Cassirer n'est pas constitué de choses objectives mais de simples impressions sans organisation intrinsèque. Cette immédiateté ne s'éclaire et ne s'articule pour nous que si elle est pénétrée par la fonction synthétisante de l'esprit. Tous les traits

---

de Pavlov prouvent seulement que des animaux peuvent facilement être entraînés à réagir non seulement à des *stimuli* directs, mais à toutes sortes de *stimuli* médiats ou représentatifs. »

[1] E. Cassirer, *La philosophie des formes symboliques 3,* p. 358.

[2] E. Cassirer, *Essai sur l'homme*, p. 57.

[3] E. Cassirer, *La philosophie des formes symboliques 3*, p. 359.

[4] Lalande, *Vocabulaire technique et critique de la philosophie*.

[5] E. Cassirer, *La philosophie des formes symboliques 3,* p. 112.

[6] *Ibid.*

structurels des objets sont le produit de l'activité formatrice de l'esprit, le monde phénoménal lui-même n'est rien en dehors de ce qu'il est pour l'esprit. Il est sens. Le symbole comme particularisation désignerait ainsi, cette synthèse spirituelle du divers, synthèse qui n'est ni empruntée à l'objet ni imposée par la nature des choses, mais pure création émanant d'un « acte de la spontanéité »[1]. Ce n'est que dans et par cette synthèse qu'une organisation particulière du réel prend pour nous la forme d'une image du monde. La particularisation serait ainsi cet acte spirituel d'articuler et de séparer certains moments dans le contenu immédiat et de les fixer dans et par un symbole, l'acte de conférer aux choses « une qualité intellectuelle par laquelle, ils sont élevés au-dessus de la simple immédiateté des qualités dites sensibles »[2].

Produit du pouvoir originaire de l'esprit, celui de créer des images, le symbole manifeste cet esprit dans l'acte même de manifester le monde. Il laisse voir, réflexivement, l'essence de l'esprit dans son activité de mise en forme du matériau sensible. Il serait ainsi la manifestation et l'incarnation de l'esprit qui, tel l'absolu Hégélien « ne se dévoile que par son extériorisation »[3] par et dans l'ensemble des signes sensibles qu'il utilise pour se donner une forme sensible et matérielle, créant par là un double état de permanence : un état de permanence au sein du contenu fuyant de la conscience[4] et un autre dans le processus de l'évolution de l'esprit. Ce n'est que par et dans ce double état de permanence, incarné dans le symbole, que l'objectivité se livre à nous. Une double objectivité, celle de l'esprit et celle du monde.

On voit dès lors, quel est le domaine du symbolique. Il est celui du rapport entre le signe et le signifié. C'est ce sens que rend H. Kuhn dans son article intitulé *E. Cassirer's philosophy of culture* en le reliant à l'origine du mot dans la culture grecque. Le symbole, y dit-il, est initialement utilisé pour désigner « deux fragments d'un anneau pris comme signe de reconnaissance d'un pacte d'amitié... (Quant les deux porteurs des deux morceaux se rencontrent et comparent leurs morceaux), le pacte est reconnu et

---

[1] *Ibid.*, p. 17.

[2] E. Cassirer, *La philosophie des formes symboliques 1*, p. 29.

[3] *Ibid.*, p. 28.

[4] *Ibid.*, p. 30.

admis »[1]. Dans ces conditions dire que les formes culturelles sont des formes symboliques, c'est dire que par leur présence, elles témoignent d'un sens distinct du symbole lui-même, en tant qu'objet matériel. Ces « choses » matérielles, sons, couleurs, tailles géométriques, sont donc les représentants de quelque chose de non matériel, de spirituel. Comme les morceaux de l'anneau, chaque chose renvoie à un sens qu'elle véhicule. Cependant, si l'anneau comme symbole a une existence indépendante du sens que lui donne le pacte, et si le pacte comme sens, peut lui-même être établi sans recours à l'anneau, le rapport entre chose matérielle et sens n'est pas si extérieur qu'on pourrait le penser, étant inextricables, les deux éléments, forment un tout en vertu duquel se produit le sens.

Le rapport entre symbole et sens, chez Cassirer, n'est donc pas arbitraire, il ne saurait, selon lui, être pris « dans un sens restrictif de signe artificiel, conventionnel »[2]. Car les significations ne préexistent pas au symbole. Le symbole est lui-même donateur de sens. Le signe qui est la forme matérielle du symbole ne sert pas « seulement à représenter mais aussi à découvrir certains rapports logiques, il sert non seulement à offrir une abréviation symbolique de ce qui est déjà connu, mais aussi à frayer de nouveaux chemins dans l'inconnu »[3]. Par cette fonction prospective le sens du symbole chez Cassirer est déjà loin du sens ancien du terme. En effet, la relation entre la chose et le sens n'est plus, chez lui, une relation causale mais une relation de signification où l'élément déterminant est l'esprit lui-même, son pouvoir créateur et sa capacité de représentation.

Toujours soucieux de tirer profit des sciences de son temps, Cassirer cherche à consolider ses vues philosophiques par la participation à certaines recherches de psychologues travaillant sur les pathologies du langage : Head, Gelb et Goldstein. Il a eu ainsi à constater le lien entre les pathologies du langage et les troubles de la faculté de re-présentation. Deux fonctions ou capacités semblent faire défaut chez l'aphasique, l'apraxique et l'agnosique et expliquer ce que Cassirer nomme, à la suite de

---

[1] Helmut Kuhn, E. Cassirer's philosophy of culture, in *The philosophy of E. Cassirer*, p. 559.

[2] E. Cassirer, *La philosophie des formes symboliques 3,* p. 239.

[3] E. Cassirer, *La philosophie des formes symboliques* 1, p. 53.

Head, leur « cécité symbolique »[1] ou leur incapacité de représentation : la fonction de généralisation et celle de l'abstraction.

Ne disposant pas de la capacité de généralisation en vertu de quoi, un cas particulier peut être considéré comme un cas singulier d'une espèce, les malades semblent prisonniers de leur immédiateté phénoménale. Chaque perception individuelle ne vaut que pour elle-même, elle ne manifeste que son sens restreint. L'altération de la faculté de représentation semble couper le pont entre l'objectif et le subjectif. La synthèse entre l'esprit et le monde s'avère impossible, les mots fonctionnent alors uniquement comme une partie du monde physique, comme des choses. Il n'y a représentation que quand l'homme parvient à vivre simultanément « dans deux sphères, la sphère du concret où se trouvent les choses et la sphère du simple possible »[2], quand, au moment même où il réagit à un objet actuel, il a également à l'esprit l'objet auquel il va réagir. Ainsi, chez l'homme normal, un vécu de perception, une couleur, un son ou une image est toujours un « simple représentant »[3] tandis que, chez le malade, faute de capacité d'abstraction, le vécu de perception ne peut avoir qu'une « valeur d'état »[4].

La capacité d'abstraction correspond à ce pouvoir qu'a l'esprit de prendre la sensation immédiate pour « un poteau indicateur »[5]qui lui montre le chemin de la généralité. Incapable de se détacher de l'immédiateté, le malade est aussi incapable d'extraire un moment du tout concret du vécu, en faisant abstraction des autres, et d'y étayer le tout en en faisant un repère fixe d'une vision du monde. Ne pouvant abstraire, le malade se trouve du même coup incapable de se détacher de l'*ici* et du *maintenant* et de changer de vision chaque fois que son repère se trouve changé[6], en somme, de faire preuve de récognition symbolique.

---

[1] *Ibid.*, p. 219.

[2] K. Goldstein, Human nature in the light of psychopat*hology*, p. 210, cité par Cassirer, in *Essai sur l'homme*, p. 88.

[3] E. Cassirer, *La philosophie des formes symboliques 3*, p. 255.

[4] *Ibid.*

[5] *Ibid.*, p. 256.

[6] *Ibid.*, p. 257. Dans la perception normale, « nous pouvons, par exemple,

Corrélatives l'une de l'autre, abstraction et généralisation sont donc les deux fonctions qui permettent la récognition dans le signe. En effet, « ce n'est que là où on parvient, dit Cassirer, à comprimer en quelque sorte un phénomène total en un de ses moments, à le concentrer en un symbole, à l'avoir à travers un moment singulier »[1] que nous pouvons accéder à cet acte premier de retrouver. Le même signe qui nous sert pour représenter l'impression nous permet « de la reconnaître quand elle se présente sous nos yeux »[2]. Ce signe nous permet de surmonter la distance du temps objectif et du temps vécu et de « saisir un contenu comme constant et consistant et de le poser comme identique à lui-même »[3]. C'est ce moment réflexif impliqué dans l'acte de retrouver qui est au fondement de la représentation et qui fait défaut chez le malade. Cassirer cite l'exemple éloquent de l'un des patients de Goldstein à qui on demande de prononcer la négation « no » et qui secoue la tête en disant « no, I don't know how to do it »[4]. En effet, chez ce malade, les mots ont cessé d'être des symboles, ils se sont désimprégnés de leur sens.

On voit par là que le problème du symbole est déjà celui de la représentation elle-même, c'est-à-dire de la créativité de l'esprit. Dans ces conditions, on ne peut s'empêcher de souligner, comme le fait Luce Fontaine de Vischer d'ailleurs, la similitude entre le symbole chez Cassirer et le « schème transcendantal qui apparaît tout particulièrement dans *La critique du jugement* de Kant »[5]. Confronté au même problème que Kant, celui de l'accès des données intuitives à un sens intellectuel, Cassirer semble recourir à la même solution à laquelle il donne le nom de fonction symbolique. Leur similitude est d'abord méthodologique, l'un comme l'autre « ne posent pas, comme dit A. Philonenko, d'un

---

considérer une image optique qu'on nous présente tantôt à "un point de vue", tantôt à un autre, la saisir et la déterminer en "regard" d'un moment ou d'un autre. Et chaque fois que change la forme de détermination c'est un nouvel aspect qui ressort comme "essentiel"; avec chaque "vision" nouvelle quelque chose devient "visible" ».

1 *Ibid.*, p. 136.

2 *Ibid.*

3 *Ibid.*

4 *Ibid.*, p. 246.

5 L. F. de Vischer, *La pensée du langage comme forme*, p. 461.

côté l'image et de l'autre le concept, mais les font jaillir du même processus méthodique de l'imagination »[1]. Le résultat n'est pas la simple somme de deux éléments hétérogènes, mais une unité synthétique que Kant nomme schème et que Cassirer appelle symbole.

Schème et symbole sont ainsi ce par quoi s'opère la rencontre de l'immédiat avec le transcendantal. Ils constituent une synthèse que A. Philonenko définit comme étant la « représentation d'un procédé général de l'imagination qui, construisant le concept, fait en même temps naître en sa vérité l'image susceptible d'être déterminée »[2]. Ni le schème kantien, ni le symbole de Cassirer ne sont, dans ces conditions, de simples figures qui reflètent par suggestion ou par analogie, une réalité donnée ; ils sont, l'un comme l'autre, ce par quoi le réel est possible.

Toutefois, cette assimilation du schème kantien au symbole de Cassirer ne peut aller sans difficulté. En effet, comment le schème, qui semble chez Kant, relever de la phénoménologie de l'objet peut-il être rapporté au symbole qui, chez Cassirer, relève de la phénoménologie du sujet ? Cassirer, lui-même, dans *Les systèmes post kantiens*, relève un « manque »[3] dans la théorie du schématisme chez Kant. Dans le schématisme kantien, la catégorie « se voit limitée, comme par une contrainte extérieure, à une sensibilité étrangère »[4]. Dans la *Critique de la raison pure*, cette théorie du schématisme vient répondre au problème central posé par le dualisme kantien, celui des formes sensibles et des formes intelligibles, les premières relevant de la sensibilité, les secondes de l'entendement. Or, chez Kant, la sensibilité est caractérisée essentiellement par la réceptivité, par opposition à la spontanéité caractéristique de l'entendement. Cette thèse ne peut pas satisfaire Cassirer pour qui la spontanéité est la caractéristique de l'esprit dans sa totalité. C'est pourquoi, au schématisme de la *Critique de la raison pure,* Cassirer préfère

---

[1] A. Philonenko, Cassirer lecteur et interprète de Kant, in *E. Cassirer De Marbourg à New York*, p. 47.

[2] *Ibid.*, p. 48. Nous reproduisons la citation de Philonenko en notant, toutefois, que Cassirer n'a pas de théorie de l'imagination.

[3] E. Cassirer, *Les systèmes post kantiens*, p. 20.

[4] *Ibid.*, p. 21.

celui de la *Critique de la faculté de juger* où Kant met l'accent sur le pouvoir productif du schème, reconnaissant ainsi sa spontanéité négligée dans la *Critique de la raison pure.*

En effet, à en croire Cassirer, la *Critique de la faculté de juger* reprend le problème et l'élève « à un niveau supérieur, dans la mesure où elle s'interroge sur le fondement et le droit transcendantal de particularisation des lois de l'entendement lui-même »[1]. Ce fondement ou droit transcendantal, Kant le trouve non pas dans un principe logiquement démontrable mais dans une idée régulatrice. Les principes synthétiques qui définissent les conditions universelles de la possibilité de l'expérience ne déterminent que négativement l'horizon auquel sont assignés le jugement et l'objet empiriques, ils laissent « à l'intérieur de cet horizon un nombre infini de réalisations possibles »[2]. La nouvelle unité établie entre l'universel et le particulier repose sur le principe que, ce qui pour un certain niveau de connaissance apparaît comme isolé et contingent pourra à un certain niveau supérieur être expliqué par un rattachement à une loi[3].

La philosophie kantienne semble effectuer, au niveau de la raison pratique, un passage à un autre ordre, « une percée hors de la finitude »[4] comme le caractérise Alain Renaut, celle-là même que Cassirer effectue dans la sphère des formes symboliques. En effet, qu'est-ce que c'est que la force ou fonction symbolique sinon cette force de particularisation des lois de l'esprit ? Elle est, dit Cassirer, « cette force générale à travers la singularité concrète de l'image. Toujours la même, malgré sa dissimulation sous mille formes, elle possède une nature ou essence fixe, qui, saisie médiatement dans toutes ces formes, s'y trouve représentée »[5].

Ainsi compris, le schématisme permet, chez Cassirer, non pas la synthèse des intuitions et des concepts mais aussi la réconciliation des différents types de symboles. La synthèse prend ainsi chez Cassirer une amplitude et une flexibilité nouvelles. Tous les symboles sont « des forces. Chaque force

---

1 *Ibid.*

2 *Ibid.*

3 *Ibid.,* p. 23.

4 Alain Renaut, *Kant aujourd'hui*, p. 37.

5 E. Cassirer, *La philosophie des formes symboliques 3*, p. 129.

produit et pose son propre monde »[1]. La question de savoir ce qu'est la réalité en dehors de ces formes et quels sont ses attributs est nulle et non avenue. Le symbolique ne peut ainsi être considéré comme appartenant à « l'en deçà ou à l'au-delà, au domaine de l'immanence ou à celui de la transcendance »[2]. Dans le symbole s'effectue le dépassement des oppositions métaphysiques de l'intérieur et de l'extérieur. Il n'est pas « l'un ou l'autre..., (il est) l'un dans l'autre »[3]. C'est dire que le symbole vaut par lui-même.

On peut essayer de mieux comprendre la position de Cassirer, en la comparant à celle de Ricœur. En effet, pour Ricœur, le symbole fait apparaître « quelque chose qu'il est seul à pouvoir transmettre »[4]. Il est l'apparition, l'épiphanie d'un mystère. C'est dans cette mesure que le symbole dit Ricœur « donne à penser »[5]. Il ne représente pas la pensée comme le veut Cassirer, mais il la provoque ; et s'il en est ainsi, c'est parce que ce n'est pas l'esprit qui donne le sens, mais c'est le symbole qui le suggère. Cette suggestion prise pour ce qu'elle est, à savoir quelque chose qui se « dit en énigme », fait que la lecture du symbole oblige à « tout recommencer et recommencer dans la dimension du penser »[6].Image de ce qui se donne et se refuse en même temps, signe de quelque chose qui se manifeste et s'obnubile à la fois, le symbole puise son orientation « tant du contact, de l'orientation de l'homme dans l'espace »[7] que du sol du désir, s'enracinant ainsi dans les gestes et les souvenirs qui émergent dans nos rêves et qui constituent le vécu de notre biographie intime. Objet à déchiffrer ou mystère à dévoiler, le symbole devient un objet privilégié d'une étude raisonnée du langage.

Parce qu'ils donnent à penser, les symboles nous mettent, dit Ricœur, « en face de véritables révolutions linguistiques,

---

[1] C. Hamburg, *Symbol and reality*, p. 41.

[2] E. Cassirer, *La philosophie des formes symboliques 3*, p. 422.

[3] *Ibid.*

[4] P. Ricœur, *Le conflit des interprétations*, p. 284.

[5] *Ibid.*

[6] *Ibid.*

[7] *Ibid.*, p. 285.

orientées dans un sens déterminé »[1], un sens constitutif d'un univers de signification, pour autant qu'il se laisse prendre dans le filet d'une analyse qui prétendrait pouvoir le soumettre à la rigueur des « longues chaînes des raisons » que requiert la transparence rationaliste. Face au symbole, l'analyse est plutôt interprétation, philosophie « du soupçon »[2]. On le voit mieux, si l'on s'exerce à suivre, par exemple la trajectoire de la symbolisation de la faute telle qu'elle est décrite par Ricœur.

Cette symbolique de la faute nous montre que, chez Ricœur, signifiant et signifié sont très ouverts. Un seul signifiant peut renvoyer à une infinité de sens non figurables, et qui peuvent parfois être complètement antinomiques. La faute d'Adam par exemple, peut, selon Ricœur, être lue à travers deux champs herméneutiques, celui de la psychanalyse de Freud et celui de la phénoménologie de Heidegger[3]. Elle se trouve ainsi étirée entre deux schèmes, « un schème d'intériorité, (et) un schème d'extériorité »[4]. Le premier, cherchant à rapporter la faute à sa cause, à son origine extérieure ou à sa fonction, donne au symbole une portée ontologique. Les symboles, « comme une parole de l'être »[5], ne peuvent être déchiffrés que dans une sorte de « théorie de la réminiscence »[6]. Le second, celui de « l'expérience douloureuse de la conscience coupable et scrupuleuse »[7] se prête à « la thèse freudienne du retour du refoulé »[8].

Nous pouvons aussi reprendre la symbolique de la souillure qui transite entre le sens d'une « tache » et celui d'une « affection de la personne dans son ensemble »[9]. Il s'agit d'une symbolique qui, explique Ricœur, transmet le sens « du pur et de l'impur, avec toute sa richesse d'harmoniques »[10], une

---

1 *Ibid.*, p. 286.

2 *Ibid.*, p. 40.

3 *Ibid.*, p. 315.

4 *Ibid.*, p. 290.

5 *Ibid.*, p. 315.

6 *Ibid.*

7 *Ibid.*

8 *Ibid.*

9 *Ibid.*, p. 287.

10 *Ibid.*

transmission signifiante mais inconsciente, puisque le sens apparent dont on a conscience ne fait que renvoyer à un sens caché dont on est inconscient. Ainsi, dans chaque symbole se superposent deux langues qui rendent le texte fort peu accessible même à son auteur. Poussée à ses limites cette thèse peut nous mener à l'idée qu'un texte que l'on interprète n'a pas d'auteur, si l'on entend par là un sujet pensant qui soit maître de ses pensées, une conscience pleinement présente à elle-même. Ce que l'herméneutique dégage en abordant une œuvre humaine c'est un double sens qui roule sur un fond inconscient que Ricœur essaie d'éclairer en se référant à Freud et à Hegel, entre autres. A une philosophie du sujet se substitue alors une « archéologie du sujet »[1] ou une « téléologie du sujet »[2].

Qu'il s'agisse de la psychanalyse freudienne ou de la phénoménologie hégélienne, l'existence humaine est à chaque fois, prise pour ce qu'elle n'est pas dans son immédiateté. Tout se passe comme si la conscience était d'emblée une fausse conscience. Lisons Ricœur : « La psychanalyse nous proposait une régression vers l'archaïque, la phénoménologie de l'esprit un mouvement selon lequel chaque figure trouve son sens, non dans celle qui précède, mais dans celle qui suit ; la conscience est ainsi tirée hors de soi, en avant de soi, vers un sens en marche, dont chaque étape est abolie et retenue dans la suivante. Ainsi, une téléologie du sujet s'oppose à une archéologie du sujet. Mais l'important pour notre propos est que cette téléologie, au même titre que cette archéologie freudienne, ne se constitue que dans le mouvement de l'interprétation qui comprend une figure par une figure ; l'esprit ne se réalise que dans ce passage d'une figure à l'autre ; il est la dialectique même des figures par quoi le sujet est tiré hors de son enfance, arraché à son archéologie. C'est pourquoi la philosophie reste une herméneutique, c'est-à-dire une lecture du sens caché dans le texte du sens apparent. »[3]

Ce bref détour par Ricœur nous permet de mieux saisir, nous semble-t-il, la position de Cassirer. Les deux auteurs diffèrent par le principe que l'un et l'autre mettent au fondement de leurs approches. Alors que Cassirer, héritier de l'idéalisme kantien,

---

1 *Ibid.*, p. 25.

2 *Ibid.*

3 *Ibid.*, pp. 25-26.

entend faire valoir le rôle de la conscience et de l'esprit dans la construction du monde humain, Ricœur, imprégné de l'enseignement de Freud et de Hegel, entend rattacher la structure du symbole, aux jeux des forces inconscientes. Le symbole est ainsi à considérer comme « l'épiphénomène », l'effet, la « superstructure », le « symptôme » [1] de quelque chose qu'il serait seul à pouvoir faire apparaître. C'est donc le fondement inconscient qui oriente la lecture de Ricœur du phénomène symbolique. En revanche, Cassirer préfère lire le problème par le biais de « l'expression immanente au symbolisant lui-même »[2], à savoir la conscience ou l'esprit.

Ce rapport de l'activité symbolique à la conscience sous-tend chez Cassirer, l'élargissement du symbolisme à « la totalité des phénomènes dans lesquels se présente d'une façon ou d'une autre un remplissement par le sens »[3], donc à la totalité de la culture dont tous les aspects « se rangent ensemble dans la sphère de la représentation »[4]. On voit par là que Cassirer, contrairement à ce qu'exige l'école freudienne, préfère donner à son investigation une orientation rationaliste. Pour que Freud ait raison, il faut admettre que le sens s'élabore en dehors même de l'activité symbolique et que le symbole ne puisse jamais signifier que par analogie, donc toujours indirectement. A une médiation, il faut donc indéfiniment superposer une autre. Autant dire que l'esprit ne saurait jamais entrer en contact avec le réel. « Si l'on estime que la tâche propre et essentielle (du symbole), dit Cassirer, consiste à exprimer une seconde fois, par l'élément médiateur étranger (...) cette réalité que nous trouvons devant nous, déjà achevée dans la sensation et les intuitions singulières, il devient immédiatement manifeste que tout (signe) ne peut que rester indéfiniment en deçà de cette tâche. »[5]

Délaissant ses contemporains, Cassirer se tourne autant vers Kant que vers Leibniz pour élaborer sa théorie du symbole. Deux idées leibniziennes semblent orienter la conception du symbole chez Cassirer. La première est celle selon laquelle « le réel est

---

[1] G. Durand, *L'imagination symbolique*, p. 105.

[2] *Ibid.*, p. 59.

[3] E. Cassirer, *La philosophie des formes symboliques 3*, p. 112.

[4] *Ibid.*, p. 62.

[5] E. Cassirer, *La philosophie des formes symboliques 1*, p. 51-52.

sans restriction régi par l'idéel »[1], conséquence nécessaire chez Leibniz, de l'idée de *l'harmonie préétablie* en tant qu'« unité dans la variété d'un tout »[2]. La deuxième idée est celle du caractère multiple du réel. Leibniz serait pour Cassirer, le premier philosophe à s'être rendu compte du rôle médiateur du signe : nos signes ne sont pas « les choses mêmes, mais leurs représentations »[3]. Car le signe « sert non seulement à offrir une abréviation symbolique de ce qui est déjà connu mais à frayer de nouveaux chemins dans l'inconnu, dans ce qui n'est pas donné »[4].

Notre raison ne peut saisir et maîtriser le monde extérieur qu'en le fixant dans des images et des symboles. Cela est d'autant plus vrai que Leibniz lui-même dit que « tout raisonnement humain s'accomplit par le moyen des signes ou des caractères. Ce ne sont pas, dit-il, les choses elles-mêmes mais aussi les idées des choses qui ne peuvent ni ne doivent être observées distinctement par l'esprit, et c'est pourquoi, afin d'abréger on les remplace par des signes »[5]. Notre entendement fini se perdrait ainsi dans le labyrinthe du pensable si le symbole ne lui présentait pas un fil d'Ariane, ou « un *focus* spirituel »[6]. Cassirer en déduit que le symbole constitue un « authentique foyer intellectuel »[7], que « le réel ne laisse pas de se gouverner par l'idéel et l'abstrait »[8]. Telle est d'ailleurs la thèse de l'auteur des *Nouveaux essais* qui affirme que « la vérité des choses sensibles se justifie par leur liaison qui dépend des vérités intellectuelles fondées en raison »[9]et des observations constantes dans les choses sensibles.

Le propre de cette théorie du signe chez Leibniz est qu'elle permet de poser la conscience à l'origine de toute symbolisation.

---

[1] E. Cassirer, *La philosophie des formes symboliques 3*, p. 60.

[2] Y. Belaval, *Études leibniziennes*, p. 88.

[3] E. Cassirer, *La philosophie des formes symboliques 3*, p. 60.

[4] E. Cassirer, *La philosophie des formes symboliques 1, p. 53.*

[5] Leibniz, *Die philosophie schriften von Gottfried Wilhelm Leibniz*, p. 204.

[6] E. Cassirer, *La philosophie des formes symboliques 3*, p. 60.

[7] *Ibid.*

[8] *Ibid.*

[9] Leibniz, *Les nouveaux essais*, IV, XI, §9, p. 393

La fonction du symbole est de lier une pensée consciente à une autre pensée consciente. On va du conscient au conscient et non de l'inconscient au plus conscient ou au conscient, comme le voulaient Hegel et Freud. Cette nature du signe comme production spirituelle se trouve encore appuyée dans le projet d'une *caractéristique universelle* dont la fonction « consiste, comme le souligne Leibniz, dans l'une de ses lettres, dans une certaine écriture ou langue (...) qui rapporte parfaitement les relations de nos pensées »[1]. L'utilité de cette *caracteristica* est essentiellement logique, elle est un instrument de la raison, un système de signes qui représente idéalement les idées. A cet égard, elle peut être considérée, comme le note Couturat, un « substitut de la raison (qui) n'aide pas la raison (mais) la remplace »[2].

C'est donc parce qu'il s'agit d'une philosophie de la conscience et non d'une philosophie de l'inconscient que *La philosophie des formes symboliques* préfère Leibniz à Hegel. C'est en effet chez Leibniz que les signes se présentent comme des symboles « prospectifs »[3]et comme des instruments pour l'invention. Leibniz lui-même le dit : « Les caractères font signe à l'esprit, l'aiguillonnent et le poussent à concevoir des notions universelles. »[4] S'autorisant de Leibniz, Cassirer croit pouvoir élaborer une théorie du symbole qui soit en même temps une théorie de la conscience et une philosophie de l'invention. Comme telle, cette philosophie des formes symboliques prend la figure d'une philosophie de la conscience créatrice, de l'esprit inventeur. On voit dans ces conditions à quelles conclusions on arrive. Les symboles donnent les moyens à l'invention en fournissant une loi de construction, de réglementation, d'ordination et donc d'invention ; car l'ordre est un préalable à l'invention. Grâce à ce caractère inventif des symboles, on peut affirmer sans contradiction que « la vérité et la réalité sont dans leur fondement et leurs ultimes racines une seule et même

---

[1] Leibniz, Lettre à Thomasius 20/30 Avril 1669, *Die philosophie schriften von Gottfried Wilhelm Leibniz*, p. 22.

[2] Couturat, *La logique de Leibniz, p. 101.*

[3] E. Cassirer, *La philosophie des formes symboliques 1,* p. 53.

[4] Leibniz, *Leibnizens mathematische schriften*, Herausgegeben von C. I. Gerhardt, Berlin, Halle, 1849-1863, p. 269.

chose »[1]. On peut en conclure que théorie de l'homme, théorie de la conscience, théorie du symbole et théorie de la vérité et du monde ne sont que des aspects d'un même problème, celui de la création culturelle, de la créativité.

Or si Cassirer se dit leibnizien lorsqu'il met en exergue l'utilisation inventive du symbole, il reste réservé, voire même critique quant à l'architectonique conceptuelle qui a permis à Leibniz de parler d'un tel art d'inventer. En effet, est-il encore approprié de parler d'une harmonie préétablie ? Cassirer semble avoir présent à l'esprit toutes les critiques kantiennes concernant cette conception trop idéaliste du monde. En ce qu'elle a de proprement insoutenable pour Cassirer, l'harmonie préétablie suppose une forme de passivité de l'homme. Dans le premier volume de *La philosophie des formes symboliques*, Cassirer se démarque du contenu métaphysique de la philosophie de Leibniz. En effet, chez Leibniz, l'harmonie entre le spirituel et le réel n'est pas l'œuvre de l'homme esprit fini. Au contraire, « seul l'être suprême et divin possède la connaissance qui n'est pas représentative, mais purement intuitive »[2]. On ne peut dès lors, fonder une philosophie de l'homme sur une philosophie du point de vue de Dieu où la médiation par les signes serait le seul recours du savoir « aveugle (ou) symbolique »[3].

Par la théorie de l'harmonie, Leibniz déplace le centre de gravité de la philosophie vers la théologie. Le monde de l'esprit semble se transformer en une cité de Dieu. Un saut dans la métaphysique qui, selon Cassirer, n'est d'aucune utilité dans la compréhension du mode d'union de « ce qui est empiriquement incompatible »[4]. Au contraire, ce passage par la métaphysique semble mener la philosophie de Leibniz vers « un cercle manifeste »[5]où Dieu est le point de départ et le point d'arrivée de toute recherche de la vérité. L'idée d'un fondement transcendantal et inconnaissable désengage la raison de sa responsabilité[6]. La philosophie doit donc, réintégrer la cité de

---

[1] E. Cassirer, *La philosophie des formes symboliques 1*, p. 81.

[2] *Ibid.*

[3] *Ibid.*, p. 77.

[4] E. Cassirer, *La philosophie des formes symboliques 3*, p. 117.

[5] E. Cassirer, *La philosophie des Lumières*, p. 87.

[6] E. Cassirer, *La philosophie des Lumières*, p. 87.

l'homme, comprendre que le véritable fondement n'est pas à chercher dans la substance, « dans le contenu de la nature, mais dans son concept, non dans les données de l'expérience, mais dans sa forme »[1]. Fini donc, comme dit Kuhn, « la passion héroïque de faire bouger le *globus intellectualis* par le levier de l'origine »[2] ; il faut ramener le problème vers son véritable centre de gravité, l'homme.

L'apport de Leibniz à la philosophie du symbole se limite donc à son aspect représentatif et prospectif, à cette assertion de base que l'esprit humain a besoin des signes pour penser. S'il suppose une idée de l'homme, elle ne peut être celle que Cassirer cherche à fonder, l'homme des Lumières dont l'esquisse a déjà été entamée par Kant. Dans la philosophie de Leibniz, la théorie de l'homme, soumise au présupposé de l'harmonie préétablie, demeure profondément théologique. Traditionaliste, l'esprit leibnizien est encore, en grande partie au moins, un esprit médiéval. Son homme n'est pas encore celui des Lumières.

Partant du présupposé métaphysique d'une substance « préformée et prédéterminée »[3] qui contient, comme faisant partie de sa propre nature, tout ce qui peut lui arriver, Leibniz ne peut conclure qu'à « un savoir déjà présent dans son contenu et dans sa construction »[4]. Dés lors, l'homme, être fini, ne peut espérer qu'à « atteindre et comprendre cette construction »[5]. Telle semble être l'utilité de la caractéristique universelle. Étant en dehors du monde de la création de la vérité, l'homme n'a aucun rôle dans la détermination de la nature. La certitude de ses jugements, autant que l'uniformité et l'unité de la nature relèvent d'une juridiction transcendante, l'immutabilité divine[6] ; une hypothèse métaphysique qui, selon Cassirer, « prête plus aux doutes et aux débats que cette certitude même »[7].

---

1 *Ibid.*

2 H. Kuhn, Cassirer's philosophy of culture, in *The philosophy of E. Cassirer*, p. 557.

3 E. Cassirer, *La philosophie des Lumières*, p. 233.

4 E. Cassirer, *La philosophie des formes symboliques 1*, p. 75.

5 *Ibid.*

6 E. Cassirer, *La philosophie des Lumières*, p. 87.

7 *Ibid.*

Telle est la raison pour laquelle Cassirer est tourné plutôt vers Kant que vers Leibniz. Aussi déplace-t-il l'idée même de l'harmonie préétablie. Il conserve l'expression mais il en change du tout au tout le sens. Désormais, elle fonctionne entre les modalités de la symbolisation où le symbole apparaît comme « un lien spirituel qu'on ne saurait défaire sans perdre du même coup, avec la forme du savoir exact, son contenu essentiel »[1]. Cette harmonie entre les différents foyers du symbolisme ne réside pas « dans ce qu'ils sont en soi pas plus que dans quelque chose qu'ils copieraient mais dans une direction spécifique de modelage idéal (...) dans un mode défini d'objectivation »[2].

L'harmonie est donc purement formelle, elle ne transcende pas l'esprit qui doit se contenter de la découvrir et la contempler. Elle est, au contraire, son œuvre propre, il la construit dans le déploiement même de son essence. Ainsi comprise, l'harmonie signifie que les lois structurelles de la conscience se donnent à lire « dans chacun de ses éléments, dans chaque coupe de la conscience »[3] et que le monde de l'homme n'est rien d'autre que l'exhibition, dans la singularité sensible des symboles, des lois universelles de l'esprit, lois qui, comme une intégrale, instaurent une harmonie structurelle entre leurs différentielles que sont les modalités de mise en forme ou de symbolisation. Tous les contextes signifiants sont des « variétés de directions ou des tendances basiques de l'esprit »[4].

Le symbole constitue le point de convergence des contenus spirituels dans leur diversité, c'est-à-dire que l'harmonie ne s'impose pas à l'homme de l'extérieur comme une donnée. Elle ne le renvoie pas à sa passivité mais à sa créativité effective dans tous les domaines de la culture, entre autres, celui de la science. Pour dégager cette harmonie, il faut suivre fidèlement les traces de l'esprit créateur. Telle est la tâche de l'analyse transcendantale à laquelle Cassirer soumet la pensée mythique, langagière et scientifique.

Il prend à témoin les réflexions épistémologiques de l'un des grands savants de l'époque moderne, Hertz. En effet, chez celui-

---

[1] E. Cassirer, *La philosophie des formes symboliques 1*, p. 53.

[2] E. Cassirer, *La philosophie des formes symboliques 3*, p. 423.

[3] E. Cassirer, *La philosophie des formes symboliques 1*, p. 48.

[4] Helmut Kuhn, *Cassirer's philosophy of culture*, p. 558.

ci, notre pensée fonctionne avec des images qui sont de véritables « simulacres » ou des « signes libres », qu'elle « construit afin de se rendre maîtresse du monde »[1]. L'hypothèse de base de l'épistémologie de Hertz est que l'exigence primordiale d'une science est de nous permettre de « prévoir nos expériences futures »[2] et de libérer, en conséquence, l'esprit de son attachement aux faits. Or, cette exigence ne peut se réaliser que si l'esprit parvient à forger « des symboles ou des simulacres internes »[3] qui remplacent les objets extérieurs ; des symboles dont les conséquences logiques n'apparaîtront dans la réalité que par notre intervention. Ce que Hertz demande au symbole, c'est de permettre de construire la réalité par simple déduction à partir de concepts et indépendamment de l'empirie ; « des simulacres qui, crées par la logique propre de la connaissance de la nature ne peuvent que se plier à ses exigences générales et tout d'abord à l'exigence *a priori* qui veut qu'une description soit claire, non contradictoire et libre de toute équivoque »[4]. Nous ignorons selon Hertz, « si nos représentations ont quoi que ce soit de commun avec les choses en dehors de cette relation fondamentale, et nous n'avons aucun moyen de le savoir »[5].

Hertz donne donc le même sens aux termes d'image, de simulacre, de symbole et de représentation. Il en fait des désignations du concept. Leur similitude leur vient de « l'unité que d'eux-mêmes ces outils de connaissance produisent entre les phénomènes »[6]. La conséquence immédiate de la théorie de Hertz est que toutes nos objectivations ne sont que des médiations. Nos concepts ne sont pas des empreintes des choses dans le cerveau, c'est au contraire l'esprit lui-même qui les constitue. Étant créateur, actif, l'esprit n'autorise pas que l'on distingue la sphère des significations de celle des objets. Ainsi Cassirer, se réclamant de l'épistémologie de l'auteur des « Principes mécaniques », substitue à « la théorie de la

---

[1] E. Cassirer, *La philosophie des formes symboliques 1*, p. 26.

[2] *Ibid.*, p. 15.

[3] *Ibid.*

[4] *Ibid.*, p. 16.

[5] *Ibid.*

[6] *Ibid.*

connaissance copie (…) une pure théorie du symbole »[1]. Du reste, ce que Hertz dit des concepts de la science, Cassirer le généralise à toute forme de symbole : les symboles ne sont pas des copies imitant un donné immédiat, mais des « projets »[2] ; ce qui se justifie pleinement tant que le « privilège distinctif (du symbole est) d'ignorer la différence entre image et chose, entre signe et désigné, d'exclure toute séparation entre une existence simplement sensible du phénomène et un contenu psychique et spirituel, différent de celui-ci et offert à une reconnaissance médiate »[3]. Il en résulte que le dualisme sujet/objet ou homme/monde n'est pas si réel qu'on le pense, et que l'esprit n'est pas si passif qu'on le croit. Reste à savoir ce qui explique cette harmonie ou corrélation originaire entre l'esprit et le monde, le sujet et l'objet. L'homme posséderait-il *a priori* la forme de la réalité ?

Comme Kant et en se référant à lui, Cassirer prend le symbole pour l'équivalent de l'*image* en tant que représentation intermédiaire entre le concept pur et les perceptions sensibles. En ce sens le symbole désigne moins une chose présente qu'une activité de l'esprit lui-même. Il désigne une « démarche originaire de l'esprit, fondée dans l'essence de la conscience elle-même »[4] grâce à laquelle une « singularité sensible »[5] peut devenir « le support d'une signification purement spirituelle »[6]. Dans ces conditions, l'activité symbolique en tant qu'activité productrice de symboles montre à l'évidence « la spontanéité » de l'esprit, sa présence originaire à lui-même dans sa propre activité. C'est dire qu'il y va d'une existence transparente à elle-même dont une théorie de l'inconscient ne peut en donner la conception adéquate. De même, active, la conscience ne peut se soumettre à la juridiction d'une théorie de l'harmonie préétablie qui le condamnerait à une passivité fictive.

Prenant ses distance par rapport à Leibniz, Cassirer élabore donc une théorie du symbole dans un esprit franchement kantien,

---

1 E. Cassirer, *La philosophie des formes symboliques 3*, p. 33;

2 *Ibid.*

3 E. Cassirer, *La philosophie des formes symboliques 3*, p. 112.

4 E. Cassirer, *La philosophie des formes symboliques 1, p.* 42.

5 *Ibid.*

6 *Ibid.*

cette théorie permet de résoudre les problèmes fondamentaux que pose l'auteur de la *Critique de la raison pure*. Comme le schématisme transcendantal, le symbole est « la mise en scène d'un contenu dans et par un autre »[1]. Or, on ne peut admettre cette définition sans supposer en même temps l'existence de lois définies qui règlent le passage du sensible à l'intelligible, c'est-à-dire l'existence d'un *a priori* qui serait ici la condition de toute synthèse. Le symbolisme désigne ainsi cette opération par laquelle l'esprit effectue la concrétion ou l'objectivation de l'élément rationnel dans des formes matérielles.

Or, comme chez Kant aussi, pour que le symbole en tant que concrétion de l'universel dans le singulier puisse être possible, il faut que l'esprit soit en possession d'« une démarche originaire, (d'une) fonction fondamentale de signifier »[2] et cela, bien avant l'acte même de mettre en scène ou de poser des signes. « Il doit y avoir, dit Cassirer, des formations de la conscience dans lesquelles cette forme pure de renvoi s'incarne en quelque sorte de façon sensible. »[3] Aussi se pose, pour Cassirer, la question des conditions de possibilités d'une philosophie des formes symboliques.

---

[1] *Ibid.*, p. 49.

[2] *Ibid.*, pp. 49-50

[3] *Ibid.*

C. *Réquisits d'une philosophie des formes symboliques*

§ 1. Du quid facti au quid juris

Poser la conscience comme élément actif et de part en part présent à lui-même dans nos activités, ne peut aller sans poser le problème méthodologique relatif à la manière de traiter philosophiquement le symbole. Il s'agit de définir la méthode appropriée pour en parler adéquatement. Or, si l'esprit est fondamentalement actif et conscient à la fois et s'il est immédiatement et non médiatement, comme le veut Bergson lui préférant l'intuition, on doit se demander si le symbole en tant qu'expression immédiate de l'esprit n'est pas justiciable d'une méthode qui serait différente de d'herméneutique. Quelle approche adopter ? S'agit-il d'une méthode *analytique résolutive* ou d'une *réduction phénoménologique* ?

Si c'est l'intellect qui, « au lieu de se tourner immédiatement vers la réalité, institue un système de signes »[1] ou de symboles qui nous met en prise avec la réalité, il va de soi que c'est la capacité de cet intellect même qu'il faut comprendre pour saisir l'essence du symbole. La tâche la plus profonde de la philosophie de Cassirer, serait, comme le précise L. F. De Vischer, « de pénétrer par-delà la médiation et la détermination des formes à la sphère originaire de la pure vision »[2]. La méthode de La philosophie des formes symboliques serait, dans ces conditions, celle que « circonscrit la question transcendantale en général »[3], prendre le *quid facti* du symbole « comme point de départ d'une interrogation »[4] sur son *quid juris*. Il s'agit, donc d'une analyse interne visant à mettre en lumière les facteurs logiques et structurels que la pensée met en œuvre pour produire le symbole. Une analyse juridique, au sens kantien du terme qui, cherchant à dégager les conditions de droit du *fait* de la construction, devra orienter ses investigations vers les « voies

---

[1] E. Cassirer, *La philosophie des formes symboliques 3*, p. 59.

[2] L. F. De Vischer, *La pensée du langage comme forme*, p. 464.

[3] E. Cassirer, *La philosophie des formes symboliques 3,* p. 63.

[4] *Ibid.*

particulières où s'engage la fonction générale de représentation et de récognition »[1] et les lois qui gèrent cette fonction.

Si d'autre part, dans son essence, le symbole est une activité spirituelle, produit et manifestation de la spontanéité qui se crée un monde, l'analyse juridique qui doit en rendre compte doit être une analyse génétique dans le sens d'une analyse des différentes modalités de l'activité formatrice qui, en considération de ces divers aspects, sera à même « de déployer après coup une certaine dimension des forces formatrices elles-mêmes »[2], celle qui consiste à créer un monde commun de sens.

Ni dissimulation de l'être, ni manifestation de l'être, le symbole est dans ces conditions l'expression de l'homme lui-même. C'est dire que les questions sur le symbolique sont des questions qui se rapportent à l'homme en tant que force créatrice, condition de possibilité du symbole. Pour l'essentiel, cette interrogation est orientée vers la fonction formatrice qui rend l'homme capable de se manifester en manifestant un monde et de se poser en le posant.

Il ne serait pas vain, nous semble-t-il, en vue de mieux saisir son originalité, ou du moins sa spécificité, de comparer la démarche de Cassirer à celle de Heidegger et de Ricœur. Si la position de Cassirer ne semble pas satisfaire Heidegger, c'est parce qu'elle est à ses yeux incapable de saisir la vraie signification du symbole en tant qu'expression de l'Etre. Dans les entretiens de Davos de 1929, Heidegger doute que la question de l'anthropologie critique puisse être de nature discursive et analytique. Elle ne peut porter, selon lui, que sur la signification de l'Etre. Elle sera alors « une métaphysique du *Dasein* »[3]. En adoptant une méthode analytique limitée au comment du symbole, Cassirer aurait, selon Heidegger, laissé de côté l'Etre pour s'occuper de l'étant. Il faut donc, selon Heidegger, inverser la méthode. En effet, tant qu'on reste, comme le fait Cassirer, à ce niveau « épistémologique »[4], analytique, de division des disciplines comme autant de figures de la conscience auto-

---

[1] *Ibid.*, p. 137.

[2] Heidegger, in *Débats sur le kantisme et la philosophie*, p. 44.

[3] *Ibid.*, p. 43.

[4] *Ibid.*

formatrice, on ne quittera pas le niveau « du néant du *Dasein* »[1] de l'homme. La question « *Qu'est ce que l'homme ?* » ne pourra « être éclaircie véritablement qu'au regard de la perspective dans laquelle elle veut être posée »[2], celle de « l'être de l'étant ». Cela s'entend, on ne comprend le symbole qu'en saisissant sa portée ontologique, son rapport à l'Etre. La réponse à la question « *Qu'est-ce que l'homme ?* » requiert qu'on oriente la question philosophique vers « la structure ontologique immanente »[3]du *Dasein*, vers sa « compréhension ontologique »[4]. Une théorie du symbole doit d'abord être une théorie de l'Etre. En revanche, chez Cassirer, une théorie du symbole n'est possible qu'en tant que théorie de l'homme. C'est l'ontique qui rendrait possible l'ontologique. C'est la théorie de l'homme qui est la condition de possibilité d'une théorie de l'être.

Une opposition non moins tranchante sépare Cassirer et Ricœur. Posant l'extériorité de la relation entre le signifiant et le signifié, Ricœur préconise une interprétation à double polarité, une double herméneutique : l'une cherchant à déchiffrer un inconscient profond et l'autre préoccupée par le dévoilement d'un sur-conscient inaccessible. Une « archéologie, dira G. Durand, (qui) plonge dans tout le passé biologique, sociologique et même phylogénétique, (ou une) eschatologie »[5]qui chercherait à déceler les fins dernières de l'univers et de l'humanité. « Langage chiffré, (le symbole est l'objet d'une herméneutique) réductrice sur le plan du savoir, récupératrice sur le plan du symbole »[6]. Au sens littéral, herméneutique veut dire chez Ricœur, une science de l'interprétation qui cherche à rapporter le symbole « à ses causes, à son origine ou à sa fonction »[7]. Ainsi comprise, l'herméneutique semble correspondre à la méthode même préconisée par Cassirer. Or, la cause, l'origine et la fonction se donnent à lire de deux manières et sont à prendre une

---

1 *Ibid.*, p. 46.

2 *Ibid.*

3 *Ibid.*, p. 45.

4 *Ibid.*, p. 38.

5 G. Durand, *L'imagination symbolique,* p. 105.

6 P. Ricœur, *Le conflit des interprétations*, p. 267.

7 *Ibid.*, p. 314.

fois pour « l'intention signifiante »[1] et une autre fois pour « la portée ontologique »[2]. Le Mythe d'Œdipe par exemple, peut être lu scientifiquement par Freud comme un drame de l'inceste et métaphysiquement par Heidegger comme un drame de la vérité[3], une vérité qui dépasse l'homme. De ce point de vue, la philosophie des formes symboliques est loin d'être une herméneutique, le symbole chez Cassirer ne souffrant pas plus d'une seule lecture.

La différence entre Cassirer et Ricœur est celle-là même que Ricœur met entre Freud et Kant, une « différence entre formalisme et exégèse »[4], une différence entre « une rationalisation seconde »[5] et une rationalisation originaire. Là où Cassirer semble discerner une structure première et originelle, Ricœur semble discerner « une instance dérivée, acquise »[6] qui l'autorise non pas à analyser les conditions de possibilités mais à opérer « une herméneutique portant sur les figures dans lesquelles s'investit l'instance de la conscience jugeante »[7].

Ni herméneutique ni phénoménologie, la méthodologie propre à *La philosophie des formes symboliques* doit être une analyse critique portant sur le comment ou le processus dont use l'homme pour « déterminer, dans la masse indifférenciée qu'est

---

1 *Ibid.*

2 *Ibid.*, p. 315.

3 Nous nous permettons de reproduire l'analyse qu'en fait G. Durand dans son livre *L'imagination symbolique*, p. 107. « Au sphinx représentant l'énigme freudienne de la naissance, Ricœur oppose, dans cette seconde lecture, Tirésias, le fou aveugle qui est le symbole, l'épiphanie de la vérité. D'où l'importance que prend l'aveuglement dans cette seconde lecture. Certes le freudien repérait cet aveuglement et en faisait un effet signe d'une auto-punition castratrice, mutilatrice... La scène de l'aveuglement n'est lue par le freudien qu'avec indifférence, l'aveuglement s'estompe au profit de l'inceste et du parricide. Au contraire, dans la seconde lecture que propose P. Ricœur l'aveuglement d'Œdipe renforcé par celui de Tirésias, devient essentiel. Tirésias n'a pas les yeux de la chair, il a les yeux de l'esprit et de l'intelligence : il sait. Il faudra donc qu'Œdipe qui, lui, a la vue, devienne aveugle pour accéder à la vérité. »

4 P. Ricœur, *Le conflit des interprétations*, p. 333.

5 *Ibid.*

6 *Ibid.*

7 *Ibid.*, p. 332.

le courant des phénomènes des sens, certains éléments fixes afin de les isoler et d'y porter toute son attention »[1]. La réponse de Cassirer est dans la lignée kantienne, celle-là même que Kant a présenté pour répondre au problème soulevé par Hume : il existerait, selon lui, dans toutes les formes symboliques le même schéma d'appréhension qui prouve l'existence d'un élément *a priori*, invariant et universel. Telle est l'idée directrice de toute l'œuvre de Cassirer et qui détermine la perspective générale selon laquelle il traite la multiplicité des champs de l'activité humaine. Cette idée directrice justifie l'application de la même méthode d'investigation à toutes les formes de la culture. Cette méthode se définit comme une analyse transcendantale dont le but est de découvrir les conditions de possibilité des diverses formes de la pensée humaine.

On le voit bien : Cassirer reste fondamentalement kantien aussi bien dans son inspiration philosophique que dans sa méthode. L'analyse du symbole est l'analyse de la façon même dont l'esprit humain construit la réalité sur laquelle il opère. Toutefois, en partant du kantisme, Cassirer en élargit les horizons : la question de la possibilité de construction de la science mathématique de la nature s'étend vers celle de la totalité des phénomènes de notre expérience aussi élémentaire soit elle. Le problème kantien se trouve dès lors élargi au-delà de la doctrine kantienne de la connaissance, vers une philosophie de la culture qui prend la forme d'une philosophie des formes symboliques. La synthèse de l'intuition et des concepts purs n'est pas uniquement à l'œuvre dans la science théorique. Elle est présente dans toutes les figures de l'expérience humaine.

Cet élargissement signifie que chaque expérience humaine exhibe à sa manière, l'unité de la subjectivité constructive. En imposant une forme à l'expérience, la subjectivité la rend statique et tangible capable d'être représentée à partir de son signe ou symbole. C'est pourquoi cette analyse, comme le précise Cassirer lui-même, « ne peut pas et ne doit pas être plus que le préalable et la préparation d'une synthèse ultérieure »[2] visant à montrer que « c'est en fin de compte grâce à une seule et même opération fondamentale que l'esprit s'élève à la création

---

[1] E. Cassirer, *Essai sur l'homme*, p. 64.

[2] E. Cassirer, *La philosophie des formes symboliques 3*, p. 137.

de la langue comme à celle de l'image intuitive du monde, à la conception discursive de la réalité comme à son intuition objective »[1].

Or, pour que tout symbole, quel qu'il soit, soit révélateur d'un acte créateur de l'esprit, il faut que l'analyse transcendantale puisse déceler un élément spirituel invariant à travers tous les contenus changeants de l'expérience. « L'analyse critique, dit Cassirer, aurait atteint son but si elle parvenait à dégager (...) le lien de convergence ultime de toutes les formes possibles de l'expérience. »[2] Ces formes constituent les éléments *a priori* qui jouent le rôle de « centres de détermination autour desquels les phénomènes s'ordonnent et s'articulent »[3].

La philosophie des formes symboliques s'assigne donc une tâche délicate et fondamentale qui consiste à dégager, par une analyse transcendantale, les éléments permanents dans le flux de l'expérience, éléments qui garantissent la continuité logique entre le mythe et la science et constituent comme dit I. K. Stephens, « un *forum* commun de jugements »[4] auquel sont sujets l'un et l'autre.

Ainsi, la question « *Qu'est ce que l'homme ?* » se trouve attribuer de nouveaux domaines de recherche mais aussi d'autres difficultés corollaires de la multiplicité des modalités de la symbolisation. Autant de problèmes et de difficultés que Kant n'avait pas affronté du fait même d'avoir limité la critique à la seule conception scientifique, laissant en dehors de la critique toutes les autres formes de compréhension non scientifiques du monde. Or, si une telle limite garantit au kantisme sa rigueur, elle en borne le mérite. On ne peut, en effet, savoir, *a priori*, ce que peut devenir cette rigueur, une fois les formes kantiennes appliquées en dehors du champ des sciences mathématiques et physiques. C'est pourquoi, l'élargissement proposé par Cassirer ne va pas sans risque. Il oblige, en tout cas, à réexaminer la teneur des notions kantiennes à la lumière de l'élargissement du domaine de leur application. On le voit surtout au niveau de la

---

1 *Ibid.*

2 E. Cassirer, *Substance et fonction,* p. 304.

3 *Ibid.* p. 329.

4 Stephens. I. K, Cassirer's theory of a priori, in *The philosophy of E. Cassirer,* p. 157.

notion centrale, commune à Kant et à Cassirer, celle de *l'a priori*.

§ 2. La notion d'a priori

Parce qu'il est difficile de trouver dans l'œuvre de Cassirer, une partie consacrée d'une façon exclusive à l'exposé de sa conception de l'*a priori*, il serait intéressant de nous poser la question du statut de cette notion centrale dans le système des formes symboliques. Pourquoi, par exemple Cassirer n'avait –il pas consacré une partie à l'étude de l'*a priori ?* C'est peut-être parce qu'elle est centrale et partout présente qu'il n'est pas aisé d'en proposer une définition qui ferait l'économie d'une référence constante aux usages et contextes divers dans lesquels elle est à l'œuvre.

Dans une première approximation, on peut, à la suite de I. K. Stephens[1], distinguer, chez Cassirer, deux étapes d'élaboration de cette notion, donnant lieu à deux expositions différentes de l'*a priori* : une exposition épistémologique et une exposition anthropologique. La première est plutôt strictement kantienne. Elle date de la parution, en 1910, de *Substance et fonction*, et se réfère presque exclusivement à l'analyse critique des sciences mathématiques et physiques. La deuxième est celle qui a commencé avec la découverte par Cassirer de la bibliothèque Warburg en 1919, époque à laquelle il a commencé à concevoir le projet de son œuvre maîtresse, *La philosophie des formes symboliques*.

a. *L'exposition* épistémologique de l'*a priori*

Cette exposition s'inscrit dans la problématique même de *Substance et fonction*, celle du passage d'une conception substantialiste des concepts à une conception fonctionnelle. Il s'agit pour Cassirer, de démontrer, à travers l'histoire des mathématiques et des sciences physiques, que notre connaissance ne reproduit pas des propriétés inhérentes aux choses mais qu'elle est fondamentalement création et position de la réalité.

[1] Stephens I. K, Cassirer's Doctrin of the a priori, *in The philosophy of E. Cassirer*, pp. 150-181.

Quel est le rapport de la pensée à l'être ? Tel est le problème auquel la théorie de l'*a priori* se propose d'être la réponse. Un problème classique certes, auquel Kant a donné un nouveau souffle en répondant aux propositions de Leibniz et de Locke relatives à l'origine de nos connaissances. S'agissant de l'origine de nos connaissances, deux doctrines étaient en vogue à l'époque de Kant : celle de Leibniz qui intellectualisait nos concepts et celle de Locke qui, au contraire, les sensualisait. La position kantienne se voulait un dépassement de l'une et de l'autre. Dans *la Critique de la raison pure,* Kant écrit : « En un mot, Leibniz intellectualisait les phénomènes, de même que Locke avait sensualisé tous les concepts de l'entendement avec son système de noogonie (s'il m'est permis de me servir de ce mot), c'est-à-dire ne les avait donnés qu'en qualité de concepts de la réflexion empiriques ou abstraits. »[1] Pour Cassirer aussi, le problème semble se résumer dans cette première exposition, à démontrer comment deux éléments aussi hétérogènes que la matière et l'esprit, peuvent avoir une relation de déterminé à déterminant et comment une nécessité spirituelle peut prétendre gouverner un donné matériel ?

Nos concepts sont-ils le simple résultat d'un travail d'abstraction, comme le prétend la logique classique ? Sinon, existe-t-il « une mystérieuse harmonie préétablie »[2] en vertu de laquelle ils peuvent avoir une application dans l'expérience ? Deux hypothèses à écarter. Il reste donc à prouver l'existence d'une instance de la connaissance qui soit à la fois antérieure à l'expérience et en même temps condition de possibilité de cette même expérience. Une instance étrangère aux éléments matériels et qui malgré ça, leur confère « leur cohésion »[3]. Il s'agit d'une sorte de « domaine commun appelé à réduire l'opposition de la pensée et de l'être »[4].

Si, contrairement à l'empirisme, nous posons que nos concepts ne sont pas des copies de la réalité et qu'ils ne reproduisent pas, ainsi que le veut l'idéalisme innéiste de Leibniz, une vérité transcendante et absolue et qu'ils sont le

---

[1] Kant, *Critique de la raison pure*, p. 238.

[2] E. Cassirer, *Substance et fonction,* p. 349.

[3] *Ibid.*

[4] *Ibid.*

produit d'une « activité spontanée »[1] qui pose la synopsis du multiple conformément à ses propres normes et critères, il est indispensable « de précéder la théorie du concept par une théorie du jugement »[2], de l'acte même de poser cette synopsis. Une fois encore, la filiation entre Cassirer et Kant se laisse voir. La théorie de l'*a priori* s'inscrit, chez l'un comme chez l'autre, dans la théorie plus vaste du jugement. Il s'agit pour Cassirer comme pour Kant d'examiner les conditions de possibilité de nos jugements synthétiques *a priori*.

En quoi consiste cette analyse critique du jugement ? Chez Cassirer, la réponse est aussi kantienne que la question : analyser la fonction conceptuelle, notre manière de « porter un jugement sur (le) donné et de le mettre en forme »[3], afin de « remonter à ses présuppositions, (ses) fondements »[4]. Dans son article de 1940 *Spirit and life*[5], Cassirer définit l'esprit comme « activité », « énergie formatrice », « objectivation » ou « capacité de détermination », des définitions qui se recoupent toutes pour signifier que l'esprit n'est pas une substance mais une fonction. Il n'est pas un organe mais un pouvoir dont l'homme dispose pour donner forme au monde. Comme tout pouvoir, l'esprit ne s'objective que dans le résultat dont il constitue la condition *a priori*. Le jugement en tant que déploiement de l'énergie formatrice de l'esprit dans l'agencement et l'organisation du monde de l'expérience immédiate, est ce résultat où s'objective et s'incarne l'esprit. Tout symbole, en tant que produit de ce déploiement est jugement. Il est la rencontre de cet élément spirituel de forme avec le monde sensible, et, en tant que tel, il est synthèse. Reprenant une phrase de Goethe, Cassirer explique son assimilation du travail de l'esprit à la synthèse : « Dans l'incessante mobilité de l'esprit, dit-il, toute vision (…) tourne en contemplation, toute contemplation en réflexion, toute réflexion en synthèse, si bien qu'à chaque regard attentif sur le monde nous théorisons déjà. »[6] Ainsi, les propriétés que nous accordons

---

1 E. Cassirer, *La philosophie des formes symboliques 3*, p. 315.

2 E. Cassirer, *Substance et fonction,* p. 14.

3 *Ibid.*, p. 29.

4 *Ibid.*, p. 7.

5 E. Cassirer, Spirit and life, in *The philosophy of E. Cassirer*, p. 868.

6 E. Cassirer, *La philosophie des formes symboliques 3,* p. 28.

aux choses du monde découlent purement et simplement d'une « fonction génératrice »[1], constructive et purement relationnelle « dont le concept n'est que l'expression et le revêtement extérieurs »[2]. Il s'agit, dit Cassirer, « au-delà d'une pure et simple description du donné, de porter un jugement sur ce même donné et de le mettre en forme en faisant jouer des couples de concepts bien définis... (ou des) actes catégoriaux »[3].

Or, cette synthèse en tant que formation spirituelle suppose « certaines directions, (une sorte de) formes primitives » [4]en fonction desquelles on peut « regrouper une multiplicité en unité, partager et organiser un divers selon des figures déterminées »[5]. La tâche de toute théorie du jugement correspond à la recherche de ces formes primitives de synthèse, de ces présuppositions ou fondements. Que faut-il entendre ici, par présuppositions et fondements ? Le présupposé désigne lexicalement ce sur quoi on construit le raisonnement sans devoir le démontrer lui-même, ce qu'on prend pour accordé au début d'une démonstration. Le présupposé serait donc un principe, une hypothèse ou encore un postulat. Dans tous les cas, il est de nature spirituelle. Il suit clairement de là que le fondement cherché se trouve dans l'homme et non dans le monde. Il n'est pas contenu dans l'objet mais proposé par le sujet pour dire quelque chose de l'objet. Le problème de l'*a priori* est donc celui de la fonction cognitive qui « commande et coordonne, comme le précise Cassirer, le travail de conceptualisation »[6] ainsi que celui des principes primitifs en fonction desquels s'effectue cette conceptualisation.

S'il en est ainsi, parler de l'*a priori* revient à parler d'une instance cognitive dont le propre est de commander et de coordonner la production théorique. Or, dans ces conditions, on ne peut saisir cette instance qu'à travers ses productions, c'est-à-dire à travers un examen critique des sciences. Tel est l'objet essentiel de *Substance et fonction*. Cassirer y cherche à

[1] E. Cassirer, *Substance et fonction*, p. 27.

[2] *Ibid.*

[3] *Ibid.*

[4] E. Cassirer, *La philosophie des formes symboliques 3*, p. 26.

[5] *Ibid.*

[6] E. Cassirer, *Substance et fonction*, p. 29.

démontrer l'existence d'une « relation génératrice »[1], invariable à l'origine de toute formation de concept scientifique.

En tant que fondement, l'*a priori* doit être entendu au sens de ce qui justifie, rend possible et confère un sens à la diversité. Ainsi défini, l'*a priori* peut se dire d'abord de l'esprit en tant que capacité formatrice ou pouvoir d'objectivation. Condition d'objectivation du donné, cet *a priori* ne s'objective que dans le donné lui-même et « ne vaut, comme dit Cassirer, qu'en relation à la matière »[2]. Il se dit aussi du jugement en tant qu'activité de ramener le particulier à l'universel ou « attitude catégorielle »[3]. Ce qui donne sa spécificité au jugement ne peut, dans ces conditions, être sa matière mais la règle non matérielle qui constitue le principe de liaison du donné. C'est le « jugement sur ce donné »[4]. Ce jugement fait « jouer des couples de concepts bien définis »[5] ou des couples de catégories. Ces concepts ou catégories ou encore « actes catégoriaux »[6]en tant que fondement et présupposé de tout jugement, sont eux mêmes une forme d'*a priori*.

Qu'est-ce qu'il y a de commun entre ces trois formes de l'*a priori ?* Ces formes constituent les « invariants ultimes de l'expérience (et) de toute réalité constatable dans et par l'expérience »[7]. Ce sont des formes relationnelles « à validité universelles »[8]qui ont prise « sur l'être tout autant que sur la pensée »[9]. Jusqu'ici, Cassirer reste dans la lignée de Kant. L'*a priori*, qu'il désigne l'esprit, le jugement ou les principes du jugement ou de la mise en forme, « est essentiellement règle »[10]. Il constitue la condition formelle à laquelle est astreinte toute connaissance du sensible. En tant que règle il ne fait que poser la

---

1 *Ibid.*, p. 27.

2 *Ibid.*, p. 35.

3 E. Cassirer, *La philosophie des formes symboliques 3*, p. 256.

4 E. Cassirer, *Substance et fonction*, p. 42.

5 *Ibid.*

6 *Ibid.*, p. 29.

7 *Ibid.*, p. 350.

8 *Ibid.*, p. 349.

9 *Ibid.*

10 M. Dufrenne, *La notion d'a priori*, p. 9.

nécessité de la manifestation et de l'enchaînement des particularités elles-mêmes.

Au compte des éléments formels universels qui se conservent en dépit de tous les déplacements affectant les contenus de l'expérience, Cassirer fait porter « la catégorie du tout et de ses parties, (…) la catégorie de la chose et de ses propriétés »[1]. Plus loin, dans le même ouvrage, Cassirer présente un exposé explicatif plus détaillé où il donne un sens plus large à la notion d'*a priori*. Il précise que l'on doit inclure dans ces éléments formels invariants, universellement valides et présents dans tout jugement et toute expérience, « les catégories de l'espace et du temps, de la grandeur et de la dépendance fonctionnelle entre grandeurs »[2]. Seules ces formes ou « catégories » nous permettent de combiner les éléments particuliers et de les composer en unités de sens. Elles constituent donc pour Cassirer, ce domaine commun recherché et appelé « à réduire l'opposition de la pensée et de l'être »[3].

Ainsi, la constitution d'un monde objectif est liée « à la position d'unités fixes de choses »[4], à l'organisation du monde phénoménal « au point de vue de la chose et de la propriété »[5], une organisation révélatrice de l'esprit lui-même, de sa spontanéité. En témoignent les cas de cécité symbolique où cette fonction constructive se trouve altérée. Dans ces cas, le malade ne perçoit pas un monde organisé mais une série d'impressions disloquées. « Si on met dans la main d'un malade atteint d'agnosie tactile un objet qui est connu et rendu familier par la vie quotidienne, il peut bien indiquer qu'il est froid, lisse et lourd, mais non qu'il s'agit d'une pièce d'or, ou qu'il est mou, chaud et léger, mais non que c'est un morceau d'ouate »[6]. Autant dire que la reconnaissance de l'objet consiste dans la saisie de sa signification, à savoir la synthèse que l'esprit établit entre la chose et ses propriétés. Le malade semble dépourvu de « la

---

1 E. Cassirer, *Substance et fonction*, p. 29.

2 *Ibid.*, p. 304.

3 *Ibid.*, p. 349.

4 E. Cassirer, *La philosophie des formes symboliques 3*, p. 165.

5 *Ibid.*, p. 163.

6 *Ibid.*, p. 263.

condition qui rend possible la détermination »[1], la forme ou règle *a priori* qui permet de ramener « une simple somme d'impressions, à une suite réglée d'images »[2].

Nous pouvons dire la même chose de l'espace. Dans ce cas aussi, c'est la pathologie de la perception qui confirme qu'on ne peut l'assimiler à un simple « réceptacle rigide qui contiendrait les choses et les événements »[3], ni le prendre pour un concept « dérivable des impressions optiques »[4]. L'espace est l'« ensemble idéel de possibilités »[5] des relations. Se référant au lexique kantien, Cassirer le désigne par l'expression de « monogramme de l'imagination pure *a priori* »[6]. Le temps et le nombre sont également des monogrammes de l'imagination pure *a priori*. Ils sont à rapporter à « l'unité d'une fonction logique fondamentale »[7] sans laquelle « on ne peut rien appréhender des choses, ni dans leurs rapports intrinsèques, ni dans leurs rapports extrinsèques »[8].

Ceci montre clairement les limites de toute psychologie associationniste pour qui l'organisation de notre expérience en espace et en choses dans l'espace est le résultat de liaisons « empiriques et fortuites »[9] de sensations à qui l'habitude et l'usage donnent « un pouvoir de suggestion »[10]en vertu de quoi s'établit une relation causale entre deux sensations isolées et tout à fait différentes où l'une « annonce »[11] l'autre et « la représente pour ainsi dire en personne à la conscience »[12]. Critiquant à la fois Berkeley et Helmholtz, Cassirer trouve qu'en rapportant la

---

1 *Ibid.*, p. 267.

2 *Ibid.*

3 *Ibid.*, p. 275.

4 *Ibid.*

5 *Ibid.*

6 *Ibid.*, p. 280.

7 *Ibid.*, p. 290.

8 E. Cassirer, *Substance et fonction,* p. 41.

9 E. Cassirer, *La philosophie des formes symboliques 3*, p. 170.

10 *Ibid.*

11 *Ibid.*

12 *Ibid.*

fonction du signe à « une forme spéciale de relation causale »[1], l'un et l'autre expliquent le tout par la partie. En effet, pour Cassirer, la fonction de causalité est elle-même à intégrer et à subordonner au problème général de la signification. Dans toutes nos représentations de l'espace, du temps ou de toute autre liaison catégoriale, la pensée ne fait pas usage de sa seule « aptitude à lier par association et à compléter par reproduction les impressions sensibles »[2]. Les études sur les pathologies du langage permettent de distinguer la manipulation simplement pratique de la manipulation symbolique. Cassirer cite l'exemple de certains patients de Goldstein qui peuvent très bien « accomplir (…) des opérations spatiales d'une extrême complexité »[3] en s'orientant grâce à des perceptions motrices kinesthésiques, sans que cette capacité opératoire leur donne pour autant « la capacité de reconnaître les formes spatiales comme telles et de les interpréter objectivement »[4].

Tout se passe comme si, pour reconnaître les choses auxquelles elle a affaire, la pensée procédait à leur conversion à sa propre norme idéale. Ce besoin de conversion est constitutif de la pensée elle-même. Toutes les orientations selon lesquelles il s'effectue, constituent de « véritables phénomènes primitifs (et des) moments constitutifs de tout savoir objectif »[5]. L'esprit ne peut s'orienter dans le monde sans recourir à « un axe idéal »[6] sur lequel il « le fait pivoter »[7]. Logiquement antérieur, cet axe est le principe et le moyen de son orientation au sein du donné.

Peut-on, à la lumière de cette définition de l'*a priori* chez Cassirer, continuer de le rapporter à la théorie kantienne ? Est-il une simple reformulation ou une réactualisation de l'*a priori* kantien à la lumière des développements récents de la science ? L'*a priori* kantien peut-il survivre à la révolution opérée par la géométrie non euclidienne à partir du XIXe siècle et par la théorie de la relativité d'Einstein ?

1 *Ibid.*

2 *Ibid.*, p. 171.

3 *Ibid.*, p. 178.

4 *Ibid.*

5 E. Cassirer, *La philosophie des formes symboliques 3*, p. 145.

6 *Ibid.*, p. 386.

7 *Ibid.*

Cassirer est, somme toute, kantien ; mais il l'est à sa manière et en fonction des exigences de la science de son temps. La théorie kantienne de l'*a priori*, écrit I. K. Stephens, n'aurait constitué chez Cassirer, « qu'une source d'inspiration, un guide utile dans la formulation de sa propre doctrine »[1]. Cassirer lui-même ne prend pas sa philosophie pour une simple extension ou reformulation de la théorie kantienne qu'il ne prend pas d'ailleurs pour « une fin, mais un commencement à jamais nouveau et fructueux »[2]. A un kantisme doctrinaire, Cassirer substitue un kantisme de l'esprit.

Dans son travail sur la théorie de l'*a priori* chez Cassirer, I. K. Stephens, situe la divergence entre Kant et Cassirer au niveau de leurs points de vue réciproques concernant la raison et la science. Admirateur de Newton, Kant estime que la science physique a atteint son achèvement avec ce dernier. Cet achèvement de la science présuppose que la raison a une constitution immuable. Or, le développement que la science a connu après Newton a largement démenti cette thèse. En historien averti, Cassirer croit au devenir de la science et au changement de la raison elle-même ; en tant que néo-kantien, il se trouve « confronté à une tâche nouvelle, dans la mesure où il doit faire face à un état différent de la science elle-même »[3].

Si « aucune étape réalisée du savoir ne peut permettre d'atteindre parfaitement »[4] la forme achevée de la raison, ce but « n'en subsiste pas moins à titre d'exigence et il détermine, dans le déploiement et le développement contenu des systèmes d'expérience, une orientation rigoureuse »[5]. D'une raison hors de l'histoire on passe alors à une raison dans l'histoire. Cette affirmation de l'historicité de la raison et cet élargissement de ses limites donne un autre sens à l'*a priori*. Il reste certes fondement de l'expérience et élément formel, mais l'idée de la

---

1 Stephens I. K., *Cassirer's doctrin of the a priori*, op. cit., p. 153.

2 E. Cassirer, *Le problème de la connaissance dans la philosophie et la science des temps modernes* 4, p. 14.

3 E. Cassirer, Néo-kantisme, in *Encyclopedia Britanica*, 1928, p. 214. Traduction de J. Seidengart, in *La physique moderne comme forme symbolique privilégiée dans l'entreprise philosophique de Cassirer, revue de métaphysique et de morale* 96e année/N°4/ 1992, p. 498.

4 E. Cassirer, *Substance et fonction* p. 304.

5 *Ibid.*

forme elle-même change de sens. Paradoxalement, les éléments constants sont eux-mêmes sujets à des mutations constantes. « Ce qui semble sûr à un niveau du développement, écrit Stephens, est jugé inadéquat à un niveau différent. Les lois, les hypothèses se succèdent et se remplacent. »[1] Les principes que Newton, par exemple installe à la base de sa mécanique, ne sont pas des « dogmes (…) invariables »[2], mais « des hypothèses intellectuelles »[3] qui varient en fonction de l'expérience.

On ne peut plus, dès lors, parler de substances constituantes de l'esprit, de formes vides ou catégories qui constitueraient son capital conceptuel. Les catégories n'ont désormais ni le même statut, ni le même nombre que chez Kant. Du statut de concepts originels de l'entendement et de formes *a priori* de base, elles sont reléguées[4] à un niveau subordonné dans la structure de l'*a priori*. Elles sont des instruments d'objectivation du monde et de soi. Et, comme tout instrument, elles sont susceptibles de subir des adaptations ou « des reformulations »[5]. Il existe ainsi « des types d'expérience spatiale ou temporelle fondamentalement différents »[6], comme il existe différentes formes de l'expérience de l'objectivité, de la mise en forme du divers quant à la catégorie du tout et de la partie et de la chose et de ses propriétés.

Ce qui est véritablement constituant de l'esprit ce sont « les invariants logiques ultimes »[7] sur lesquels s'établit le rapport des idées avec les faits de l'expérience ; des « éléments formels universels qui se conservent en dépit de tous les déplacements affectant les contenus de l'expérience pris dans leur particularité et leur immédiateté »[8]. D'une modalité de mise en forme à une autre, s'opère « un transfert de forme fonctionnelle »[9] au cours duquel les structures de base restent invariables, tel « un

---

[1] I.K. Stephens *op. cit.*, p. 156.

[2] E. Cassirer, *Substance et fonction*, p. 303.

[3] *Ibid.*

[4] I.K. Stephens *op. cit.*, p. 161.

[5] E. Cassirer, *Substance et fonction*, p. 303.

[6] E. Cassirer, *Essai sur l'homme*, p. 67.

[7] E. Cassirer, *Substance et fonction*, p. 305.

[8] *Ibid.*, p. 304.

[9] *Ibid.*, p. 303.

consensus judicatoire »[1] ou un capital de principes fonctionnant comme « un système logique de référence »[2]dont la pensée exige le maintient de l'identité.

Ainsi entendu, l'*a priori*, du moins dans sa dimension épistémologique, ne signifie pas « l'existence en nous de représentations qui existeraient, quelles qu'elles soient »[3], mais celle d'« un système de jugements »[4]. Par exemple, le concept d'espace chez Einstein n'a plus que le nom en commun avec celui de Newton. En passant de l'espace absolu, « forme toute faite »[5]à l'espace relativiste indissolublement lié au temps, une mutation sémantique s'accomplit, cette mutation ne signifie nullement la disparition absolue d'une structure et son remplacement tout aussi absolu par une autre. Certes, on passe d'un espace représentation[6] à un espace pure signification[7]. Mais cette distinction ne tient plus dès que nous nous « limitons à l'élément qui permet d'engendrer tous ces espaces »[8], à savoir, à la constructivité pure sur laquelle ils se fondent l'un et l'autre. L'espace relativiste représente ainsi une orientation différente de la même activité productrice de l'esprit à l'oeuvre dans la spatialisation newtonienne. Ainsi, la variation de l'utilisation d'un système de jugement ne nie pas mais renforce son caractère universel. Cassirer prend à témoin la géométrie où, dit-il, « la multiplicité des méthodes géométriques ne fait que renforcer, avec une clarté et une acuité toujours plus grandes, l'unité profonde qui donne forme à la conceptualisation géométrique »[9].

Règle, principe d'ordre et forme fonctionnelle, l'*a priori* est la condition de constitution d'unités signifiantes différentes, qui, de par leur rapport à cet *a priori*, sont aussi légitimes les unes que les autres. Il s'agit d'une légitimité analogue à celle des différentielles par rapport à une intégrale. Ainsi, le concept

---

1 *Ibid.*

2 *Ibid.*, p. 304.

3 *Ibid.*, p. 305.

4 *Ibid.*, p. 305.

5 E. Cassirer, *La philosophie des formes symboliques 3*, p. 519.

6 *Ibid.*, p. 520.

7 *Ibid.*

8 E. Cassirer, *Substance et fonction*, p. 132.

9 *Ibid.*, p. 110.

devient, comme le définit Fabien Capeillères, une expression « de la fonction sérielle F (a, b, c) »[1]. C'est certainement en vertu de ce caractère sériel de l'*a priori* que Cassirer établit une similitude entre le travail dans la géométrie et le travail dans la philosophie transcendantale. « De même, dit-il, qu'en présence d'une figure déterminée, le géomètre prospecte et repère les relations qui demeurent inchangées lorsqu'on opère telle ou telle transformation (le philosophe critique de son côté) tente de déchiffrer ces éléments formels universels qui se conservent en dépit de tous les déplacements affectant les contenus d'expérience. »[2]

Cela veut-il dire que Cassirer soutient l'idéal de la scientificité de la philosophie. Une réponse positive n'est pas à exclure *a priori*, mais à condition de ne pas l'entendre, comme nous en prévient Capeillères, dans le sens d'une soumission de la philosophie à la science ; car c'est plutôt « le spirituel, dit-il, qui est réalisé dans deux formes analogues quant à leur valeur de symbolisation »[3]. En tant qu'expressions de l'*a priori*, la figure géométrique comme le concept philosophique sont des symboles. Chacun est, à sa manière, « le révélateur symbolique du système constituant la trame de toute réalité »[4].

Cette plasticité inhérente de l'*a priori* donne à toutes nos images du monde une valeur objective et une validité universelle. Elles sont, dans leur différence, le fruit de la même activité de mise en forme, seule source de symboles. Instruments indispensables et déterminants de l'orientation de notre activité intellectuelle, ces symboles assurent la liaison entre le spirituel et le matériel. En effet, « dans chaque signe linguistique, dans chaque image mythique ou artistique apparaît un contenu spirituel »[5], qui par lui-même, renvoie au-delà de tout, à un invariant universel, à une fonction formelle « qui est transportée

---

[1] F. Capeillères, L'édition Française de Cassirer, in *Revue de métaphysique et de morale*, 96e année, n°4 octobre/Décembre 1992, p. 540.

[2] E. Cassirer, *Substance et fonction*, p. 304.

[3] F. Capeillères, *op. cit.*, p. 524.

[4] E. Cassirer, *Substance et fonction*, p. 281.

[5] *Ibid.*, p. 110.

dans une forme sensible, visible, audible et tactile »[1]. Ainsi, valeur objective et validité universelle, ne veulent rien dire d'autre que l'extension du symbole à toute la sphère de l'expérience humaine en vertu de cet *a priori* qui sous-tend toute forme d'expression humaine. Aussi l'approche épistémologique appelle-t-elle, par elle-même, un complément anthropologique.

b. L'exposition anthropologique de l'a priori

Dans la seconde exposition Cassirer ne semble plus se soucier de prouver l'existence de l'*a priori*. Son attention porte plutôt sur l'explication de la façon dont s'effectue le rapport entre la pensée et l'être dans la sphère générale de l'existence humaine. L'exposition épistémologique du concept de symbole nous a déjà révélé la mutation sémantique de l'*a priori*. Certes, tel qu'il se manifeste dans les constructions de la science contemporaine, l'*a priori* ne peut être pris pour immuable et constant. A chaque transformation dans le concept de la science, il se trouve le lieu d'un un transfert sémantique qui s'effectue en parallèle avec une sorte de mutation dialectique. En effet, chaque « forme nouvelle doit contenir la réponse à des questions esquissées et formulées à l'intérieur de la forme ancienne s»[2]. Cet aspect dialectique appelle une définition plus large que celle qu'en donne Kant. Dans *Substance et fonction*, Cassirer part, comme Kant, du problème soulevé par Hume en particulier et par l'empirisme en général ; l'un et l'autre ayant à assumer le même dualisme intenable entre un monde intelligible et un monde sensible. La théorie du concept, telle qu'elle se trouve exposée dans *Substance et fonction* cherchait à « dévoiler la nécessité de la manifestation et de l'enchaînement »[3] des particularités de l'expérience. Cette nécessité, Cassirer l'a trouvée dans les catégories en tant que « règles universelles nous permettant de composer et de combiner l'élément particulier »[4]. Concepts vides, formes pures, les catégories de Cassirer sont en tout point similaires aux catégories kantiennes à cela près que Cassirer ne

---

[1] E. Cassirer, *La philosophie des formes symboliques 1,* p. 50.

[2] *Ibid.*

[3] E. Cassirer, *Substance et fonction*, p. 31.

[4] *Ibid.*

s'est pas soucié véritablement du nombre ni de l'ordre de ces catégories. « Existe-t-il douze, quinze ou vingt catégories, une telle question n'a plus de sens pour Cassirer. »[1]

Toutefois, confronté au développement des sciences mathématiques et physiques de son temps, Cassirer est amené à donner un sens plus large au problème kantien de la dépendance de l'objet à l'égard de la fonction cognitive. La conception rigide du concept d'être autant que celle de la raison venant à disparaître, cette disparition met à son tour en question les concepts qui sont les « outils au moyen desquels (la science) pose ses questions et formule ses réponses »[2]. Ils deviennent eux-mêmes problématiques. L'élargissement du kantisme s'effectue dans le sens d'une recherche de la signification du concept lui-même. Trouvant que, dans leur diversité, tous les concepts obéissent à « une relation logique posée comme condition intellectuelle générale »[3], Cassirer pose cette relation comme le véritable *a priori*. Ainsi, il n'est plus forme au sens de « milieu ou cadre dans lequel la liaison peut être faite »[4], mais relation, c'est-à-dire, la liaison elle-même en tant que synthèse.

Une mutation lourde d'implications que nous laissons Cassirer exposer. « Si, dit-il, pour définir et déterminer un objet de connaissance, il faut toujours passer par l'intermédiaire d'une structure logique et conceptuelle appropriée, on ne peut éviter d'en conclure qu'à la diversité entre ces intermédiaires doit correspondre une certaine diversité dans la structure de l'objet et dans la signification des corrélations objectives. »[5] Cassirer fonde ainsi la diversité des différentes orientations méthodiques du savoir sur « le postulat d'une unité purement fonctionnelle »[6]. Elles sont, toutes, « les diverses manifestations d'une seule et même fonction spirituelle fondamentale »[7], d'une « activité

---

1 A. Philonenko, *L'école de Marbourg*, p. 149.

2 E. Cassirer, *La philosophie des formes symboliques 1*, p. 15.

3 *Ibid.*, p. 16.

4 R. Vernaux, *Le vocabulaire de Kant*, p. 97.

5 E. Cassirer, *La philosophie des formes symboliques 1*, p. 16.

6 *Ibid.*, p. 17.

7 *Ibid.*

spirituelle unique »[1] qui sous-tend, *a priori*, toute construction de concept.

L'idée d'un *a priori* structure, activité, légitime le postulat que cette structure n'est pas « le propre d'une classe particulière de jugement »[2], elle est également à l'œuvre dans toute fonction de signification. Cela explique la transformation de la théorie du concept, dans *Substance et fonction*, en une théorie du signe dans *La philosophie des formes symboliques*. Les trois volumes de *La philosophie des formes symboliques* justifient la valeur objective de toutes nos images du monde en les rapportant à cette activité de mise en forme qui, seule, produit les symboles qui assurent, à leur tour, la liaison entre le spirituel et le matériel. « La subjectivité pure, explique Cassirer, est loin de s'épuiser dans l'effort pour connaître la nature de la réalité effective. »[3] Elle se donne à lire partout où une « certaine perspective de l'esprit s'applique à la totalité des phénomènes, lui assigne une configuration déterminée »[4]. Ainsi, quand le primitif impose à son espace extérieur une division en fonction des catégories du profane et du sacré, quand l'enfant parvient à exprimer la liaison entre une chose et une qualité par la copule *est*, nous avons déjà là « l'expression, et en quelque sorte le véhicule d'une telle liaison »[5].

Le postulat d'une spontanéité à l'œuvre, non seulement dans la connaissance scientifique mais aussi dans toute forme de compréhension, suppose que l'esprit, en tant qu'activité de liaison et de structuration, n'est pas donné achevé d'emblée mais qu'il se déploie progressivement à partir des structurations pré-logiques qui sont censées précéder et sous-tendre le travail du concept. Le monde de l'art, celui du mythe et celui du langage en sont autant de preuves directes. Dès lors, le principe fondamental de la méthode transcendantale va devoir revêtir une figure nouvelle. Il aura à saisir « les multiples ramifications »[6] de la forme générale du jugement. L'homme, dit Cassirer, « crée sans

---

1 *Ibid.* p. 18.

2 E. Cassirer, *Les systèmes post-kantiens,* p. 19.

3 E. Cassirer, *La philosophie des formes symboliques 1,* p. 7.

4 *Ibid.*

5 E. Cassirer, *Les systèmes post-kantiens*, p. 19.

6 E. Cassirer, *La philosophie des formes symboliques 1*, p. 19.

cesse en un flux ininterrompu, de nouveaux symboles du langage, de l'art, de la religion »[1]. La nouvelle tâche de la philosophie critique consiste à « décomposer ce langage symbolique en ses éléments pour pouvoir le comprendre (elle aura à) traiter par l'analyse ce qui est fait dans une synthèse »[2]. Cette analyse, par le fait même qu'elle soit dirigée vers une activité de liaison et de création de sens, sera une analyse phénoménologique de l'esprit agissant. Une phénoménologie qui sera l'illustration même de la vie de l'esprit dans la mesure où « la mise en forme n'est pas un produit fini, mais un processus continu, sans cesse renouvelé »[3]. Dès lors, il ne s'agit pas d'appréhender une structure mais un processus de structuration, il ne s'agit pas de décomposer le donné mais de remonter le cours d'un processus, une chaîne de maillons de divers degrés à travers laquelle l'esprit passe. Ce n'est qu'en remontant ce processus vivant des différentes modalités de la mise en forme, que l'on peut saisir, dans une synopsis, la cohérence du système de l'esprit qui, en tant qu'activité, n'est rien d'autre que « la totalité des formes de l'esprit »[4] .

La définition de l'*a priori* comme relation et liaison, l'extension de cette liaison aux formes dites pré-logiques, donnent de l'esprit une définition dynamique et imposent la phénoménologie comme « présupposé primordial de la connaissance philosophique »[5] qui se fixe comme but « d'embrasser la totalité des formes de l'esprit »[6]. Ainsi, les « différentes formes symboliques sont les différents moments de la phénoménologie au sens hégélien, qui, sans classer les figures linéairement, sans les mettre bout à bout dans une progression continue, permet de les comparer à partir d'une même norme »[7]. Ce passage d'une analyse transcendantale vers une analyse phénoménologique est-il un progrès, dans la pensée de Cassirer,

---

1 E. Cassirer, *Le concept dans les sciences de la nature et de la culture, op. cit.*, p. 175.

2 *Ibid.*

3 E. Cassirer, *L'objet de la science de la culture*, *op. cit.*, p. 90.

4 E. Cassirer, *La philosophie des formes symboliques 3*, p. 8.

5 *Ibid.*

6 *Ibid.*

7 *Ibid.*, p. 494.

par rapport à son point de départ kantien ? On serait tentés de dire qu'il est doublement progrès. Il est progrès par rapport à Kant dans le sens qu'il réconcilie dans l'homme ce qui était tenu par Kant pour antinomique. En effet, Cassirer achève cette touche de don de vie entamée par Kant dans *la Critique de la raison pure*. L'esprit n'est pas une substance figée, il est pluralité infinie de mouvements et de don de forme. Dans chaque interaction qu'il a avec le donné, émerge une nouvelle réalité qui n'est autre que la réalité de son propre agir qui se manifeste selon des degrés différents de « réfraction »[1].

Vue sous cet angle, celui d'un long processus de développement, la phénoménologie de l'esprit telle que la pratique Cassirer est dans la lignée même de la phénoménologie hégélienne, elle en retient l'essentiel, à savoir l'insistance sur la totalité du processus formateur. Toutefois, l'idée d'un *a priori* fonction formelle permet d'expliquer, autrement que ne le fait Hegel, l'histoire de l'esprit. Cette histoire se donne à voir dans chaque moment de l'activité de l'esprit, et dans chaque forme de coordination idéale. Chaque production symbolique reflète, à la manière d'une monade, tout l'univers des formes et tout le mécanisme de la mise en forme. Par le retours à la *sciencia generalis* leibnizienne, Cassirer évite ce qu'il appelle, dans son article *L'idéalisme critique comme philosophie de la culture*, « le véritable talon d'Achille du système hégélien »[2], d'autant plus que ce qui se manifeste dans cette phénoménologie du sens, n'est pas l'esprit absolu, mais la logique de l'invention propre à l'esprit de l'homme fini. Une logique présente dans la science comme dans le mythe, le langage ou l'art. dans chaque forme de son expression, l'homme impose au vécu « quelque chose comme l'unité d'un caractère »[3]. Il fait entrer ainsi les purs phénomènes d'expression dans une corrélation nouvelle en les enchaînant entre eux selon leur succession ou leur simultanéité, leur contiguïté ou leur éloignement. Il les

---

[1] *Ibid.*, p. 8.

[2] E. Cassirer, *L'idéalisme critique comme philosophie de la culture*, op. cit., p. 23.

[3] E. Cassirer, *La philosophie des formes symboliques 3*, p. 109.

unit donc « à des produits d'ordre supérieur »[1]. Cette corrélation leur fait quitter le statut du simple vécu pour leur accorder « une valeur caractérologique »[2], purement symbolique.

Ce travail s'effectue aussi bien au niveau de la conscience scientifique que celui qu'on désigne généralement comme pré-scientifique. Cassirer pose même entre ces deux pôles une continuité : « Ce que le mythe commence dans cette direction, le langage et l'art l'achèvent »[3]. Ainsi rien de ce que l'homme exprime ne peut être mis « hors de la systématique de la connaissance »[4], rien ne peut être considéré comme « appartenant à la contingence de la simple perception »[5]. Cette nouvelle conception de l'*a priori* n'exclut donc pas du domaine de la critique le jugement singulier qui se limite à l'ici et au maintenant, ni aucune forme de « détermination particulière de l'expérience »[6]. La subjectivité est présente dans toutes les formes de l'expression, partout où il y a donation de sens. Ce qui distingue une forme d'expression d'une autre c'est sa 'juridiction propre' qui fait qu'elle organise l'être d'une manière particulière. En effet, « les moyens qu'utilise à cette fin chaque fonction diffèrent, tout comme diffèrent totalement les échelles de grandeur et les critères que chacune présuppose et met en application ; de même le résultat est différent »[7].

L'idée d'un *a priori* activité constructive et « présupposition pour toute espèce de réalité -physique comme psychique, externe comme interne »[8], donne à chaque forme symbolique une légitimité en l'insérant dans le processus général de signification comme province de sens où la connexion du divers s'effectue d'après « un point de vue spécial que l'esprit adopte librement en

---

[1] *Ibid.*

[2] *Ibid.*

[3] *Ibid.*

[4] E. Cassirer, *Les systèmes post-kantiens*, p. 19.

[5] *Ibid.*

[6] *Ibid.*

[7] *E. Cassirer, La philosophie des formes symboliques 1*, p. 33.

[8] E. Cassirer, *Les systèmes post-kantiens*, p. 5.

rapport avec l'expérience donnée »[1]. Ce *point de vue* est ce qui détermine la formulation des catégories et des concepts au moyen desquels l'esprit interprète le réel. « Les concepts de vérité et de réalité de la science sont différents, dit Cassirer, de ceux de la religion et de l'art -tant il est vrai que c'est un rapport fondamental, original et incomparable, entre l'intérieur et l'extérieur, entre l'être du moi et celui du monde qui est établi, plutôt que désigné à l'intérieur de ces domaines. »[2]

Les concepts et les catégories que chacune de ces provinces de sens produit ne doivent être évalués et mesurés que selon les échelles qui leur sont propres, ils ne peuvent être ramenés à un paradigme extérieur qui leur confère leur sens et leur valeur. La seule question légitime à leur poser serait celle de savoir « comment ces formes différentes de conception du moi et du monde peuvent être unifiées »[3] ? Car, poser que chaque province de sens possède ses propres échelles laisse supposer le monde humain de la culture comme un monde éclaté en une multiplicité de domaines de connaissances ou de compréhensions qui possèderaient, chacune, ses propres formes *a priori* qui ne s'appliquent que dans son champ propre de construction. Il semble que telle est la fonction de l'*a priori* : réaliser l'unité en respectant la diversité. Cette unité est une exigence de la conscience. La conscience critique pose, selon Cassirer, « le problème d'une unité qui refuse d'emblée la simplicité »[4]. Nul besoin alors, de ramener les divers modes de mise en forme à ce que Cassirer appelle, « une série unique à progression simple »[5].

D'ailleurs, même en posant l'idée de l'indépendance interne des formes symboliques, Cassirer n'exclut pas celle de leur interdépendance. « Il y aurait, comme l'explique Stephens, malgré cette diversité essentielle, une unité de signification qui regroupe toutes les provinces dans une unité de système. »[6] Une

---

1 Stephens, *op. cit.*, p. 162.

2 E. Cassirer, *La philosophie des formes symboliques 1*, p. 33.

3 *Ibid.*, p. 33.

4 *Ibid.*, p. 38.

5 *Ibid.*

6 Stephens, *op. cit.*, p. 164.

unité de « système complexe »[1], dira Cassirer, qui préserve la signification et la valeur distinctive de chaque système simple. Il en donne une illustration que nous nous permettons de reproduire : « La relation générale que nous appelons temps, dit-il, (...) est autant un élément de la connaissance théorique et scientifique qu'un moment essentiel à certaines formations de la conscience esthétique. Le temps qui est pour Newton (...) la base stable de tout événement et la mesure en elle-même uniforme de tout changement, ne semble plus avoir que le nom en commun avec le temps tel qu'il règne dans l'œuvre musicale et ses mesures rythmiques ; et pourtant cette unité de la dénomination implique une unité de la signification dans la mesure du moins où s'y trouve affirmée dans les deux cas cette qualité générale abstraite que nous désignons par l'expression de successif. »[2]

Outre l'assise historique et scientifique qu'il donne à sa conception de l'*a priori*, Cassirer fait recours, dans le troisième volume de *La philosophie des formes symboliques*, aux travaux de Head, Gelb et Goldstein sur les pathologies du langage. Partis de l'hypothèse que notre perception du monde n'est pas dérivable des impressions kinesthésiques et qu'elle est une construction qui s'effectue « au fur et à mesure que des fonctions de sens de plus en plus nombreuses et de plus en plus riches remplissent les différents contenus offerts à la conscience »[3] et s'objectivent dans les symboles du langage, ces psychologues concluent que les pathologies du langage sont le signe extérieur d'une pathologie plus importante et plus profonde, celle de la fonction première de représentation, la fonction de schématiser, c'est-à-dire, de « créer des systèmes fixes pour l'appréhension de rapports spatiaux, temporels et numériques, et de passer par libre choix de l'un à l'autre »[4].

En convertissant les enseignements de la pathologie au problème plus général de la culture, Cassirer semble adopter les thèses gestaltistes de ces psychologues, notamment Head et Köhler, thèse selon laquelle, « non seulement notre pensée du

---

[1] E. Cassirer, *La philosophie des formes symboliques 1*, p. 38.

[2] *Ibid.*

[3] E. Cassirer, *La philosophie des formes symboliques 3*, p. 276.

[4] *Ibid.*, p. 284.

monde mais encore et déjà la forme intuitive sous laquelle la réalité existe pour nous est soumise à la loi et à l'empire de la formation symbolique »[1]. Notre monde n'est pas un monde de choses, une donnée des seuls sens mais le produit d'un processus de médiation spirituelle, un monde structuré par le jugement, une synthèse. Toute connaissance, toute compréhension du monde est purement relationnelle. Le schème conceptuel et catégoriel de l'homme est, pour ainsi dire, « un schème purement relationnel »[2]. Toutefois, ce schème relationnel ne peut acquérir une signification que dans son application sur et dans le sensible. Il y a une interaction réciproque entre l'*a priori* et l'*a posteriori* dans la mesure où aucune donnée de l'expérience ne contient en elle-même une signification inhérente et n'acquiert cette signification qu'à partir de ce qu'on peut appeler, à la suite de Stephens, « des constructions interprétatives disposées sur elle »[3], c'est-à-dire, l'application de certaines catégories ou principes qui sont de nature purement spirituelle.

Le monde des pathologies que Head appelle, cécité symbolique « éclaire d'un jour nouveau le mouvement d'ensemble de l'esprit et la loi intérieure de sa construction »[4]. Nous ne nous apercevons du rôle et de la valeur du processus de symbolisation que l'esprit opère sur le monde « que dans les cas où, au lieu de s'accomplir librement et sans entraves, il doit lutter et s'imposer contre des obstacles »[5]. En ce sens, la pathologie met à notre disposition « un étalon permettant de mesurer la distance qui sépare le monde organique et le monde de la culture humaine, le domaine de la vie et celui de l'esprit objectif »[6].

La culture est ainsi, dans ses formes et ses niveaux les plus divers, une création de l'esprit et en l'occurrence, une expression de l'*a priori*. Elle exprime tous les mécanismes aussi bien mentaux que physiques que l'esprit met en œuvre pour manier le donné et pour en faire un monde sensé et intelligible. La

---

1 *Ibid.*, p. 237.

2 Stephens, *op. cit.*, p. 180.

3 *Ibid.*, p. 181.

4 E. Cassirer, *La philosophie des formes symboliques 3*, p. 312.

5 *Ibid.*

6 *Ibid.*

compréhension de l'*a priori* est à ce titre la « voie royale » pour répondre à la question « *Qu'est ce que l'homme ?* »

Une double exposition d'un seul concept, s'agit-il d'une négation réciproque ou d'un enrichissement d'une forme par une autre ? Dans son exposition épistémologique, *l'a priori*, principe intérieur à l'esprit en vertu duquel la diversité expérimentale est synthétisée, est donc ce qui, en déterminant la forme de la connaissance, ses lois, délimite par le même geste ce qu'il est permis d'appeler ordre cohérence et objectivité. Toutefois, en acceptant le terme de forme, contrairement à Kant, dans le sens de liaison et de structuration, Cassirer a déjà posé le premier jalon du sens anthropologique. Insistant sur la forme comme acte de liaison comme activité synthétique, Cassirer ouvre à la notion d'*a priori* une nouvelle perspective, celle de justifier l'objectivité de toute forme de liaison et de toute forme de synthèse autres que cognitives. Il pose du même coup que la « subjectivité pure, loin de s'épuiser dans l'effort pour connaître la nature et la réalité effective, apparaît à l'œuvre partout où une certaine perspective de l'esprit s'applique à la totalité des phénomènes, lui assigne une configuration déterminée »[1].

L'homme, esprit fini, conquiert ainsi les pouvoirs réservés jadis à Dieu ou à la nature. Par l'ordre conceptuel qu'il instaure, cet esprit fini est le seul à déterminer les caractéristiques que le donné doit exhiber. Par conséquent, la seule certitude qu'il peut avoir est celle relative à la signification de ses propres concepts et catégories. Une signification établie et déterminée par l'esprit lui-même. Le monde humain n'existe que dans la mesure où il se crée continuellement. La méthode phénoménologique est seule apte à pouvoir rendre compte de ce processus continuel de création et d'objectivation.

Cette méthode phénoménologique est d'autant plus justifiée que l'idée d'une humanité consistant dans l'activité de liaison et de synthèse suppose, d'une part, que la culture n'est pas un système clos mais une unité plurielle et dynamique ; d'autre part, que l'homme qui ne s'objective que dans la forme de son agir, est, lui-même, une unité à réaliser. La phénoménologie de l'esprit a donc à saisir la vie de l'homme, de comprendre « les éléments de cette vie proliférante, les sites où elle se manifeste

---

[1] E. Cassirer, *La philosophie des formes symboliques 1*, p. 7.

dans sa dynamique propre dont l'essence est la symbolisation »[1]. Cette phénoménologie est hégélienne dans la mesure où, « pour saisir la fin de l'esprit, il faut appréhender l'ensemble de ses figures sans les scinder ni les hypostasier »[2]. Toutefois, Cassirer se démarque de Hegel en faisant l'économie de l'idée métaphysique d'un Esprit absolu. Dès lors, la particularité de chaque domaine propre et la singularité de son principe ne courent plus le risque de se dissoudre dans l'universalité de la forme logique. L'absolu auquel réfère *La philosophie des formes symboliques* est l'idée de l'homme en tant que force agissante, car, « les productions de l'homme (...) ont une vie propre, une sorte d'éternité par laquelle ils survivent à l'existence individuelle et éphémère de l'homme »[3].

La question qui doit désormais orienter la philosophie des formes symboliques, doit porter sur la manière dont ce monde qui se constitue selon des conditions de validité différentes, peut exprimer une totalité unifiée de sens et exprimer l'homme lui-même comme unité. Comment doit-on expliquer la différence des modalités de l'organisation de l'être ? Qu'est-ce qui fait qu'un tracé de lignes, par exemple, puisse être pris une fois pour une représentation esthétique de l'espace et une autre fois, pour une représentation géométrique ? Qu'est ce qui détermine le point de vue que l'esprit adopte pour la mise en forme du donné de l'expérience, les différentes échelles propres aux différentes « provinces de sens » ? C'est à quoi nous allons essayer de répondre dans la suite de ce travail.

---

[1] F. Capeillères, Présentation à la traduction de *L'idée de l'histoire*, p. XXIII.

[2] *Ibid.*, p. XV.

[3] E. Cassirer, *Essai sur l'homme*, p. 312.

III. Eléments pour une conception unitaire de l'homme

A. *Principes structuraux de la fonction symbolique*

§ 1. Différence et modalité

On se propose dans ce chapitre de saisir la vie spirituelle, d'en comprendre les éléments et de localiser les sites où elle se manifeste; ce qui revient à montrer comment le symbolisme régit les productions de l'esprit qui vont du mythe à la science. Ce problème peut se formuler ainsi : comment une activité spirituelle unique produit-elle des choses aussi différentes que le mythe, le langage, la religion et la science ?

Une solution recevable de ce problème doit remplir une condition essentielle ne pas recourir à des simplifications appauvrissantes, mais laisser à chacune de ces productions sa spécificité propre. Ni réduire, ni détruire. Reste à déterminer la manière dont le monde humain, dans sa diversité, se créé à partir de cette « force originairement formatrice »[1]. Comment, par l'ordre conceptuel qu'il instaure, l'esprit parvient-il à déterminer les caractéristiques que le donné doit exhiber ?

Or, ainsi posé, ce problème rappelle tout de suite celui auquel répond la théorie kantienne du schématisme : comment rapporter un concept abstrait et général à une intuition concrète et singulière ? Entre la spontanéité de l'entendement et la réceptivité de la sensibilité, Kant situe une troisième source de connaissance à laquelle il donne le nom d'imagination productrice. Il lui assigne une fonction spécifique, celle d'assurer

[1] E. Cassirer, *La philosophie des formes symboliques 1*, p. 18.

la synthèse de ces deux éléments hétérogènes : concept et intuition.

Comme telle, cette faculté se distingue de l'imagination reproductrice qui fonctionne au niveau de l'appréhension et de « la synthèse intellectuelle qui s'accomplit simplement par l'entendement »[1]. Contrairement à la première, l'imagination productrice ne se limite pas à former des synthèses empiriques ou images de l'objet. Mais, contrairement à la seconde, elle ne dispose pas de concepts *a priori* ou catégories. Cependant, elle n'est étrangère à aucune de ces deux facultés. En effet, elle constitue, pour Kant, la faculté médiatrice qui rapporte les phénomènes à l'entendement législateur, les objets de l'intuition aux catégories ou concepts de l'entendement. Elle est donc suspendue, à la fois, à la synthèse empirique et aux concepts de l'entendement. Son travail, le schématisme, consiste à effectuer des « déterminations spatio-temporelles correspondant à la catégorie en tout temps et en tout lieu »[2].

Par le schématisme, l'imagination rend donc possible l'adéquation des relations spatio-temporelles et des relations conceptuelles, celle des objets de l'intuition et des catégories de l'entendement. A chaque catégorie correspond un schème « chaque schème personnifie une modalité (…) de la synthèse *a priori* »[3]. Le schème de l'imagination productrice n'est donc pas une image mais une relation spatio-temporelle qui incarne ou réalise des relations proprement conceptuelles. Il est la représentation du procédé de construction du concept, et par conséquent, la condition sous laquelle l'entendement fait des jugements avec ses concepts.

Dans cette théorie du schématisme Cassirer puise les éléments théoriques lui permettant de répondre au problème qu'il a posé. En effet, cette théorie montre que l'esprit ne peut jamais accéder au donné dans son immédiateté. Un objet ne peut être appréhendé, perçu ou pensé que moyennant tout un travail de construction ou de synthèse par lequel l'esprit s'empare, pour ainsi dire, du flux de l'expérience et l'immobilise dans des images relativement stables en mettant à l'oeuvre des couples de

---

[1] Kant, *Critique de la raison pure*, p. 173.

[2] G. Deleuze, *La philosophie critique de Kant*, p. 28.

[3] J. Grondin, *Kant et le problème de la philosophie : l'a priori*, p. 73.

catégories ou de principes : l'espace et le temps, le tout et ses parties, la chose et ses propriétés (...), couples qui constituent, dit-il, « les fonctions de représentation »[1]. Est-ce à dire que le schématisme kantien joue le même rôle que ce que Cassirer appelle la fonction symbolique ?

Dans la mesure où, tout comme Kant, Cassirer fonde l'objectivité du savoir humain dans la subjectivité elle-même, on peut *a priori* s'attendre à une réponse positive à cette question. Toutefois, dans la mesure où ce dont on demande les conditions de possibilité dépasse le domaine pensé par Kant, celui des sciences physico-mathématiques, et étant établi que « la possibilité de la science mathématique de la nature (...) n'est qu'un cas spécial de l'objectivation en général »[2], la philosophie critique de la culture doit, conformément à la généralisation de cette même problématique, chercher s'il existe, « dans la construction des trois mondes de forme (mythique, linguistique et scientifique), un quelconque schème primitif qui leur soit commun »[3].

Si ce « schème commun » existe, on sait à quelle exigence il doit se plier. Ne devant ni réduire une forme à une autre, ni détruire ce qui est spécifique en chacune d'elles, il doit permettre de « désigner les changements et les transformations d'esprit, les métamorphoses caractéristiques subies quand on passe des concepts mythiques aux concepts linguistiques, et de ceux-ci aux concepts physiques de lois »[4].

La généralisation de la problématique kantienne requiert donc un travail théorique sur le schématisme. Il est appelé à se spécifier pour correspondre à chacune des formes symboliques constitutives de la culture. C'est dire que le schématisme est à modaliser. Pour qu'il joue adéquatement son rôle, il doit être à la fois général et modal. Général, il décrit le fonctionnement de l'esprit en tant que tel ; modal, il doit permettre de saisir les nuances, les particularités des formes. En effet, la méthode transcendantale sous-entend que pour être comprise, toute réalité doit être rapportée à cette fonction unitaire qu'est la fonction

---

1 E. Cassirer, *La philosophie des formes symboliques 3*, p. 217.

2 *Ibid.*, p. 494.

3 *Ibid.*

4 *Ibid.*

symbolique. Le concept de fonction est à prendre ici, dans un sens purement kantien, celui de « l'unité de l'action qui ordonne des représentations sous une représentation commune »[1]. La fonction symbolique est donc le processus par lequel la pensée « institue un système de signes et apprend à utiliser ces signes en qualité de substituts des objets »[2]. Elle est à l'origine de toutes les images spirituelles de l'univers. Elle en constitue le schème primitif ou dénominateur commun qui structure cet univers et le rend possible. Les différents secteurs de la culture seraient ainsi des réalisations diverses, moyennant des supports expressifs différents de cet invariant formel qui est la fonction symbolique.

Cassirer appelle « modalités »[3] ces directions de formation spirituelle ou manières particulières de relations ou de directions de l'esprit. Elles désignent « la façon dont se disposent, pour la conscience, les éléments sensibles en un ensemble qui seul leur donne sens qualitatif »[4]. En ce sens, comme chez Kant, la modalité chez Cassirer ne concerne pas le contenu du jugement, mais la relation entre les contenus et leur rapport à la structure de notre connaissance. Elle traduit l'attitude de l'esprit lui-même. Mais l'analyse kantienne en réduit l'usage au scientifique *stricto sensu.* Cassirer, en leibnizien, le généralise. La modalité concerne toutes les manifestations de l'universel dans le particulier. On ne parle plus uniquement des modes du jugement, mais des modes de la perception ou de points de vue ; notions que Leibniz traduit par le terme d'unité dans le sens d'« un rapport qui relie les termes »[5]. La modalité désigne donc une « continuité logique »[6], elle définit un ordre. L'unité est également l'unité « d'un point de vue », d'une monade en tant que *situs* autonome ou « série n'obéissant qu'à sa propre loi »[7].

Ainsi comprise, cette notion de modalité donne à Cassirer le moyen de penser à la fois la diversité et l'unité des formes culturelles. C'est pourquoi, il ne parle pas d'opposition entre les

---

[1] Kant, *Critique de la raison pure,* p. 131.

[2] E. Cassirer, *La philosophie des formes symboliques 3,* p. 59.

[3] E. Cassirer, *La philosophie des formes symboliques 2*, p. 85.

[4] E. Cassirer, *La philosophie des formes symboliques 1, p.* 36.

[5] Y. Belaval, *Etudes leibniziennes*, p. 95.

[6] *Ibid.*

[7] *Ibid.*

différentes formes culturelles, mais d'une « parfaite unité concrète »[1] du monde de l'esprit. Dans ces conditions, il est loisible de conclure que l'esprit ne présente pas de déchirure ou de saut, de *hiatus* en vertu duquel il se décomposerait en segments disparates. Il est unité parce qu'il n'est rien d'autre qu'un tissu de relations. La modalité n'est rien d'autre que la « transformation interne (que) peut subir une seule et même forme de relation (....) si elle se trouve dans un autre réseau formel »[2]. Toute saisie du monde suppose ainsi une modalité ou « direction non pas tant de contemplation que de formation spirituelle »[3].

Même succincte, cette analyse de Cassirer, s'autorisant à la fois, du schématisme kantien et du continuisme leibnizien, indique la direction dans laquelle sans alchimie dialectique, il est possible de penser l'identité et la différence des productions de l'esprit, des figures de la culture. En effet, ces figures nous montrent une communauté fondamentale de forme qui se manifeste, à chaque fois, selon « une modalité particulière et spécifique, qui prête à tous leurs produits une sorte de tonalité commune »[4].

Procédant d'une souche commune, chacune de ces formes constitue un monde de sens qui témoigne, à son niveau d'un usage original de la capacité synthétisante. La philosophie critique de la culture se donne pour objet l'explication de ce processus compliqué au cours duquel l'esprit créé ces mondes de sens sans réduire cette diversité qualitative. Dans ces conditions, elle donne « un sens plus vaste à la question transcendantale elle-même »[5], qui, de ce fait, devient la question même de l'homme. Le primitif n'est pas en deçà de l'humain ; le savant n'en est pas le paradigme.

Il en résulte que la culture doit désormais être lue comme une toile enchevêtrée selon deux formes d'unités : la première est propre à chaque forme culturelle. Elle résulte d'une direction fixe de l'esprit que Cassirer appelle une « monstration ou

---

1 E. Cassirer, *La philosophie des formes symboliques 3*, p. 95.

2 E. Cassirer, *La philosophie des formes symboliques 1*, p. 38.

3 E. Cassirer, *La philosophie des formes symboliques 3*, p. 26.

4 *Ibid.*, p. 26.

5 *Ibid.*, p. 25.

perspective qui dirige et oriente les principes mentaux et les constructions qui sont faites sur eux »[1]. Cette unité est une unité « de point de vue » en fonction de laquelle la conscience, avec ses moyens conceptuels (principes, catégories), organise le réel. C'est ainsi que chaque forme symbolique constitue, à son niveau propre, « un centre de perception »[2], au sens d'un *situs*, pour parler comme Leibniz. On peut comparer cette première forme d'unité à l'unité de chaque fil qui rentre dans le tissage de la toile, unité de couleur, de matière, d'épaisseur. Dans la culture cette unité correspond à celle que réalise chaque forme culturelle à l'intérieur de sa propre sphère. Elle y tisse des relations d'espace, de temps, de cause, de nombre..., selon ses propres paramètres ou son horizon propre. C'est dans ce style qu'elle « produit, dit Cassirer, la totalité de ses effets et déploie en toute indépendance sa nature spécifique »[3].

La deuxième forme d'unité est celle de la toile tissée. Elle correspond à l'unité de l'orientation de la conscience en vertu de quoi elle exprime, malgré la différence de points de vue, le travail d'« une loi générale de construction spirituelle »[4] qui fonde l'unité de la culture.

Cette double unité, universelle et particulière, justifie l'emploi chez Cassirer d'une double démarche. La première démarche consiste à chercher, dans chaque forme culturelle et à chaque niveau du développement de la culture humaine, les invariants universels. Un vrai travail d'érudit qui, à travers l'histoire des sciences, des mythes, des religions, des arts, essaie de cerner, dans la diversité infinie de leur aspect empirique, la présence de l'élément invariant révélateur de l'unité de l'esprit. La deuxième démarche, effectuée, parallèlement à la première dans chaque sphère de la culture humaine prise comme unité indépendante, suit les différentes phases d'évolution et de modification de cette sphère ou ce qu'on peut appeler les variables engagés dans le travail de symbolisation et qui font qu'une forme se distingue d'une autre.

---

1 E. Cassirer, *La philosophie des formes symboliques 2*, p. 16.

2 Belaval, *Etudes leibniziennes : de Leibniz à Hegel,* p. 144.

3 E. Cassirer, *La philosophie des formes symboliques* 1, p. 3 8.

4 *E. Cassirer, La philosophie des formes symboliques 3*, p. 64.

§ 2. L'universel variable.

L'esprit, nous le savons, n'est pas un ensemble de structures objectives fixes. Il se présente plutôt comme une force créatrice et organisatrice en perpétuel réajustement de ses concepts. Toutefois, le problème reste de savoir en fonction de quoi s'effectue ce réajustement ? Nous pouvons, à la suite de R. Hartmann, déceler « deux lois principales »[1] qui commandent ce travail de l'esprit : « La loi de la continuité »[2] en vertu de laquelle chaque phase se présente comme étant l'accomplissement de la précédente, et « la loi de l'intensité nouvelle »[3] qui fait que chaque phase développe celle qui la précède et prépare celle qui la suit. Entre ces deux lois, il y a, à la fois, un rapport de continuité et un rapport de discontinuité. Sans se réclamer d'une mystique dialectique et sans céder aux coupures tranchées et morcelantes, dans un esprit plutôt leibnizien, Cassirer essaie d'harmoniser ces deux lois dans une totalité vivante qui exprimerait la vie effective de l'esprit et décrirait aussi fidèlement que possible son cheminement évolutif. « Bien loin, écrit-il, d'être absolument étrangère à la précédente, chaque phase ne fait que réaliser ce qui s'esquissait et s'amorçait déjà en elle. En outre cette compénétration des phases singulières n'exclut pas pour autant leur opposition nette et tranchée. Car chaque phase nouvelle instaure une exigence originale et riche de sens, une norme et une idée nouvelle de la vie de l'esprit elle-même. »[4]

Gardons-nous, toutefois, de penser ce processus évolutif en fonction d'une métaphore biologique comme le ferait un bergsonien. On doit le penser plutôt selon un autre modèle, celui qu'offre la science mathématique. Chaque mode serait, pour notre auteur, une sorte de « différentielle de la perception »[5] qui exprimerait à sa manière l'intégrale de l'esprit eu égard aux éléments variables qui rentrent chaque fois en ligne de compte. Dans chaque passage « d'une forme de vision à une autre,

---

1 R. S. Hartmann, *Cassirer's philosophy of symbolic forms*, op. cit., p. 298.

2 *Ibid.*

3 *Ibid.*

4 E. Cassirer, *La philosophie des formes symboliques 3*, p. 494.

5 *Ibid., p.* 230.

précise-t-il, c'est l'intuition même, prise dans sa totalité, dans son unité indivise (...) qui subit une métamorphose caractéristique »[1].

Ainsi considérée, la culture est l'expression de l'énergie spirituelle qui, en passant d'une forme culturelle à une autre, du mythe à la science ou à l'art, ne change pas de nature ou de qualité mais de modalité. Du monde de l'art à celui de la science par exemple, les formes de l'espace, du temps et du nombre passent d'un domaine où « règne la modalité de l'imagination artistique (à celui où) règne la modalité du concept logico-géométrique »[2]. Si ces formes sont dites variables, cela ne les empêche pas d'être pour autant universelles.

a. L'espace

L'espace constitue, pour Cassirer comme pour Kant, une forme primitive de synthèse. Les premières ébauches de constitution du monde des choses, chez l'enfant comme chez le primitif, sont étroitement liées au schème de l'espace. L'espace est, dans ces conditions, « une loi constante de l'esprit, un schéma de connexion au moyen duquel tout ce qui relève de la perception sensible entre dans des relations déterminées de coexistence »[3]. Il est, pour Cassirer, « comme le milieu universel où la productivité de l'esprit peut enfin se fixer et parvenir à ses premiers produits et à ses premières formes »[4]. Le monde ne devient intelligible que si nous l'inscrivons dans un espace objectif et le traduisons en langage spatial[5]. Toutefois, s'il n'est pas une seule création de l'esprit qui ne baigne « dans ce milieu universel »[6] qu'est l'espace, la forme primitive de synthèse que nous appelons espace, « ne se réalise pas absolument de la même manière dans tous les domaines »[7]. Selon qu'elle soit appréhendée comme élément de la connaissance théorique de la nature, comme élément de structure de la pensée esthétique ou

---

[1] E. Cassirer, *La philosophie des formes symboliques 3,* p. 156.

[2] *Ibid.,* p. 39.

[3] E. Cassirer, *La théorie de la relativité d'Einstein,* p. 6 1.

[4] E. Cassirer, *La philosophie des formes symboliques 3,* p. 174.

[5] E. Cassirer, *La philosophie des formes symboliques 2,* p. 112.

[6] E. Cassirer, *La philosophie des formes svmboliques 3,* p. 173.

[7] *Ibid.,* p. 180.

comme élément de structure exhibé au niveau le plus élémentaire de la culture à savoir le mythe, la relation spatiale se présente, à chaque fois, selon une modalité différente. Il s'agit, à chaque fois, et dans chaque forme culturelle, d'« une manière particulière, un mode propre »[1] de spatialité, un mode original émanant « d'un processus de formation symbolique »[2] particulier.

Cette analyse du processus de créativité spirituel met en jeux deux notions antithétiques mais fondamentalement complémentaires, l'unité et la diversité. La première désigne une souche commune à partir de laquelle tout procède. La deuxième se présente comme la réplique de la multiplicité des formes culturelles empiriquement données. L'établissement de relations spatiales, aussi élémentaires soient elles, fournit une preuve de l'effectivité d'un travail spirituel qui consiste à attribuer « une valeur représentative à certaines perceptions choisies et distinguées comme centres fixes de référence pour l'orientation »[3]. Dès lors, la différence de la mise en forme spatiale témoigne, à son propre niveau, de la différence intrinsèque au processus de symbolisation lui-même. « La forme de la coexistence est toujours soumise à une loi organisatrice sans laquelle elle ne pourrait pas se constituer, mais à chaque fois le processus d'organisation emprunte d'autres voies.»[4] Chaque changement de principe de spatialisation « coïncide avec un tournant et un changement généraux dans la vie de l'esprit, avec une authentique révolution du mode de pensée »[5].

---

[1] *Ibid.*, p. 38. Voir aussi, Concept of group and theory of perception, in *Symbol Reality and Myth, p.* 279 : « There are many ways to deal with spatical objects and spatial relation that have nothing to do with geometry. An artist or a natural scientist may be engaged in a study of spatial forms without, for this reason, becoming a geometer a painter, a sculptor, or an architect may express his discriptions of certain parts of the earth, an astronomes a description of the solar system. »

[2] E. Cassirer, *La philosophie des formes symboliques 3*, p. 166.

[3] *Ibid.*, p. 180.

[4] *Ibid.*, p. 467.

[5] *Ibid.*, p. 178.

b. Le temps

En leibnizien, Cassirer définit le temps comme « une relation purement idéelle, (il est) l'ordre du possible »[1], l'ordre d'existence des choses quant à leur succession. N'étant pas substantiel, le temps n'a pas de structure propre, indépendamment des choses qu'il ordonne. Sa réalité est celle des interrelations des choses. Quelle différence dirons-nous entre cette conception et celle de Kant ? C'est qu'à ce temps formel chez Cassirer, correspondent plusieurs contenus conceptuels ; plusieurs temps sont pensables et pensés : le temps de l'expression, le temps de la représentation et le temps de la pure signification. Comme l'espace, le temps n'est pas une intuition mais un concept[2]. Il ne se présente pas sous le mode d'une forme unique. Comme pour la spatialité, il existe une temporalité spécifique à chaque niveau de la conscience : chaque domaine de sens définit, par lui-même, une temporalité spécifique, une modalité de la temporalité reflétant la tonalité spécifique de chaque acte de synthétiser ou de symboliser. Cassirer prolonge donc la pensée leibnizienne en la généralisant. Le temps ne constitue pas dans la logique propre à *La philosophie des formes symboliques* une notion pure mais un concept universel qui se différencie en temps élémentaires multiples.

L'expérience temporelle est une expérience interne, c'est-à-dire tournée vers la perception de soi à travers le changement des états objectifs. Kant avait déjà établi que « le *Je* stable et permanent est le corollaire de toutes nos représentations pour autant qu'il est simplement possible de prendre conscience de ces dernières »[3]. Adoptant ce point de vue, Cassirer montre que c'est dans le schématisme du temps que s'effectue la corrélation entre la conscience du temps et celle du moi qui schématise et qui s'objective à travers la forme triple de la conscience du temps (présent, passé et futur). En effet, le moi, chez Cassirer comme chez Kant, « ne peut justement s'assurer de

---

[1] *Ibid.*, p. 191.

[2] *Ibid.*, p. 26 : « Certains concepts, tels ceux de nombre, d'espace et de temps, représentent comme des formes primitives de synthèse indispensables pour autant qu'en général on doit grouper une multiplicité en unité, partager et organiser un divers selon des figures déterminées. »

[3] Kant, *Critique de la raison pure*, p. 196-197.

son identité et de sa permanence que dans son propre écoulement perpétuel »[1]. Cette idée de corrélation de la conscience du temps et du moi à tous les niveaux de la conscience, suppose l'existence d'un *cogito* au niveau de la perception. Or, chez Kant, le moi parce qu'il relève du nouménal, demeure inconnu, tandis que chez Cassirer, comme chez Leibniz, il « est une connaissance de fait relevant à ce titre de la perception et non des connaissances de raison qu'amènent les enchaînements de pure intelligence »[2].

Comme le schématisme spatial, le schématisme temporel s'effectue dans un mouvement de projection dans le non ici et le non maintenant. Comme tel, ce mouvement se présente, phénoménologiquement parlant, comme un mouvement de néantisation: il déréalise le réel présent pour lui substituer, sous un mode imaginaire, un monde qui n'est pas encore. Il s'agit d'un pouvoir d'anticipation par lequel la pensée du futur, s'effectuant dans le présent, précède celle du passé. En effet, l'homme n'agit que s'il projette « devant soi l'image d'un être futur et règle tous ses actes sur cette image »[3]. Or, cette orientation vers le futur n'est pas spécifique au travail de la conscience, elle caractérise la totalité de la vie organique qui ne peut se définir sans elle : « Les actions instinctives ne sont pas suscitées par des besoins immédiats, ce sont des impulsions orientées vers le futur et souvent vers un futur très éloigné. L'animal qui les accomplit n'en verra pas le résultat puisque celui-ci appartient à la génération suivante. »[4].

Phénomène coextensif à la vie, ce pouvoir d'anticipation s'élève, avec l'homme, à une dignité qui trace la ligne de démarcation entre l'animal et l'homme. Contrairement aux organismes vivant en général et à l'animal en particulier qui subissent inconsciemment l'orientation vers le futur, l'homme vit doublement les événements. Il les vit d'abord par anticipation, sous forme d'espoir ou de crainte, avant de les vivre d'une façon effective. Cette anticipation est le privilège de l'homme que parce que seul l'esprit de l'homme a en lui un monogramme

---

1 *Ibid.*

2 Y. Belaval, *Etudes leibniziennes,* p. 143.

3 E. Cassirer, *La philosophie des formes symboliques 3,* p. 208.

4 E. Cassirer, *Essai sur l'homme*, chapitre 3.

de l'imagination pure *a priori* : le schème du temps. De même, seul l'homme est capable d'unifier « la multiplicité des événements en une synthèse à l'intérieur de laquelle chacun d'eux se trouve déterminé sous le rapport de l'avant et de l'après (comme il est seul à pouvoir assembler les phénomènes) en un tout organisé de la réalité intuitive »[1].

N'étant ni intuition sensible, ni réalité substantielle, le temps n'existe que par ma propre activité. L'homme n'est pas un être dans le temps comme l'eau le serait dans le vase. Il est l'être par qui le temps advient et le monde se temporalise, s'inscrit dans le temps. Comme chez M. Merleau-Ponty, le temps chez Cassirer « naît de mon rapport avec les choses »[2]. C'est parce que l'homme agit, qu'il découpe le réel, l'articule et l'organise. Il en ordonne les événements en *avant* et en *après*, faisant être par là le passé et le futur, à partir du présent. Le rythme du monde est ma propre invention. En compter les pulsations est toujours mon acte ; et c'est à cette fin, que j'ai crée le nombre.

c. Le nombre

C'est à ce titre que le nombre constitue pour Cassirer, comme pour Kant, « le troisième grand motif formel »[3] qui commande toute construction du monde. Sa force authentique consiste à réunir et à diviser l'élément sensible des perceptions et à y instaurer « des limites et des relations stables »[4]. Il convertit en quelque sorte ce que Descartes appelle qualités secondes : le tactile, le visuel et l'auditif, en « une forme intellectuelle générale, (...en) déterminations quantitatives pures, c'est-à-dire finalement dans de purs rapports numériques »[5].

Considérer le concept de nombre comme condition de possibilité de toute expérience et par conséquent de tout objet d'expérience ne constitue pas une révolution dans l'histoire de la pensée. Cassirer prolonge s'inscrit, à sa manière, dans *la Révolution copernicienne*. A la suite de Kant, il affirme que la perception de la réalité ne peut se fixer pour nous sans sa

---

[1] E. Cassirer, *La philosophie des formes symboliques 3, p.* 187.

[2] M. Merleau-Ponty, *Phénoménologie de la perception,* p. 47*1*.

[3] E. Cassirer, *La philosophie des formes symboliques 2,* p. 170.

[4] *Ibid., p.* 17*1*.

[5] *Ibid.*

détermination par la forme universelle du nombre. Nous ne pouvons distinguer une perception d'une autre sans l'attribution, à l'une comme à l'autre, « d'une place dans un système déterminé de mesure sur une quelconque échelle de grandeur »[1]. Nous devons certes cet idéal de savoir à Descartes et aux développements ultérieurs de la théorie moderne de la connaissance. Pour être connu tout doit être ramené au nombre pur. « Non seulement la qualité de la perception sensible, mais aussi tout autant les formes pures de l'intuition, l'espace et le temps »[2] se trouvent soumises à cette exigence d'intelligibilité. En effet, la question du quoi et celle du comment, dit Cassirer, « ne permettent de réponse vraiment rigoureuse que si on parvient à les convertir en la question d'un combien »[3].

Toutefois Cassirer ne se limite pas, comme Kant, aux cadres de la connaissance théorique. Le nombre n'est pas la seule forme d'harmonisation. Il y aurait dans le mythe et le langage des formes primitives de synthèse, d'unification de la multiplicité en unités qui sont relatives au niveau de développement de la conscience. Aussi universelle que la synthèse spatio-temporelle, l'organisation numérique, elle aussi, « ne se réalise absolument pas de la même manière dans tous les domaines (...), le langage et le mythe, notamment, manifestent chacun une modalité particulière et spécifique, qui prête à tous leurs produits une sorte de tonalité commune »[4].

Nous pouvons conclure à ce niveau qu'espace, temps et nombre constituent « les systèmes topologiques universels dans lesquels s'inscrit, de quelque manière, chaque terme singulier et à l'intérieur desquels il se voit attribué une place stable qui garantit l'univocité de ses déterminations »[5]. Toute cohérence que peut acquérir un contenu de conscience, quel qu'il soit, insiste Cassirer, « ne peut être atteinte que dans ces formes de l'espace, du temps et du nombre et en passant par elles »[6]. Nous sommes donc devant la même synthèse qui unit et divise les

---

1 E. Cassirer, *La philosophie des formes symboliques 3*. p. 25.

2 *Ibid.*

3 *Ibid.*

4 *Ibid.*, p. 26.

5 E. Cassirer, *La philosophie des formes symboliques 2*, p. 106.

6 *Ibid.*

éléments de l'expérience et qui fait émerger, à chaque fois, dans le tout de la conscience, une forme d'unité ou une série d'éléments unis, selon une modalité à chaque fois différente, et qui s'explique par ce que Cassirer appelle la *prégnance symbolique*[1]. La diversité n'est que de point de vue. La différence est, nous l'avons déjà dit, une différence modale. Ces modes originaires de relation servent à la fois « à créer des totalités de sens et à les épeler »[2].

Reste à préciser si la création de ces « totalités de sens » est l'oeuvre du seul sujet. Doit-on plutôt supposer que, dans toute saisie du réel, s'établit un dialogue entre la conscience et son objet au cours duquel le contenu de la conscience ne se contente pas de recevoir sa forme mais dit quelque chose à la conscience ?

Nous « n'épelons » le sens que dans un contexte, ou « un horizon », cet horizon peut être mythique, religieux, esthétique ou scientifique. Un tracé de lignes est, certes, dans chaque forme culturelle, une représentation de l'espace. Mais, ces lignes ne signifient pas toujours la même chose. Le sens est chaque fois différent selon que nous le construisons dans la contemplation et la production esthétique en peinture ou dans certaines formes d'axiomatique géométrique ou encore, si nous le prenons comme signe mythique destiné à signifier l'opposition du sacré et du profane, à séparer ces deux domaines, à mettre en garde et à inspirer la crainte, à interdire l'approche ou le contact du sacré au non sacré[3].

Or ces différentes modalités nous invitent à nous poser un problème philosophique de taille : l'homme est-il le seul législateur dans la construction du monde ? Ce sens qui semble se donner à chaque fois selon un mode différent, d'où provient-il ? Est-il une production du seul esprit ? Ne faut-il pas poser, qu'à son tour, le monde lui-même parle à la conscience ? Doit-on penser que, d'une certaine manière, parce que le monde ne nous atteint pas toujours de la même manière, il est objet de différents modes de symbolisation et

---

[1] E. Cassirer, *La philosophie des formes symboliques 3*, p. 217-231.

[2] *Ibid.*, p. 217.

[3] *Ibid.*, p. 226-227.

que, comme dit Koffka, l'organisation psychologique ne peut être que telle que les conditions environnantes le permettent ?[1]

C'est à ces problèmes que se propose de répondre ce que Cassirer appelle la théorie de la *prégnance symbolique*. Une théorie qu'il prend le soin d'étayer par le recours aux recherches des psychologues gestaltistes sur les pathologies du langage.

§ 2. Explication gestaltiste des pathologies du langage et compréhension de l'homme

L'analyse psychologique des pathologies du langage ouvre des perspectives jusqu'ici inédites pour l'interprétation des faits humains ; des perspectives que, à la suite de Cassirer, M. Merleau-Ponty a largement exploitées dans sa *Phénoménologie de la perception*. *La philosophie des formes symboliques* emprunte un grand nombre de faits aux recherches des psychologues gestaltistes tels que Head, Köhler et Koffka. Ces faits épistémologiques constituent une source inépuisable d'exemples et de preuves pour expliquer et comprendre le mécanisme de la perception, pour illustrer ou vérifier certaines questions ou assertions que pose la compréhension de l'homme et de la culture. Ainsi, dans le troisième volume de *La philosophie des formes symboliques* comme dans l'*Essai sur l'homme*, ils sont invoqués pour déterminer la limite entre le normal et le pathologique, pour appuyer l'opposition de Cassirer aux thèses des sensualistes sur la perception. Ils servent également pour confirmer l'idée que nos cadres de perception ne sont pas relatifs à nos capacités organiques mais à notre capacité de représentation, et qu'il faut établir dans le comportement humain, une distinction nette entre ce qui relève de l'animal et ce qui relève de l'humain[2].

---

[1] K. Koffka, *The Principles of gestalt psychologie,* p. 110 : « The psychological organization will always be as "good" as the prevailing conditions allow. »

[2] E. Cassirer, *La philosophie des formes symboliques 3*, p. 310 : « Les tableaux de comportement de l'animal offrent souvent de frappantes analogies avec le cas du malade qui utilise comme il faut sa cuiller ou sa timbale pendant le repas, mais qui, en dehors de cette circonstance, les méconnaît l'une et l'autre ou ne sait pas les utiliser à propos. »

De la psychologie Gestaltiste Cassirer retient l'idée que « les processus perceptifs les plus simples impliquent des éléments structuraux fondamentaux, certaines formes ou configurations »[1]. Cette idée revient à poser chez l'homme normal, au-delà de la simple conscience de la relation[2], une aptitude à « isoler les relations, à les considérer dans leur signification abstraite »[3]. Cela veut dire que chaque moment de la perception présente un ordre, une structure. Contrairement au malade, l'homme normal perçoit les choses comme des totalités animées où toutes les propriétés portent et suggèrent une vie. Il peut ainsi saisir la signification sans s'appuyer sur les données concrètes et sensibles, en considérant « les relations en elles-mêmes »[4].

Quand le système nerveux se trouve altéré, ce ne sont pas toujours les fonctions organiques de l'émission des sons ou d'effectuation du mouvement qui se détériorent, mais les cadres de la perception qui rétrécissent. Cassirer cite à cet effet le cas d'un patient atteint d'une agnosie optique. Il s'agit d'un malade capable, « sur la base de ses impressions kinesthésiques, (de) s'orienter de quelque manière dans l'espace, (d') avoir un comportement spatial correct face à des situations données »[5], alors que sa « représentation de l'espace global (souffre) du plus grave des dommages »[6]. L'altération de la fonction représentative est telle que le patient est incapable « de donner aucune indication immédiate sur l'emplacement (de son propre) bras »[7]. C'est le décalage entre le comportement normal et le comportement pathologique qui nous permet de prendre la mesure de l'humain, fondement même de la culture. Privé de sa capacité représentative, le malade a un comportement primitif attaché aux besoins vitaux organiques, à la limite de l'animalité. Ainsi est-il incapable de se représenter « par l'anticipation mentale »[8] le but de ses actions, comme par exemple feindre

---

[1] E. Cassirer, *Essai sur l'homme*, p. 61.

[2] *Ibid.*, p. 62.

[3] *Ibid.*

[4] *Ibid.*

[5] E. Cassirer, *La philosophie des formes symboliques 3*, p. 274-275.

[6] *Ibid.*

[7] *Ibid.*

[8] *Ibid.*, p. 242.

d'ouvrir une porte, ou déterminer dans une série numérique l'avant et l'après. Sa perception est limitée à la sphère pratique, toutes ses actions sont de l'ordre de « l'effectuation motrice immédiate »[1] déclenchée « mécaniquement sous le coup d'une excitation externe donnée »[2]. Il semble limité à la présence concrète des choses et ne peut jamais s'en détacher ce qui le rend incapable d'asseoir vers une perception autre qu'actuelle.

Alors que « le sujet sain (…) sait faire varier dans une activité libre des éléments du donné sensible, troquer mentalement une chose présente ici et maintenant contre une autre qui n'est pas présente, et substituer celle-ci à celle-là »[3], le malade semble privé de cette possibilité d'évasion que procure l'idée du possible[4], celle de faire être les choses, par préconception, dans une dimension rêvée. La psychologie gestaltiste appelle aveugle symbolique celui pour qui le monde ne suggère plus aucune signification et qui le saisit comme une entité inerte. La cécité symbolique n'est pas une dissociation entre la chose et le sens, mais une « dégradation des structures »[5] d'association qui empêche le malade de saisir la suggestion de signification.

Le principal aspect de cette cécité symbolique est l'absence de ce qu'on peut appeler « une attitude catégorielle »[6]. Les couleurs, par exemple, cessent d'avoir, pour le malade, une

---

1 *Ibid.*

2 *Ibid.*

3 *Ibid.*, p. 305.

4 E. Cassirer, *Essai sur l'homme*, p. 87. Cassirer s'inspire de l'éducation de Laura Bridgman, enfant sourde, muette et aveugle, pour établir un parallèle avec les cas de cécité symbolique. « On a remarqué écrit une de ses maîtresses, qu'il était très difficile, au début, de lui faire comprendre les tournures du langage, les contes, les suppositions de toutes sortes, et cette difficulté n'est pas encore tout à fait surmontée. Si on lui donne un problème d'arithmétique, la première impression est que ce qui est supposé s'est réellement produit. Par exemple, lorsque sa maîtresse, il y a quelques jours, prit un livre d'arithmétique pour lire un exercice, elle demanda : comment celui qui a écrit ce livre savait-il que j'étais ici ? L'exercice proposé était le suivant : « Si vous pouvez acheter un baril de cidre pour quatre dollars, combien de cidre pouvez-vous acheter avec un dollar ? » Sur quoi ses premiers mots furent : « Je ne peux donner beaucoup pour le cidre parce que c'est amer. »

5 P. Guillaume, *la psychologie de la forme, p.* 106.

6 *E. Cassirer, La philosophie des formes symboliques 3,* p. 255.

fonction représentative. Chaque couleur semble porter une « simple valeur d'état »[1]. Le monde intuitif du malade ne semble pas organisé en fonction d'une règle sérielle, le malade est comme prisonnier de ses vécus optiques, de l'individualité de leur ici et de leur maintenant ; il ne parvient pas à déréaliser la chose perçue. « Chaque vécu repose pour ainsi dire en lui-même »[2], il ne peut pas quitter son statut de substance pour accéder au statut symbolique de représentant d'une certaine catégorie[3]. La psychologie de la forme ruine ainsi les bases de la conception sensualiste selon laquelle les « faits complexes (ne sont) qu'accumulation, agrégats de simples données des sens »[4], elle montre qu'il n'y a pas de moment de réception pure suivi d'un moment de production ou de synthèse ; la réception elle même ne peut s'effectuer que dans un réseau de signification, elle est déjà synthèse. La différence entre le comportement normal et le comportement pathologique est celle entre un comportement qui s'effectue en fonction d'un « principe d'organisation systématique »[5] et celui qui n'en dispose pas. Un malade atteint d'amnésie des noms généraux, par exemple, peut parfaitement se rendre compte de l'existence d'une distinction à l'intérieur d'une série d'échantillons d'objets colorés. C'est seulement quand il essaie « de coordonner des couleurs différentes, d'en composer un quelconque assortiment, (qu'apparaît) le trouble caractéristique »[6]. Le malade est, en effet, capable de voir kinesthésiquement la différence mais ne

---

1 *Ibid.*

2 *Ibid.*

3 *Ibid.*, citant l'exemple d'une amnésie de couleurs, Cassirer note que : « Le malade adhérait trop étroitement aux vécus optiques, à l'individualité de leur ici et leur maintenant, pour pouvoir les dépasser et les centrer sur certains points privilégiés de la série de couleurs (...) C'est le même glissement, la même incapacité de s'arrêter à un mode ferme de "vision" et de décider (…) par libre choix entre les modes différents, qui apparaît (…) comme le déficit fondamental sur lequel reposent diverses altérations pathologiques de l'intuition spatiale et temporelle des aphasiques aussi bien que de leur représentation du nombre, et à partir duquel on peut se faire d'elles toutes une conception unitaire. »

4 E. Cassirer, *Essai sur l'homme*, p. 176.

5 E. Cassirer, *La philosophie des formes symboliques 3*, p. 254.

6 *Ibid.*, p. 252.

dispose « d'aucun principe ferme d'après lequel il eût pu réaliser cette mise en ordre »[1].

L'exemple que nous venons de citer illustre l'idée fondamentale présentée au chapitre sur la *prégnance symbolique*, du troisième volume de *La philosophie des formes symboliques*. Il montre en effet, que nous ne saisissons jamais des choses substantielles mais des relations « entre les parties d'un champ phénoménal »[2]. Aucune de ces relations n'est posée dans les choses de façon à ce que je puisse coïncider d'un seul coup avec elle. Pour établir cette relation, je dois m'appuyer, comme dit M. Merleau-Ponty, sur « des pensées déjà formées par moi ou par autrui »[3] et me fier « à ma mémoire, c'est-à-dire à la nature de mon esprit, ou à la mémoire de la communauté des penseurs, c'est-à-dire à l'esprit objectif »[4]. Autrement dit, toute représentation suppose une évasion vers le non présent et le non donné, vers l'irréel. Elle « renferme, selon notre auteur, un caractère de direction et de monstration grâce auquel elle renvoie au-delà de son ici et de son maintenant »[5]. C'est cette direction qui donne un sens à chaque perception, une physionomie différente qui dirige et oriente l'application des principes et des catégories de l'esprit. La détérioration de la capacité de représentation est en fait liée à une incapacité de « reconnaissance »[6].

Partant des hypothèses de Head, de Goldstein et de Gelb selon lesquelles nous ne pouvons déceler la vérité d'une fonction que quand elle vient à être altérée par une atteinte quelconque[7], Cassirer considère les résultats des travaux de ces savants sur les altérations pathologiques du langage et des principales activités représentatives comme « une indication sur le rôle de ces

---

[1] *Ibid.*

[2] *Ibid.*, p. 309.

[3] M. Merleau-Ponty, *Phénoménologie de la perception*, p. 50.

[4] *Ibid.*

[5] E. Cassirer, *La philosophie des formes symboliques 3*, p. 230.

[6] *Ibid.*, p. 301.

[7] *Ibid.*, p. 251. « On discerne mieux les principales puissances mentales sur lesquelles repose la structure du monde perçu là où leur exercice se trouve altéré ou empêché de façon ou d'autre que là où il s'effectue immédiatement sans obstacles et sans frictions internes. »

opérations dans la construction et dans la figuration globale de la culture »[1]. La pathologie constitue, en quelque sorte, une preuve à *contrario* de l'universalité *a priori* du symbolique et de la nature signifiante du réel sur lequel opère notre esprit. Le chapitre consacré à la pathologie, dans le troisième volume de *La philosophie des formes symboliques*, est d'ailleurs structuré en fonction des altérations qui peuvent se manifester dans l'acte catégoriel en tant que mise en forme ou phénoménalisation par l'intermédiaire de la schématisation spatiale, temporelle et numérique[2]. Cette connexion entre l'atteinte cérébrale et la disparition de la capacité représentative prouve, chez Cassirer, à la fois, la nature médiate et symbolique de nos représentations et le caractère naturel, disons même organique, de la symbolisation chez l'homme.

Cette connexion entre l'atteinte cérébrale et la disparition de la capacité représentative prouve, chez Cassirer, à la fois, la nature médiate et symbolique de nos représentations et le caractère naturel, disons même organique, de la symbolisation chez l'homme. Si nous admettons que les choses ne peuvent signifier pour nous que dans la mesure où nous les insérons, nous-mêmes, dans un réseau significatif et leur attachons une prégnance qui leur permet de nous parler notre propre langue, nous devons admettre aussi que cette activité de donner sens ne requiert pas que l'homme quitte son attitude naturelle, qu'elle est le naturel même. C'est parce que notre perception est médiate qu'elle porte la marque de l'humain. L'homme ne colle pas au monde, il le pense. Il n'est pas dans le monde comme élément dans son lieu naturel ; il le construit. « Toute connaissance du monde et toute action spirituelle, au sens étroit du terme, sur le monde exigent que le moi, éloignant de soi le monde, prenne une certaine distance par rapport à lui dans la contemplation comme dans l'action. »[3]

L'humanité, en tant que caractéristique distinctive d'une espèce d'êtres, semble consister dans la capacité de rêver, d'anticiper, de vivre à l'avance, de créer des situations fictives, c'est à dire dans une attitude mentale représentative ou

---

[1] *Ibid.*, p. 251.

[2] *Ibid.*, p. 274 et suivantes.

[3] *Ibid.*, p. 310.

symbolique[1]; un pouvoir de se détacher de l'immédiat individuel et de le considérer comme représentant d'un sens idéel, d'une signification. C'est l'ensemble des significations dont les choses sont prégnées qui constitue le véritable monde de l'homme ou le monde symbolique. Ce monde idéel devient inaccessible dès que l'homme est sujet à un traumatisme cérébral. La vie de l'homme, en tant qu'être culturel est donc une perpétuelle « conquête du monde comme représentation »[2]. A la saisie directe doivent se substituer « désormais des modes différents et nouveaux d'appropriation, de maîtrise théorique et pratique »[3].

Toutefois, l'adhésion de Cassirer aux études gestaltistes sur la pathologie du langage soulève un problème : en effet, si la cécité symbolique est synonyme d'une cécité devant un sens que le réel porte déjà, il devient problématique de soutenir la thèse critique selon laquelle notre perception est l'investissement d'un sens dans le réel. Faut-il alors conclure au passage de Cassirer de l'idéalisme critique vers le réalisme ?

§ 3. La prégnance symbolique.

A priori, l'analyse des cas de pathologie du langage et des thèses de la psychologie de la forme suggère que la perception est une saisie et une énonciation d'un sens que le réel suggère. Cassirer semble donc revenir à une position réaliste, voire empiriste. Toutefois, le chapitre sur la modalité nous a laissé entendre que l'esprit de l'homme, bien que constitué d'un certain nombre de relations universelles, est loin d'être limité quant à l'emploi unique de ces relations. L'homme a cette liberté d'exprimer différemment son unique activité spirituelle. C'est ce caractère de notre perception que se propose d'expliciter le chapitre sur la *prégnance symbolique*.

Bien que centrale dans la pensée de Cassirer, cette notion de *prégnance symbolique* n'est soulevée que dans le troisième volume de *La philosophie des formes symboliques*. Elle constitue l'élément distinctif de cette philosophie. Elle la différencie surtout du kantisme. A L'écoute des travaux scientifiques de son

---

1 E. Cassirer, *Essai sur l'homme,* p. 298.

2 *Ibid.*

3 *Ibid.*, p. 311.

temps, Cassirer semble y être venu sous l'influence de la psychologie de la forme avec les travaux de Head, Gelb et Goldstein sur les pathologies du langage que ces derniers expliquent par l'altération de la fonction représentative ou symbolique[1].

Par la théorie de *la prégnance symbolique* Cassirer quitte en quelque sorte le champ de la *Logique transcendantale* pour s'installer, selon la remarque pertinente de A. Philonenko, dans une analyse des mécanismes de la représentation « à partir de la psychologie »[2]. Le chapitre sur les pathologies du langage qui nous semble être une explicitation de la notion de *prégnance symbolique*, est l'indice de ce passage. Il nous semble dissiper toute possibilité de relier *La philosophie des formes symboliques* à quelque courant réaliste en montrant notamment que l'homme ne vient pas à la représentation comme on arrive à une phase de maturation, car son attitude mentale naturelle est une attitude représentative.

Dans le troisième volume de *La philosophie des formes symboliques*, Cassirer soulève « une difficulté et (...) une équivoque »[3] dans *la Critique de la raison pure* qu'il situe au niveau du sens que Kant donne au transcendantal, équivoque qu'on peut traduire en ces termes : si nous nous en tenons à la théorie kantienne de la distinction de nature entre la matière et la forme de la connaissance, nous ne pouvons que souscrire à la thèse de la dualité antinomique entre la passivité de la sensibilité et la spontanéité de l'entendement. Or, considérer la sensibilité et la spontanéité comme de simples « réalités psychiques indépendantes qui ensuite produiraient l'expérience dans le cadre

---

[1] E. Cassirer, *La philosophie des formes symboliques 3*, p. 238 : « Je n'ai pris personnellement connaissance des recherches de Head qu'après avoir achevé pour l'essentiel les analyses phénoménologiques et critiques du problème de la perception qui sont contenues dans les deux premières parties du présent ouvrage.» Affirmation curieuse car Goldstein, le collaborateur de Head, n'est rien d'autre que le cousin de Cassirer et l'ami de Cassirer. J.M.Krois, dans son article Cassirer, Neo-kantisme and Metaphysics in *Revue de métaphysique et de morale,* 96e année/ N°4, 1992, p. 448, dit : « Goldstein was Cassirer's in house expert on gestalt theory, and it was this school of thought that provided him with the principle of "symbolischen prâgnanz".»

[2] A. Philonenko, *Cassirer lecteur et interprète de Kant,* p. 47.

[3] E. Cassirer, *La philosophie des formes symboliques 3, p.* 220.

de leur intrication causale »[1], réduirait l'analytique de l'entendement à une « nouvelle recette de fabrique psychologique de la pensée »[2]. Dans cette perspective psychologisante, la théorie kantienne de la connaissance ne se distinguerait en rien de la théorie sensualiste sinon par « un déplacement du rapport de forces à l'intérieur de la conscience et l'addition d'une nouvelle faculté mentale aux précédentes »[3].

Restée au niveau des divisions de la psychologie des facultés du XVIIe siècle, la théorie kantienne de la perception serait, pour Cassirer, la simple organisation qu'un sujet transcendantal existant en soi imposerait au donné à la manière d'un « magicien (ou d'un) nécromancien qui animerait la sensation morte »[4]. Cassirer situe ici l'ambiguïté de la philosophie de Kant et surtout sa faiblesse. Le kantisme ne fait, selon lui, que « substituer un problème ontologique au problème phénoménologique critique, le point de vue de la substance à celui de la pure fonction »[5]. Dans quelle mesure la conception kantienne de la perception justifie-t-elle cette critique de Cassirer ? Tel n'est pas notre problème ici. Il s'agit, pour nous, de voir comment Cassirer est parvenu à éviter cette ambiguïté qu'il appelle kantienne.

A première vue, pour Cassirer aussi, rien ne se manifeste autrement que sous la forme d'une signification. Rien n'existe, non plus, sans l'intervention de cette fonction intellectuelle qu'il appelle la fonction symbolique. C'est donc l'esprit qui construit le réel, et Cassirer serait allé plus loin que Kant sur la voie de l'idéalisme. Seulement Cassirer se doit de justifier la multiplicité de signification qui s'exhibe dans le réel et qui semble à chaque fois nous présenter plutôt qu'un sens univoque, des « points de vue », des images différentes du monde. L'esprit lit-il un sens à partir duquel il établit de nouvelles connections et de nouvelles divisions dont résulte à chaque fois une nouvelle image du monde ?

Le passage de la théorie de la connaissance vers celle de la signification suppose un autre principe que l'unité

---

1 *Ibid.*, p. 221.

2 *Ibid.*

3 *Ibid.*

4 *Ibid.*

5 *Ibid.*

transcendantale de la conscience. Ce principe Cassirer l'appelle *prégnance symbolique*. Il la définit comme étant la « façon dont un vécu de perception en tant que vécu sensible renferme en même temps un certain sens non intuitif qu'il amène à une représentation immédiate et concrète »[1]. Ainsi définie, la notion de *prégnance symbolique*, remet en question un élément de base de l'empirisme : le psychique ne peut exister « en soi, en tant que *datum* isolé, pour n'entrer qu'après coup dans des relations »[2]. Du même coup, cette thèse invite à nuancer la position kantienne car elle « exclut toute coupure entre existence et conscience, entre matière et forme comme s'il s'agissait là de deux couches différentes »[3]. Ni dualisme empirique, ni dualisme idéaliste, Cassirer situe le problème philosophique au niveau du rapport de la conscience au fait.

La *prégnance symbolique* désigne la relation en vertu de laquelle la sensation acquiert un sens et le représente immédiatement à la conscience[4]. Elle relativise « la passivité de la sensation en tant que premier moment de l'acte de jugement à l'intérieur de l'épistémologie kantienne »[5]. Pour Cassirer, il n'y a ni matière en soi ni forme en soi. A l'une et à l'autre, il substitue « une tonalité animée »[6] qui fonctionne « comme une manifestation spontanée de vie »[7], une « corrélation fonctionnelle »[8] entre la matière et la forme. Alors que dans l'empirisme et l'idéalisme, le problème central est celui du rapport entre deux éléments que l'on considère comme des éléments isolés d'avance, chez Cassirer, ce dualisme non reconnu, le problème est de prime abord celui de la totalité forme/matière. Il y va comme de la totalité du vivant qui est à la fois corps/âme. Ainsi, le processus symbolique « forme comme un courant unique de vie et de pensée qui traverse toute la

---

[1] *Ibid.*, p. 229.

[2] *Ibid.*, p. 222-223.

[3] *Ibid.*, p. 225.

[4] J. M. Krois, *Symbolic forms and history*, p. 54.

[5] D. P. Verène, *Cassirer' philosophy of cuture,* in International philosophical quarterly XXH,2, 1982, p. 137.

[6] E. Cassirer, *La philosophie des formes symboliques 3,* p. 227.

[7] *Ibid.*

[8] *Ibid.*

conscience à laquelle seule sa fluidité apporte la complexité et la cohésion, la plénitude comme la continuité et la constance »[1].

Partout où il y a une rencontre entre l'homme et le réel, il y a un travail de la spontanéité sur une signification. La vision comme saisie de sens est elle-même habitée par un sens et ne peut, par conséquent, être ramenée à une simple saisie passive d'une signification qui colle au donné. L'objet est par essence une construction engageant l'une et l'autre forme. Le réel paraît ainsi « toujours déjà porteur de sens et en quelque sorte au service de celui-ci »[2]. Notre perception de la matérialité ne peut se réduire à en présenter une image muette mais à saisir un sens, à le viser et à l'énoncer selon une perspective que le réel lui-même ne contient pas. Car, dans l'acte même de créer son monde symbolique l'homme ne se limite pas à exprimer une substance donnée, il objective, à travers son travail de mise en forme, son propre rapport au monde, l'architecture dans laquelle son esprit reçoit et donne à voir son monde. C'est cette architecture qui détermine l'emploi des catégories et la nature des relations que l'esprit établit.

Etant « la pure relation qui commande la construction de la conscience »[3] la *prégnance symbolique* constitue ainsi, dans *La philosophie des formes symboliques,* le véritable élément transcendantal, « le véritable *a priori*, le terme premier selon l'essence »[4]. Tout se passe comme si, au lieu de s'entretenir avec des choses matérielles, l'esprit humain « ne se dresse pas directement en face des objets (mais) se meut dans son propre monde, un monde de signes, de symboles et de significations »[5].

L'exemple le plus significatif que Cassirer donne de la détermination de notre perception par notre rapport au monde est celui d'un tracé de ligne que nous nous permettons de reproduire ici : « C'est un caractère physionomique propre qui s'adresse à nous quand nous nous plongeons dans la formation du dessin en la reprenant à notre compte. Mais cette forme même qui s'offre comme une tonalité animée s'en va et semble anéantie et effacée

---

1 *Ibid.*, p. 229.

2 *Ibid.*, p. 227.

3 *Ibid.*, p. 230.

4 *Ibid.*

5 E. Cassirer, *Spirit and life in the cotemporary philosophy,* p. 869.

dès qu'on prend le tracé linéaire en un autre sens, comme image mathématique, comme figure géométrique. Il se change désormais en un simple schéma, en un moyen de représentation pour une légalité géométrique. (...) Et nous nous retrouvons dans un tout autre champ de vision quand nous prenons le tracé pour un signe mythique ou encore pour un ornement esthétique. »[1]

§ 4. la grammaire des formes symboliques

Il apparaît par ce qui précède, notamment par l'examen de l'*a priori*, que dans la logique de *La philosophie des formes symboliques*, la pensée n'opère pas directement sur les objets car le monde n'est pas un monde de substances fixes dont on puisse attester la présence par simple constat. Il est, au contraire, un monde construit ; tout son être, dit Cassirer, « découle de la signification »[2]. Le travail de l'esprit ne consiste pas dans le « simple cumul et addition de valeurs particulières » données expérimentalement, mais dans « leur mise en ordre en dedans de certaines catégories fondamentales et capitales » [3]. En ce sens, toute constitution d'unités signifiantes est le résultat du déploiement d'une énergie spirituelle, d'un travail intellectuel de mise en forme.

D'un autre côté, l'examen de la fonction symbolique nous révèle que nous ne vivons jamais ni les choses ni les événements comme présence pure : il y a toujours, dans notre façon de les vivre, un élément de représentation qui leur est attaché et qui fait qu'ils signifient à chaque fois différemment selon une orientation différente, mythique, religieuse, esthétique ou scientifique. Toute appréhension serait ainsi, déjà, construction et le réel n'est, en dernière instance, rien qu' « une diversité de configurations (...) unifiées par l'activité signifiante »[4] selon les « lignes directrices générales du mouvement de l'esprit »[5].

De ces deux thèses découle un problème : existe-t-il une logique commune à toutes les manifestations de l'esprit qui serait à même d'expliquer le pouvoir qu'a la subjectivité de faire

---

[1] E. Cassirer, *La philosophie des formes symboliques 3, p.* 227-228.

[2] E. Cassirer, *La philosophie des formes symboliques 1*, p. 50.

[3] E. Cassirer, *La philosophie des formes symboliques 3*, p. 230.

[4] E. Cassirer, *La philosophie des formes symboliques 1*, p. 51.

[5] *Ibid.*

varier ses productions ? Autrement dit, comment Cassirer parvient-il à fonder son choix initial : prouver que la subjectivité conditionne la totalité de la culture avec ses structures particulières et, en même temps, poser que chacune des formes culturelles possède une structure qui l'individualise ? Comment prouve-t-il que les symboles langagiers, mythiques, religieux ou scientifiques, expriment tous et de la même manière, la vie de l'esprit, et que, par conséquent, la compréhension des formes prélogiques autant que celle de la connaissance scientifique sont indispensables à l'élaboration d'une vérité sur l'homme ?

Poser que l'esprit humain n'appréhende pas le monde uniquement par la fonction signifiante, mais par toutes les autres fonctions qu'il recèle (l'expression aussi bien que la représentation) suppose que chacun de ces actes originaux doit être considéré comme la source d'« une esquisse particulière et neuve, (d') un horizon déterminé du monde objectif »[1]. Dès lors, adopter les principes d'une philosophie critique sur cette réalité pluridimensionnelle nous mène vers l'application de la méthode transcendantale « partout où entre en jeu une modalité spécifique (de construction) d'une certaine unité de sens »[2].

Quel sens faut-il donner à cette méthode transcendantale qui doit justifier la différence ?

Disons qu'il s'agit plus exactement d'une *Analytique transcendantale*, c'est-à-dire d'un retour à soi de la raison dans son acte même de connaître afin de dévoiler les éléments de la connaissance pure de l'entendement et les principes sans lesquels aucun objet ne peut-être pensé, afin de fixer les conditions de validité de ces principes dans le processus de la connaissance. La méthode transcendantale, dans ce sens, désigne l'attention dirigée sur le *cogito* non pas au sens cartésien d'une substance, mais d'un acte constructeur et unificateur.

Toutefois l'idée que la mise en forme s'effectue selon des modalités différentes exige que l'*Analyse transcendantale* prenne l'aspect d'une grammaire des formes symboliques. Une grammaire entendue dans le sens d'un relevé des diverses formes de compréhension du monde et d'« une sorte (...) de syntaxe de

---

[1] E. Cassirer, Le langage et la construction du monde des objets, *op. cit.*, p. 40-41.

[2] E. Cassirer, *La philosophie des formes symboliques* 3, p. 29.

l'esprit humain »[1] où sont mises en relief les règles générales par lesquelles les expressions se combinent en unités de sens ou modalités de mise en forme (mythe, science, langage). Cette grammaire viserait avant tout à dévoiler les structures du pouvoir constructif de l'esprit lui-même, dans sa forme vivante, à travers l'ensemble des rapports qu'entretiennent entre elles les unités signifiantes.

Il revient à cette grammaire des formes symboliques d'analyser et de comprendre, comme des éléments d'un discours, les « modes fondamentaux de pensée, de concepts, de représentation, d'imagination et de mise en image qui sont contenues dans le langage, le mythe, l'art, la religion et même dans la science »[2]. Elle sera l' « étude des formes vivantes de la pensée et de l'expression »[3], qui fera apparaître la spécificité de chaque modalité selon laquelle le monde est appréhendé et mis en signes. Une relation étant donnée, il s'agit pour la grammaire des formes symboliques de déceler la spécificité de la connexion génératrice de cette synopsis, de la ramener à son système de signification propre et de dégager la nature de la juridiction formelle dont chaque changement se répercute sur la relation elle-même.

En ce sens, il incombe à la grammaire des formes symboliques d'étudier les diverses qualités de relations -les relations d'espace, de temps de causalité etc., en fonction de leurs « indices de modalité »[4]. Elle cherchera dans les différents niveaux de la culture, du niveau le plus élémentaire de l'expression dans les images mythiques au niveau de la représentation telle qu'elle apparaît dans les symboles du langage, au niveau de la signification pure, en œuvre dans les concepts de la science physique et mathématique, la relation qui relie l'élément invariant omniprésent à la loi de variabilité, relation qui nous permet d'avoir « l'un dans la pluralité (et) la

[1] E. Cassirer, *Fondation naturaliste et fondation humaniste de la philosophie de la culture,* op. cit., p. 23.

[2] E. Cassirer, *L'Idéalisme critique comme philosophie de la culture, op. cit.,* p. 15.

[3] *Ibid.,* p. 12.

[4] *Ibid.,* p. 40.

pluralité dans l'un »[1]. En somme, il s'agit de chercher, au sein de la variété culturelle, quelque chose qui se reproduise invariant et qui fonderait la diversité autant que la différence.

C'est une entreprise ambitieuse : établir la rationalité de toute forme d'expression humaine en la rapportant à la morphologie de la conscience elle-même, inclure les formes pré-scientifiques dans le patrimoine spirituel de l'homme. D'inspiration leibnizienne, le projet vise la construction d'une vue systématique des différentes directions du mode d'expression symbolique afin d'en dégager les traits typiques et communs ainsi que les différences internes. La théorie de la *prégnance symbolique* assure à ce projet son premier pas. Elle montre que nos connexions spatiales et temporelles ainsi que nos déterminations numériques, conditions de nos perceptions, ne peuvent jamais s'effectuer « en dehors d'une forme déterminée de vision et indépendamment d'elle »[2].

Le deuxième pas ne peut se faire sans la grammaire des formes symboliques, seule capable de prouver la constance des « lois structurelles générales de la conscience »[3] en œuvre dans chaque élément de la conscience et dans tout ce qui en émane. Retrouver « les diverses directions du (...) pouvoir originaire (de l'esprit) de créer »[4] des significations ; les lois et les modalités selon lesquelles s'effectue l'activité ordonnatrice du divers de la sensibilité et la transformation du sens. *La philosophie des formes symboliques* devient alors sémantique.

En conséquence, la question philosophique doit se tourner vers l'activité ou l'énergie de l'esprit qui construit, c'est à dire vers le comment de la rencontre entre le moi et le monde ; rencontre dont émerge le sens. Fait également partie de cette question le souci des différents niveaux de ce comment des différentes modalités du déploiement de l'activité signifiante et la relation entre les éléments signifiants. A cette analyse, pour ainsi dire différentielle fait suite, chez Cassirer, une considération intégrative : comment « embrasser la totalité des

---

[1] E. Cassirer, *La philosophie des formes symboliques 1,* p. 49.

[2] E. Cassirer, *La philosophie des formes symboliques 3,* p. 226-227.

[3] E. Cassirer, *La philosophie des formes symboliques 1,* p. 48.

[4] *Ibid.*, p. 30.

formes de l'esprit »[1] tout en montrant la manière particulière dont chaque forme symbolique vient à présenter pleinement sa propre vision du monde ?[2] Ainsi formulée, cette question revient à se demander : comment peut-on rendre compte d'une énergie, d'une vie ? On peut le dire autrement : comment l'homme est-il possible ?

Si la théorie de la *prégnance symbolique* fournit les conditions de possibilité de toute compréhension du monde, elle ne permet pas de comprendre le système des formes culturelles concrètes. Cassirer change de perspective ; il passe de la philosophie transcendantale vers ce que Hegel appelle une phénoménologie de l'esprit. Ce changement de méthode a pour but de montrer le lien entre les structures de la culture et les structures de l'esprit. La réflexion philosophique prend alors la forme d'une investigation à la fois « critique et phénoménologique »[3].

Pour illustrer l'aspect phénoménologique de sa méthode, Cassirer emprunte une image à Goethe : « On ne peut jamais, affirme-t-il, décrire une source qu'au moment où elle coule. »[4] En effet, les « actes d'exprimer, de représenter et de signifier n'ont pas de présence à soi immédiate et ne peuvent se montrer que dans le tout de leur effectuation. Ils sont seulement dans le moment où ils s'exercent et où par leur exercice ils donnent une information sur eux-mêmes »[5]. Il faut, par conséquent, capter l'esprit « dans son actualité, dans l'énergie même de son mouvement »[6]. Cette actualité est le phénomène de la perception, moment de rencontre de notre conscience avec le monde. Nous ne pouvons répondre à la question « *Qu'est-ce que l'homme ?* » et dégager l'unité de la culture, la cohérence de son système qu'en remontant le processus vivant des différentes modalités de

---

[1] E. Cassirer, *La philosophie des formes symboliques 3*, p. 8.

[2] *Ibid.*, p. 8, Cassirer reconnaît d'ailleurs qu'il prend le terme de phénoménologie « par référence, non à l'usage moderne du terme, mais à cette signification première de la "phénoménologie" qu'a institué Hegel en lui donnant un fondement et une légitimation systématiques ».

[3] *Ibid.*, p. 219.

[4] *Ibid.*, p. 457.

[5] E. Cassirer, *La philosophie des formes symboliques 1*, p. 21.

[6] *Ibid.*

mise en forme. La phénoménologie critique doit chercher dans les choses produites, dans chaque processus d'unification, la genèse même de l'esprit, ce « courant unique de vie et de pensée »[1].

Seule cette phénoménologie peut dégager, à la fois, les phénomènes et les conditions qui les rendent possibles. L'homme ne vit qu'en convertissant sa vie en forme. Vivre, c'est objectiver ; cette objectivation se réalise sous le mode d'une transposition : l'homme transpose « tout ce qui est en lui de l'ordre du vécu en une forme objective, quelle qu'elle soit, dans laquelle il s'objective lui-même »[2]. Le monde humain converti en forme est un monde crée par l'homme lui-même. L'unité de l'univers de la culture devient alors, une unité « dynamique au lieu d'être conçue en un sens statique »[3].

La principale tâche d'une phénoménologie est de cerner la manière dont l'esprit se manifeste et s'objective dans la matérialité du signe. Il s'agit d'un processus que J. M. Krois appelle « l'objectification de la vie dans les travaux de la culture »[4]. La phénoménologie serait alors la description du processus par lequel la fonction symbolique s'actualise dans tout acte de la pensée. Elle doit commencer par décrire les différentes formes de cette activité de mise en forme : de son stade mimétique au stade analogique pour aboutir au stade purement symbolique. En somme, la méthode de *La philosophie des formes symboliques* est double : synchronique, elle est grammaire ou morphologie de chacune des formes d'objectivation de l'esprit, diachronique, elle est phénoménologie ou déploiement des formes symboliques, de leur développement génétique tant à partir de leur principe propre que dans leurs relations d'opposition.

Ce problème est exposé dans le troisième volume de *La philosophie des formes symboliques*. Cassirer y combine étroitement l'approche systématique à l'approche historique. Si l'approche systématique se réfère à Kant, au niveau de l'analyse

---

1 E. Cassirer, *La philosophie des formes symboliques 3*, p. 229.

2 E. Cassirer, *La philosophie des formes symboliques 1,* p. 41.

3 E. Cassirer, *L'idéalisme critique comme philosophie de la culture, op. cit.*, p. 23.

4 J. M. Krois, *Cassirer symbolic forms and history*, p. 78.

historique et génétique, Cassirer se réfère à *La phénoménologie de l'esprit*[1]. Parce que d'une modalité de relation à une autre « l'intuition même dans sa totalité, dans son unité indivise »[2], connaît une métamorphose, que chaque modalité ou contexte relationnel fonctionne comme une monade qui aurait son unité propre et se présente comme un système « qui possède son principe de construction qui imprime en quelque sorte son sceau à tous ses produits particuliers »[3], la grammaire des formes symboliques aura pour objet l'étude de la variation des qualités de relation en fonction de la modalité. Elle traitera chaque *monade* comme une vision particulière du monde, une façon propre de glisser le regard sur les choses qui a ses *lois* propres d'organiser le flux des choses. A ce titre, chacune aura sa légitimité propre, et on ne saurait la juger ou l'évaluer à partir de paramètres appartenant à une autre monade. On ne saurait, selon Cassirer, rectifier le sens du réel et de la vérité mythique par celui de la science. « Pour comprendre une structure la conscience ne requiert que la représentation d'un de ses moments pour saisir sur lui et en lui le tout lui-même. »[4]

Toutefois, dans la mesure où le déploiement de la pensée s'effectue selon un *rythme*[5] qui a un commencement, un milieu et une fin, la grammaire des formes symboliques doit être doublée d'une investigation dialectique. Mais, et la pertinente analyse de J. M. Krois[6] l'a montré, s'il y a dialectique chez Cassirer, elle doit être prise dans un sens phénoménologique qui ne saurait s'identifier avec celle de Hegel quant aux « voies qu'il lui faut prendre pour la fonder et pour en mener à terme le

---

1 E. Cassirer, *La philosophie des formes symboliques 3,* p. 9. « Il est impossible de saisir et d'exprimer la fin, le *telos* de l'esprit, si, considérant celle-ci comme existant pour soi, on la sépare du commencement et du milieu. La réflexion philosophique, loin d'isoler de cette façon la fin du milieu et du commencement, les prend tous trois pour des moments intégrants d'un unique mouvement d'ensemble. Sur ce principe de base de l'enquête *La philosophie des formes symboliques* est en accord avec la formulation hégélienne. »

2 *Ibid.*, p. 156.

3 *Ibid.*

4 *Ibid.*, p. 162.

5 *Ibid.*, p. 8.

6 J. M. Krois, *Cassirer symbolic forms and history*, p. 78-79.

développement »[1]. En effet, les différentes formes symboliques ne constituent pas, chez Cassirer, des étapes passagères dans un développement linéaire de la culture. Bien au contraire, les niveaux singuliers de la culture ne manquent pas d'unité intrinsèque. En effet, en tant que formation symbolique, le travail de la pensée se déploie progressivement en passant par trois stades : mimétique, analogique et purement symbolique. Ce déploiement progressif s'objective dans des formes symboliques autonomes, le mythe, le langage et la science, produits respectifs de trois fonctions symboliques différentes : l'expression, la représentation et la signification. Chaque forme symbolique possède sa propre autonomie et exige qu'on l'étudie indépendamment des autres. Aucune forme ne remplace l'autre.

Ces formes symboliques se déploieraient, selon Cassirer, à partir de la première forme du mythe. Leur architectonique est donc à penser selon un schéma centrifuge et non dialectique. « Le langage, l'art et même la science sont, dit Cassirer, en leur origine et leur évolution, intimement reliés aux éléments de la pensée mythique. Ils ne peuvent se libérer de ces éléments, ils ne peuvent apparaître en leur propre forme qu'après avoir parcouru un long chemin dans leur propre histoire »[2]. C'est donc d'elle-même, par une critique interne, que la forme inférieure exige sa transformation en une autre[3]. De même que le monde de la représentation « se détachait de la simple expression et lui opposait un principe nouveau, il finit dans sa croissance par se dépasser lui-même vers un monde de signification pure »[4]. Le processus de maturation de la conscience vérifie donc le principe de la *continuité* et celui de *l'intensité nouvelle* : de la phase expressive à la phase signifiante, la pensée ne fait pas de bonds mais évolue vers un état de pureté et d'objectivité qui est celui de la signification pure, un état de liberté par rapport au vécu et à l'intuitionné. Dés lors, de par la nature dynamique du travail de l'esprit, la phénoménologie de l'esprit ne peut être elle-même

[1] E. Cassirer, *La philosophie des formes symboliques 3*, p. 9.

[2] E. Cassirer, *L'idéalisme critique comme philosophie de la culture*, *op. cit.*, p. 20.

[3] A. Stanguennec, Néo-kantisme et Hégélianisme chez Cassirer, in *De Marbourg à New York*, p. 61.

[4] E. Cassirer, *La philosophie des formes symboliques 3*, p. 495.

qu'une méthode dynamique, elle suivra les permutations de signification que subissent les concepts de vérité et de réalité en fonction des connexions particulières qu'opère chaque forme culturelle dans « le flot uniforme de l'expérience »[1].

[1] *Ibid.*, p. 21.

B. *Unité de la culture, unité de l'homme*

§ 1. L'assise primitive de la conscience

Il convient de le rappeler, ce travail s'exerce à répondre au problème suivant : comment penser l'homme à une époque où l'homme lui-même semble avoir perdu son unité ? Quel genre de réflexion peut prétendre aujourd'hui rendre compte de ce sujet émietté ?

C'est par un retour à une philosophie de la représentation que Cassirer a trouvé le moyen de réhabiliter la réflexion sur l'homme. Le monde figuratif du mythe, les productions sonores de la langue et les signes dont use la connaissance exacte, sont tous et au même titre des « dimensions originales de représentation »[1]. Désormais la pluralité des représentations est à lire, chez Cassirer, en termes de modalités de manifestation de l'humain. Toutefois, pour rester dans le cadre de l'idéalisme critique, l'extension du domaine de la représentation suppose une extension de la critique de la culture vers une recherche de l'unité de l'homme à travers la pluralité de ses représentations. Il faut parvenir à prouver que la connaissance de l'homme par lui-même peut s'effectuer par l'analyse de la variété des représentations individuelles et concrètes qui forment le monde de la culture et qui ne sont que les « manifestations d'une seule et même fonction spirituelle fondamentale »[2]. On ne saurait nous acquitter d'une telle tâche sans quitter l'exposition analytique, celle des concepts, pour nous installer dans une démarche synthétique qui se propose de *questionner* les représentations particulières que recèle la culture afin de les comprendre, « non en leur origine historique, mais en leur structure »[3], et vérifier cette hypothèse selon laquelle il doit être possible de les rapporter toutes à l'idée de l'homme comme « essence (...) fonctionnelle »[4]. Nous tenterons donc de suivre le déploiement

---

[1] E. Cassirer, *La philosophie des formes symboliques 3*, p. 62.

[2] E. Cassirer, *La philosophie des formes symboliques 1*, p. 17-18.

[3] E. Cassirer, *L'idéalisme critique comme philosophie de la culture*, op. cit., p. 14.

[4] E. Cassirer, *Essai sur l'homme*, p. 103.

de l'humain dans « le système de (ses) activités »[1] qu'est la culture.

En somme, nous pouvons dire que le premier pas de ce travail s'est occupé de la déduction subjective des concepts purs *a priori* et que le second doit s'occuper de leur déduction objective. Si le premier pas pose l'unité de l'esprit et postule celle de la culture, le second doit, à partir de la critique de la culture, parvenir à une théorie de l'homme compatible avec l'extension du domaine du travail de l'esprit. Nous chercherons à montrer comment la réponse à la question « *Qu'est-ce que l'homme ?* » n'est possible qu'à partir de « la connaissance de la structure fondamentale (de ses) activités »[2], perceptives, intuitives et cognitives. Pour cela, nous suivrons la méthode même de Cassirer et tenterons, par une analyse reconstructive, de forcer le chemin de retour qui mène (des formations signifiantes) à leurs présupposés élémentaires, c'est-à-dire leurs « conditions de possibilités »[3], savoir, à l'unité de la subjectivité comprise comme « un tout de fonctions »[4].

Il convient dès lors de bien souligner la démarche de Cassirer : il n'invente pas des constructions de sens, il se contente de les décrire laissant ses conclusions s'imposer d'elles-mêmes. L'exposition détaillée des formes culturelles à laquelle procède Cassirer dans chacun des trois volumes de *La philosophie des formes symboliques*, n'est pas à prendre au sens de la satisfaction d'une vaine curiosité érudite, mais d'une démonstration de la corrélation dans l'homme entre esprit et réalité. A ce titre, l'examen des formes symboliques, ou de la culture, se présente comme une phénoménologie de l'esprit qui expose la genèse spirituelle de l'homme, son éveil au monde et à soi. Il s'y agit, comme dit Fabien Capeillères, « de ressaisir l'homme par la compréhension des formes en lesquelles il se manifeste et par lesquelles seulement il est appréhensible en sa concrétude »[5].

---

1 *Ibid.*

2 *Ibid.*

3 E. Cassirer, *La philosophie des formes symboliques 3*, p. 72.

4 *Ibid.*, p. 64.

5 F. Capeillères, Présentation de la traduction de *Ecrits sur l'histoire*, p. XVI.

Partant de la corrélation entre la genèse de la conscience et la genèse de la culture, Cassirer fait correspondre aux différentes étapes de maturation de l'esprit des étapes différentes de la culture. Il distingue ainsi trois stades ou trois modes de ce processus de formation symbolique relatifs à trois stades de maturation de la conscience. A la conscience perceptive correspond le mythe et la religion, à la conscience intuitive correspond le langage et l'art et à la conscience signifiante correspond la science. C'est à partir de cette « triade spirituelle »[1] que Cassirer tente de retracer la phénoménologie de la conscience « dans une acception strictement critique »[2].

Dans cette phénoménologie critique, la perception constitue la première forme de la conscience, « l'assise primitive »[3] de la pensée et la première forme de la spiritualité particulière de l'homme. Parce que primitive, elle correspond au « moment constitutif de la connaissance des choses »[4]. Toutefois, la première forme de cette perception n'est pas celle des choses mais des expressions. En effet, avant de connaître les choses, l'homme commence par percevoir des expressions, des qualités des physionomies dont il scrute « les dispositions bienveillantes ou hostiles »[5] qu'elles peuvent avoir envers lui. Notre première expérience de la réalité est une épreuve d'une expression qui touche la conscience et la prend sous son charme en fonction de son caractère séduisant ou menaçant, familier ou inquiétant, apaisant ou effrayant[6].

La couche primitive de tous les phénomènes de la conscience est ainsi caractérisée par l'enracinement « dans le royaume des vécus d'expression »[7]. A ce niveau, seule la qualité des choses semble être leur caractère saillant. Aussi est-ce sur ce caractère

---

[1] E. Cassirer, *La philosophie des formes symboliques 3*, p. 27.

[2] *Ibid.*, p. 68.

[3] E. Cassirer, *La philosophie des formes symboliques 2*, p. 73. Dans l'article Perception des choses et perception de l'expression, Cassirer caractérise le perception de « couche primitive de tous les phénomènes de la conscience », in *Logique des sciences de la culture*, p. 118.

[4] E. Cassirer, *La philosophie des formes symboliques 2*, p. 74.

[5] L. Lévy-Bruhl, *L'âme primitive*, p. 7.

[6] E. Cassirer, *La philosophie des formes symboliques 3*, p. 82.

[7] *Ibid.*, p. 496.

que l'esprit se fixe. Or, la qualité étant une donnée première, elle donne lieu à une sensation, à un sentiment. L'affectivité est donc la première manifestation de la vie de l'esprit. Elle détermine son orientation et fait que les expériences de type expressif ne puissent pas atteindre les déterminations objectives des choses et n'en livrent que leurs significations émotives.

L'attachement à l'émotion dans les perceptions de l'expression signifie, qu'au-delà du complexe de qualités sensibles que la réalité immédiate nous offre, il existe un phénomène encore plus primitif et plus original qui consiste dans « les caractères expressifs originels et immédiats »[1]. Toutefois, l'immédiateté de ces caractères ne permet pas de considérer la perception de l'expression comme une perception passive, elle suppose, au contraire, un travail de la conscience qui consiste à organiser le donné selon les critères idéels qui lui sont propres, des critères affectifs et émotionnels. Ce sont ces critères émotionnels qui constituent un principe de structure qui régit la constitution de multiplicités selon l'espace, le temps et le nombre en donnant une prégnance aux choses. Même à ce stade primitif, les qualités sensibles sont traduites en qualités idéelles qui révèlent plus le travail de la subjectivité percevante que les caractéristiques objectives du perçu. Même à ce niveau, le physique est prégné d'un sens qu'il faut épeler, un sens affectif et émotionnel qui, loin de renvoyer aux choses, renvoie à une subjectivité structurante.

Encore une fois, Cassirer exprime son adhésion aux thèses gestaltistes en supprimant l'opposition, soutenue par les empiristes, entre sensation et perception. La perception est, chez Cassirer comme chez les gestaltistes, un phénomène global ; elle est saisie immédiate de forme ou de sens. Il n'y a pas de matière qui précèderait la forme. « Le retour aux couches primitives du langage et du mythe eux-mêmes, dit Cassirer, ne réussit pas davantage à séparer la *matière* et la *forme* en tant qu'éléments indépendants, unis seulement par un lien accessoire et extérieur. On ne rencontre jamais la sensation *nue* comme une *materia nuda* à laquelle s'ajouterait après coup un quelconque don de forme ; seule est accessible la détermination concrète, la

[1] *Ibid.*, p. 78.

multiformité vivante d'un monde perceptif régi et imprégné d'un bout à l'autre par des modes déterminés de formation. »[1]

La connaissance perceptive n'est pas celle d'un mode de l'être, mais un mode de compréhension de l'être, « un type original d'intuition et de perception du réel »[2]. Ce mode de compréhension est soumis à des conditions d'appréhension propres et à des connections internes spécifiques au stade de maturation de la conscience qui fait que la perception est déjà une activité conditionnante et organisatrice. Cette organisation commence dès les premiers signes de l'éveil de l'enfant à son monde environnant. Dès les premiers mois de la vie s'établit « une influence de l'expression du visage des parents sur l'enfant »[3]. L'enfant perçoit et différencie ce qui est amical ou inamical avant de percevoir le caractère objectif des choses telles la couleur et la grandeur. Analyser l'expression chez l'homme, c'est analyser « l'émotion transformée en image »[4].

Croire, à la manière des sensualistes, que « les observations que nous faisons sur les objets extérieurs et sensibles, ou sur les opérations intérieures de notre âme (...) fournissent à notre esprit le matériau de toutes ses pensées »[5], ne revient pas seulement à méconnaître « la part qui y revient aux fonctions *supérieures* de l'esprit, mais aussi le soubassement vigoureux et dynamique sur lequel il repose »[6]. Réductionniste et simplificatrice, la théorie sensualiste ne retient de l'arbre de la connaissance que « le tronc nu »[7]. Elle se leurre sur la véritable nature du soubassement ou des phénomènes primitifs de la conscience en les cantonnant dans « les idées simples de sensation et de réflexion »[8]. Comment parvenir à cet « empire de la subjectivité »[9] et établir la phénoménologie des pures expériences vécues d'expression ?

---

1 *Ibid.,* p. 27.

2 *Ibid.,* p. 28.

3 *Ibid.,* p. 80.

4 E. Cassirer, *Le mythe de l'Etat*, p. 67.

5 J. Locke, *Essai sur l'entendement humain*, Livre II, chap I, §2.

6 E. Cassirer, *La philosophie des formes symboliques 3,* p. 82.

7 *Ibid.*

8 *Ibid.*

9 *Ibid.*

Cassirer procède à une «étude régressive et reconstructive »[1] en commençant par les racines mythiques de la connaissance. Le mythe constitue le modèle de perception de type expressif par excellence sans être pour autant la seule forme de conscience expressive. Sont dites de type expressif, toutes les mises en forme qui constituent une concrétion des excitations de l'âme, c'est-à-dire, une concrétion des émotions et des affections, toutes les formes où se trouve en œuvre le « même acte fondamental d'élaboration spirituelle, de concentration et d'amplification de la simple intuition sensible »[2]. A ce titre le langage peut être dit, dans une certaine mesure, un moment de l'expression. Forme de la conscience représentative par excellence, le langage n'en possède pas moins une phase expressive. Elle correspond à sa phase mimique onomatopéique. C'est l'étape où il est encore enraciné dans l'affect et l'excitation sensible et où il répond au besoin de donner nom à ce qui est ressenti dans l'émotion. Jusqu'à l'âge de deux ans, l'enfant est prisonnier d'une vision physionomique proche de celle du mythe[3]. Il essaie de rendre compte de ces physionomies par les sons spécifiques. Chez l'enfant, comme chez le primitif, le son est dans un rapport étroit avec ce qu'il exprime : « Plus le son ressemble à ce qu'il veut exprimer, remarque Cassirer, plus il est encore lui-même cet autre, moins il est capable de signifier. »[4] La perception est donc une expression mimétique.

Le postulat fondamental de Cassirer est qu'il y a comportement symbolique dès qu'il y a signe d'un comportement médiat qui met en jeu des médians idéels servant à donner au réel une orientation et une structure qu'il ne possède pas de façon absolue. Ce comportement est présent aussi bien dans la pensée mythique que dans les premiers signes du

---

[1] *Ibid.*

[2] E. Cassirer, *Essai sur l'homme* p. 110-111. A ce titre l'art, doit être considéré comme un moment de l'expression. Mais, les écrits que Cassirer consacre à cette forme symbolique ne permettent pas de la prendre comme principale matière à l'analyse des phénomènes d'expression. Cassirer a, en effet, peu parlé de l'art dans les trois volumes de *La philosophie des formes symboliques* consacrés respectivement au langage, au mythe et à la connaissance scientifique.

[3] E. Cassirer, *La philosophie des formes symboliques* 3, p. 129.

[4] E. Cassirer, *La philosophie des formes symboliques 1*, p. 140.

langage. Ainsi, loin de considérer la perception mythique, à la manière d'Auguste Comte[1], comme une perception fictive, « une sorte de maladie spirituelle, un phénomène fortuit et pathologique »[2], Cassirer la situe parmi les modalités de mise en forme qui exhibe, selon son style propre, un travail de l'esprit et une création de sens[3]. Elle fait usage, comme toute autre espèce de perception, des mêmes « catégories fondamentales et capitales »[4], celles de l'espace, du temps, du nombre, de la cause, de la chose et de la propriété, du tout et de ses parties.

Une phénoménologie critique élargie se doit donc de déterminer, dans cette première forme de la manifestation de la conscience, ce « phénomène primitif », sa manière spécifique de manifester le pouvoir de l'homme de construire son propre monde de formes ou d'images. Cassirer va ainsi reprendre le mouvement de la réflexion transcendantale en en étendant le champs d'application. Il va déterminer, dans ce phénomène primitif de la conscience, ce qui relève de la spontanéité et ce qui relève des choses et voir la manière dont ils se conjuguent pour donner naissance à la structure spécifique de la perception. Il s'agit de traiter par l'analyse ce qui est donné dans une synthèse. Il pose l'existence d'un conditionnement réciproque entre les catégories : « Le concept de cause, dit-il, conditionne le concept d'objet et réciproquement. »[5] De son côté, le concept d'être ou de réalité conditionne et détermine la pensée de la cause qui, à son tour, permet de voir d'un autre œil l'être lui-même et de le décomposer en facteurs constituants. Nous pouvons ainsi saisir la spécificité de la pensée mythique à partir de son concept d'être et de son concept de cause. C'est cette conception de la cause et de l'objet qui donne aux formes de l'espace, du temps et du nombre leur mode propre de cohérence et qui fait « la différence fondamentale qui sépare la synthèse logique de la synthèse mythique »[6].

---

[1] A. Comte, *Cours de philosophie positive*, 1e leçon, p. 5.

[2] E. Cassirer, *Langage et mythe*, p. 143.

[3] E. Cassirer, *La philosophie des formes symboliques 2*, p. 143.

[4] E. Cassirer, *Perception des choses et perception de l'expression*, *op. cit.*, p. 119.

[5] E. Cassirer, *La philosophie des formes symboliques 2*, p. 66.

[6] *Ibid.*, p. 106.

§ 2. La pensée mythique de l'être

Considérer l'organisation de l'être telle qu'elle se donne à lire au niveau de l'expression, c'est aussi se donner l'occasion de montrer que même l'irrationnel peut figurer l'activité de l'esprit et que chez l'homme se déploie un effort de s'émanciper de l'immédiateté bien avant de parvenir aux hautes fonctions abstraites de l'esprit. Toute perception se réfère forcément à un objet. Elle est perception de quelque chose. Cette « référence à l'objet, dit Cassirer, se présente pour nous dans une double orientation : (...) l'orientation vers le ça et l'orientation vers le toi »[1]. Le monde de notre perception est donc soit un monde d'objets, soit un monde d'êtres de notre espèce. Il est incontestable que, selon que nous nous orientons vers le ça ou vers le toi, « la perception acquiert pour nous un sens différent et dans une certaine mesure une coloration et une tonalité particulière »[2]. Au niveau de la pensée expressive, « la forme du toi prime sur la forme du ça »[3]; le monde est peuplé d'âmes, de forces et de puissances en conflit.

De par la nature du réel sur lequel elle opère, la pensée mythique ne peut parvenir qu'à des déterminations d'ordre physionomique animistes qu'elle assigne à chaque partie de l'être. Une délimitation qui tend à fixer le monde spirituel et matériel de l'homme en fonction du mouvement d'une diversité de principes ou d'essences. Le primitif associe à la diversité des choses une diversité de forces, de puissances ou de Dieux qu'il place à l'origine de toute singularisation. Il existe un Dieu propre à chaque activité, à chaque caractère et à chaque lieu. Dès lors, saisir un monde de choses, c'est être en possession d'un monde d'âmes, de personnes, de forces qui « ne sont pas matière inerte ou indifférente »[4].

C'est une logique de la différence absolue qui prend la forme d'une diversité irréductible. Notre enfance n'en est pas très loin. En effet, chez l'enfant, l'extension des noms est très restreinte ; elle ne peut déborder les cadres de ce que dénote la situation

---

[1] E. Cassirer, *Perception des choses et perception de l'expression*, *op. cit.*, p. 119.

[2] *Ibid.*, p. 120.

[3] E. Cassirer, *La philosophie des formes symboliques 3*, p. 78.

[4] E. Cassirer, *Essai sur l'homme* p. 115.

actuelle. Les caractères des choses ne sont pas perçus comme attributs ou signes distinctifs, mais comme caractères physionomiques originaires. Chaque nom a « un être substantiel propre, une force autonome et réelle »[1], il ne désigne pas un contenu matériel « il prend sa place ; il devient une sorte de chose originaire, une puissance qui intervient dans le déroulement causal »[2].

Il n'y a donc pas, dans le monde de l'expression, de place pour le conventionnel. Le nom de la chose n'en est pas une désignation conventionnelle, il ne signifie pas, il exprime son essence même. Cette restriction de l'extension des noms donne à ces derniers une puissance illimitée. Dans les pratiques mythiques, par exemple, les sorts et les catastrophes sont conjurés et détournés par la prononciation du nom du Dieu maître de la situation. La désignation correcte du Dieu par le nom qui lui convient est tenue, chez le primitif, pour la garantie de l'efficacité de la prière, de l'hymne ou de tout autre rite ou discours religieux. Le nom de la chose a une existence réelle et une âme active. Le sortilège comme action « peut être par l'image comme par le mot et le nom »[3]. En témoigne le célèbre récit égyptien qui « rapporte comment Isis, la grande magicienne parvint par la ruse à convaincre Râ, Dieu du soleil de lui dévoiler son nom et comment de ce fait elle prit le pouvoir sur lui et sur tous les autres Dieux »[4].

Cette coextension du réel et de l'animé devient une équivalence entre le matériel et le spirituel. Si tout a une âme et une vie, toute matérialité est forcément porteuse d'une charge spirituelle. Mais cette spiritualisation ne débouche-t-elle pas sur la position inverse, celle de tout matérialiser ? Si l'âme, la vie et le sacré n'existent qu'en tant que caractéristiques d'une personne, d'une action, d'une chose, d'un lieu ou d'un fragment de temps, peuvent-ils, en tant que tels, être des principes spirituels indépendants de la matérialité ?

Pensée concrète par essence, la pensée mythique ne peut concevoir des rapports *in abstracto*. Pour s'assurer d'une

---

1 *Ibid.*

2 *Ibid.*

3 E. Cassirer, *La philosophie des formes symboliques 3,* p. 62.

4 E. Cassirer, *Langage et mythe,* p. 65.

relation, elle a besoin de la figer dans une figure intuitive et de la placer devant elle « de façon sensible et plastique »[1]. Ainsi, le concept qui ne désigne pas et ne signifie pas « appartient à la simple sphère de l'existence »[2]. En tant que tel, il ne peut valoir que pour une chose déterminée. Il n'y a pas, au niveau de la conscience de type expressif, de classes générales de choses, de genres et d'espèces. Seule existe la loi de « concrétion (et de) réification directe »[3]des perceptions. La pensée ne perçoit les choses, les propriétés ou même les idées que comme des substances. « Chaque spécification comme telle est déjà une substance »[4], c'est-à-dire une chose, une réalité. Cette substantialisation à outrance fait que le primitif, et, dans une certaine mesure, l'enfant, ne bougent que « dans un plan unique de la réalité : c'est le plan substantiel. Or, une substance unique n'a pas de propriétés différentes »[5].

La perception du type expressif est donc la perception d'une réalité homogène, indifférenciée et unidimensionnelle. Comme le primitif, l'enfant ne fait pas de différence entre la présence d'une chose et la pensée d'une chose ou sa simple évocation par un nom ou un indice quelconque. Il n'y a pas chez lui de conscience de la médiation ou de pensée de la relation entre image et chose. Toute représentation est d'emblée une présence. Il n'y a « aucune frontière stable entre le simple sujet de représentation et la perception réelle »[6].

Lévy-Bruhl, que Cassirer cite souvent pour étayer ses conclusions sur la pensée primitive, trouve que chez le primitif « les appartenances sont partie intégrantes de l'individualité, l'ombre, l'image et le reflet se confondent avec l'homme dont elles reproduisent la forme et les traits »[7]. Le primitif a une profonde conviction de l'existence d'« une solidarité de la vie,

---

[1] E. Cassirer, *La philosophie des formes symboliques* 2, p. 178.

[2] *Ibid.,* p. 278.

[3] *Ibid.,* p. 91.

[4] *Ibid.*

[5] *Ibid.*

[6] *Ibid.,* p. 57.

[7] L. Lévy-Bruhl, *L'âme primitive*, p. 189.

fondamentale et indestructible »[1], sa conception de l'espace, autant que celle du temps, porte les signes de cette solidarité, de cette unicité de l'être. Elle n'est « ni purement théorique, ni purement pratique ; elle est sympathique »[2]. Ce rapport de sympathie qui structure le monde des substances présentes fait que le réel expressif est saisi comme dans un enchantement indifférencié. L'espace de l'homme, par exemple, est perçu comme une partie intégrante de ce dernier, et à ce titre, il est structuré comme une physionomie qu'on appréhende dans sa globalité, indécomposable en configurations simples, indifférent aux différences de signification et de valeur que pose la conscience théorique. Il y a une communauté d'essence entre l'homme et son lieu, une communauté sentie plus que représentée. « Il n'y a jamais, dit Cassirer, pour la pensée mythique, entre ce qu'est une chose et le lieu où elle se trouve, un rapport purement *extérieur* et contingent ; le lieu lui-même est une partie de son être, qui lui est attachée par des liens internes bien précis. »[3] Contenant et contenu se mirent réciproquement. Dans l'expression pure, ce n'est pas l'espace qui porte une signification, c'est lui qui est cette signification.

La distinction dans le mythe entre les différentes régions de l'espace -la droite et la gauche, le haut et le bas, l'Est et l'Ouest- est, de ce fait, une distinction réelle, elle ne peut être ni arbitraire ni conventionnelle, comme on peut le penser à partir d'une conception de l'espace euclidien isomorphe isotrope et infini. Cassirer cite, à cet effet, la carte des sept lieux du monde qui se trouve dans le traité d'Hippocrate : « La terre est présentée comme un corps humain : sa tête est constituée par le Péloponnèse, l'Isthme correspond à la moelle épinière, tandis que l'Ionie apparaît comme le diaphragme, c'est-à-dire, comme ce qu'il y a de plus intérieur, le nombril du monde. Les propriétés spirituelles et éthiques des peuples qui habitent ces régions sont, elles aussi, dépendantes, d'une manière ou d'une autre, de cette forme de localisation. »[4] L'espace porte donc, à titre d'essence manifeste, les qualités des choses qu'il contient,

---

[1] E. Cassirer, *Essai sur l'homme*, p. 123.

[2] *Ibid.*

[3] E. Cassirer, *La philosophie des formes symboliques* 2, p. 119.

[4] *Ibid.*, p. 117-118.

celles « des forces mystérieuses, invisibles, partout répandues »[1] et, réciproquement, le contenu de l'espace porte la qualité de l'espace qui le contient. Toute personne ou chose se trouvant dans un lieu sacré se voit du même coup porter, à titre d'essence, cette qualité ; de même, tout lieu où se tient une personne vénérée devient systématiquement, lui aussi, objet de vénération. Les qualités sont ainsi assignées à une matérialisation continue, soit sous forme de lieu, soit sous forme de personne. Tout se passe comme si la pensée mythique ne peut saisir ce qui est purement signifiant que si elle « le métamorphose en quelque chose de matériel qui participe de l'être »[2].

Cette matérialisation de la relation est encore plus significative dans la perception mythique du temps. En effet, le temps n'est pas perçu, chez le primitif, comme un écoulement ou une durée, mais comme un point de départ, commencement absolu et stable, une sorte de point spatial et substantiel. Le temporel n'est saisi et ne reçoit sa valeur que s'il est spatialisé. La division du temps en moments singuliers reproduit celle de l'espace en différentes régions et directions. Toutes les constructions temporelles mythiques sont des substances « atemporelles, (...) antéhistoriques »[3]. Ce sont des portions de temps identiques à elles-mêmes, coupées en moments stables, inertes. Le déroulement temporel est alors perçu chez le primitif comme le passage spatial concret d'un état à un autre ; un passage qui suppose l'incommunicabilité totale des événements temporels. Toute temporalisation reproduit ce commencement absolu, ce découpage effectué entre l'être et le non-être, la vie et la mort que les faits naturels imposent à l'esprit du primitif à partir de l'éternel recommencement du déplacement du soleil entre les portions du ciel et les saisons. C'est cette idée de mort qui donne toute sa valeur aux cérémonies d'initiation de passage d'un âge à un autre[4]. Le primitif est incapable d'accéder à un

---

[1] L. Lévy-Bruhl, *L'âme primitive*, p. 8.

[2] *Ibid.*, p. 60.

[3] E. Cassirer, *La philosophie des formes symboliques 2*, p. 134.

[4] *Ibid.*, p. 137 : « Même aux degrés les plus bas on distingue habituellement par un culte ces passages, les ruptures les plus importantes de la vie de l'espèce et de l'individu, et on les détache du cours uniforme des événements. Le début et la fin de ces époques sont entourés d'une foule de rites qu'on observe soigneusement. Ces rites

degré d'abstraction qui lui permet de saisir l'identité à travers l'écoulement ; il ne voit dans cet écoulement qu'une opposition des contraires et leur incommunicabilité. Le temps primitif semble, en effet, « supprimer catégoriquement la continuité de la vie »[1]. Lorsqu'il passe d'une phase de sa vie à une autre, le primitif ne s'identifie pas soi-même comme une continuité à travers l'écoulement du temps, il ne se perçoit pas comme le même individu. Il est, au contraire, un moi différent à chaque phase de sa vie, un moi chose. Ainsi, par exemple, « à l'entrée de la puberté, l'enfant mourrait pour renaître comme adolescent et comme homme »[2]. Il ne se sent pas se continuer lui-même ; il est dans un éternel commencement.

La numération en tant que détermination des choses ne peut échapper à cette règle de substantialisation et d'identité entre le déterminé et le déterminant. Dans le mythe, le nombre n'est pas une relation, il est un être indépendant, une essence, une force autonome qui habite les choses auxquelles il correspond et qui en portent tous les caractères. Monde rempli d'efficiences vivantes maléfiques et bénéfiques, le monde mythique est un monde de la différence et de l'individuation, chaque nombre a une physionomie individuelle. Le nombre exprimé, dit Cassirer « n'est jamais simplement ordinal, il ne se contente jamais de désigner une position à l'intérieur d'un système global plus vaste. Chaque nombre possède son essence propre, sa nature individuelle, sa force particulière »[3] qu'il communique à tout ce qui est en son contact, même la chose en apparence la plus indifférente. Dès lors, « ce qui de quelque manière participe du nombre, ce qui révèle en soi la figure et la force d'un nombre précis, ne mène plus, aux yeux de la conscience mythique et religieuse une existence indépendante : cet être a

---

effectuent d'une certaine manière un découpage religieux de la série toujours identique du flux de l'existence, du simple "déroulement" du temps : ils confèrent à chaque phase singulière de la vie la tonalité religieuse particulière qu'elle même lui donne un sens spécifique. Naître, mourir, porter un enfant, accoucher, entrer dans l'âge viril, comme se marier toutes ces périodes de la vie sont caractérisées par certains rites d'initiation et de passage. »

1 *Ibid.*

2 *Ibid.*

3 E. Cassirer, *La philosophie des formes symboliques 3*, p. 173.

acquis au contraire une signification toute nouvelle »[1], une signification spirituelle, magique que le nombre lui aura communiqué. Le culte de la croix, par exemple, constitue une expression plastique et sensible du culte du nombre quatre[2].

La principale conséquence de cette substantification de la relation est l'émergence d'un monde riche et bariolé, entièrement effectif et réel, ainsi qu'une absence de liberté et une limitation excessive à la présence. Cassirer reprend à son compte, le cas de la petite Laura Bridgman, sourde, muette et aveugle, cas étudié par Mary Swift Lamson[3]. Chez elle, comme chez le primitif, l'extension des noms ne dépasse pas la situation effective. Comme le primitif, elle semble fixée « à l'objet et à la situation des choses dans sa présence objective »[4]. Ni l'enfant, ni le primitif ne peuvent concevoir une « applicabilité générale »[5] des symboles. Chez l'enfant, comme chez le primitif, on a affaire à une absence de la capacité d'abstraction ; absence qui les rend incapables d'inventer des situations fictives ou de faire des distorsions volontaires ou ludiques. Laura Bridgman, par exemple, avait des difficultés « à comprendre les tournures du langage, les contes, les suppositions de toute sortes (....). Si on lui donne un problème d'arithmétique, la première impression est que ce

---

1 E. Cassirer, *La philosophie des formes symboliques 2*, p. 174.

2 *Ibid.*, p. 178 : Cassirer cite ici l'exemple des mythologies chinoises : « Dans le système chinois, dit-il, à chacune des quatre directions essentielles du ciel, le nord, le sud, l'est et l'ouest correspond une saison déterminée, une couleur, un élément, une espèce animale, un organe du corps humain et ainsi de suite, de sorte que finalement toute la multiplicité de l'existence est divisée d'une manière ou d'une autre par cette relation et apparaît pour ainsi dire fixée et installée dans un certain canton de l'intuition (...). C'est pourquoi le culte du nombre quatre s'exprime dans le culte de la croix qu'on a prouvé être un des plus anciens symboles religieux. Depuis la forme archaïque de la croix à quatre branches, depuis la svastika jusqu'à la spéculation médiévale qui introduit dans la croix le contenu intégral de la doctrine chrétienne, on peut suivre ici une des directions constantes de la pensée religieuse. »

3 Mary Swift Lamson, *Life and education of Laura Dewey Bridgman, the deaf, dumb and blind girl*, Boston Hougton, Mifflin co, 1881, p. 7 et suivantes. Cité in *Essai sur l'homme*, p. 59.

4 E. Cassirer, *La philosophie des formes symboliques 3*, p. 304.

5 *Ibid.*, p. 142.

qui est supposé s'est réellement produit »[1]. Prisonnière du présent vécu, Laura est incapable de se projeter dans un avenir pensé. Comme le primitif, elle ne se représente que le présent, elle ne pense que ce qui est donné dans l'immédiat.

Au stade expressif, la réalité de l'enfant tout comme celle du primitif, ne se laissent « ni lier par une loi logique d'identité ni limiter par une constance fixe des espèces »[2]. Les propriétés des choses ne sont pas représentées par la médiation du phénomène, elles se dressent « en pleine présence »[3]. Toute réalité empirique n'est saisie que dans la mesure où elle est en quelque sorte personnifiée. « La conscience parvient à transformer la réalité empirique, celle des choses et de leurs propriétés en une autre sorte de réalité, composée de sujets animés et actifs. »[4] Ce phénomène de personnification systématique engendre un langage métaphorique pictural riche en détails, une richesse terminologique infinie, des mots précis et nuancés.

Cassirer cite le cas du langage de certains indiens de l'Amérique du Nord, où l'action de laver est désignée par un verbe différent chaque fois que l'objet à laver est différent : les mains, le visage, les récipients, les vêtements ou les aliments. Les mots du langage semblent prendre appui sur l'évènement singulier concret et sur son image sensible, ils semblent chercher à « épuiser avec le son »[5] la diversité des choses ou la spécificité de l'évènement. La désignation générale, sous un nom générique, ne semble pas satisfaire le primitif, il « accompagne chaque nuance particulière de l'évènement d'une nuance phonique particulière prévue pour ce seul cas »[6]. Le primitif cherche ainsi à ne négliger aucune propriété différenciée de l'objet, aucune particularité du processus et aucune nuance ou modification. Il fait en sorte

---

[1] E. Cassirer, *Essai sur l'homme,* p. 87.

[2] E. Cassirer, *La philosophie des formes symboliques 3*, p. 76.

[3] *Ibid.,* p. 81.

[4] *Ibid.,* p. 86.

[5] E. Cassirer, *La philosophie des formes symboliques* 1, p. 141.

[6] *Ibid.*

que le son qu'il émet reproduise le plus fidèlement possible l'impression sensible ; indice que l'esprit est encore tout près de la nature.

L'abstraction étant, dans ces conditions, inversement proportionnelle à la richesse du langage concret, la précision des mots et des sons est en rapport inverse avec leur extension. Plus le mot imite la chose, plus il est confiné dans un champ étroit d'applicabilité. Ce que les mots gagnent en compréhension, ils le perdent en extension. Aussi bien dans le mythe que dans le langage mimétique, l'esprit semble plus proche du simple réflexe que de la réflexion. Il est en effet tout entier dans l'impression ; comme tel, il est prisonnier de l'aspect extérieur et immédiat que lui présente le monde. La mise en forme de type expressif semble ainsi être une sorte de « condensation »[1] qui consiste à porter, dans des manifestations sonores et picturales, les impressions les plus frappantes et les plus vives que les choses laissent en nous. Dès qu'elle est saisie, l'impression devient le tout, elle ne signifie pas, elle présente.

Nous pouvons constater cela dans la conception mythique de l'espace, du temps et du nombre tels qu'ils se donnent à lire dans le langage des primitifs et des enfants. Ainsi, les directions sont, chez le primitif, elles-mêmes les qualités qu'elles portent ou les forces vers lesquelles elles indiquent. A chaque détermination singulière de l'espace correspond un caractère déterminé, divin ou démoniaque, amical ou hostile, sacré ou profane. L'Est en tant qu'origine de la lumière est aussi l'origine et la source de toute vie et synonyme de naissance, de vie et de pureté. L'Ouest, là où chaque soir le soleil se couche et meurt, est objet de crainte et synonyme de mort, de malheur. Nous trouvons « déjà, aux stades relativement inférieurs de la pensée mythique des Dieux cardinaux, Dieux de l'Est et du Nord, Dieux de l'Ouest et du Sud, Dieux du monde inférieur et du monde supérieur »[2]. Ces associations, dont le langage porte souvent les traces sous

---

[1] E. Cassirer, *Langage et mythe*, p. 111.

[2] E. Cassirer, *La philosophie des formes symboliques 3*, p. 125.

forme d'emprunts langagiers, montrent que, à son stade expressif, le langage opère lui-même selon les mêmes paramètres et marque la dette de toute culture à la superstition originaire du mythe.

Dans son livre *Totem et Tabou*, Freud expose cette idée de condensation à propos de la représentation du tabou chez le primitif. Les primitifs ne font pas de différence entre le caractère tabou et les lieux, les moments, les nombres et les personnes ou les objets qui portent cette caractéristique. Le tabou n'est pas un caractère, il est l'essence même de ceux qui le portent ou qui le commettent. « Celui qui a eu le malheur, dit Freud, de violer une de ces prohibitions, devient lui-même prohibé interdit, comme s'il avait reçu la totalité de la charge dangereuse. »[1] On n'évite pas l'acte tabou, mais on évite tout ce qui le porte ou est susceptible de le porter parce qu'il n'y a pas de différence entre le caractère et l'essence. Le caractère est l'essence même.

Cette même loi de condensation se donne à lire dans la perception primitive des liens de parenté. Chez le primitif, ce lien n'est pas un rapport « entre deux individus, mais entre un individu et un groupe »[2]. Les individus n'ont pas des liens avec les autres mais sont eux mêmes des liens absolus en vertu d'un principe classificateur. Ainsi, dit Freud, « un homme appelle père non seulement celui qui l'a engendré, mais aussi tout homme qui, d'après les coutumes de la tribu, aurait pu épouser sa mère »[3]. Nous sommes en présence d'un schème opposé à celui du mouvement de l'esprit discursif[4]. Alors que le travail de la raison dite scientifique rapporte l'intuition singulière à la permanence du concept, dans l'expérience d'un vécu d'expression c'est au contraire la totalité qui est concentrée dans l'immédiateté de l'intuition singulière, « appréhendée et incarnée dans son pur présent (...), l'intuition n'y est pas étendue mais concentrée, elle est

---

1 Freud, *Totem et tabou*, p. 33.

2 *Ibid.*, p. 15.

3 *Ibid.*

4 E. Cassirer, *Langage et mythe*, p. p. 73.

en quelque sorte ramenée à un seul point (et extrêmement rétrécie) en un plan unique de l'être »[1]. La partie est déjà le tout.

A son niveau expressif, c'est-à-dire telle qu'elle est en oeuvre chez l'enfant et le primitif, la formation linguistique procède « à la condensation, à la concentration et à la mise en valeur par isolement »[2]. Cassirer prend cette démarche pour un procédé relevant d'une, « loi que l'on pourrait véritablement appeler la loi du nivellement et de l'effacement des différences spécifiques »[3]. Le mot n'a pas pour tâche de mettre en place la « relation entre le contenu de l'intuition particulière, donnée à chaque fois et d'autres qui lui ressemblent ou lui correspondent »[4], le nom ne représente pas mais contient en lui-même immédiatement « la force du tout, sa signification et son efficace »[5]. Il n'y a ainsi ni partie ni genre ni espèce ; « chaque partie d'un tout, chaque genre d'une espèce apparaît équivalent au tout ou à l'espèce en tant que tels »[6]. Le nom propre, l'image, le lieu ou la caractéristique d'un homme sont ses *alter ego* : ce qu'ils subissent, l'homme le subit aussi[7].

Cette loi du nivellement s'étend, au-delà du monde des choses et des propriétés, vers le monde de la conscience de soi. Dans la perception de type expressif, le moi propre en tant qu'ipséité individuelle, ou spontanéité posée en face du monde et en dehors de lui, un moi indépendant et différencié du monde, n'est pas encore atteint. Ni l'enfant ni le primitif ne peuvent se détacher de leurs perceptions, ni avoir conscience d'eux-mêmes comme *cogito*. Leurs perceptions sont des perceptions globales d'un monde immédiat dont les éléments sont en mutation perpétuelle. L'idée d'un moi constant, d'une même chose à laquelle on attribue divers prédicats est

[1] *Ibid.*, p. 113.

[2] *Ibid.*

[3] *Ibid.*, p. 114.

[4] *Ibid.*, p. 73.

[5] *Ibid.*, p. 114.

[6] *Ibid.*

[7] Freud, *Totem et tabou, p. 35*, « le nouveau nom qu'un garçon reçoit au moment de son initiation à la maturité constitue en Australie sa propriété la plus personnelle : aussi ce nom doit-il être tenu secret ».

étrangère à l'esprit du primitif. Ainsi, si la dichotomie entre le sujet et l'objet, entre l'homme et son lieu, la conscience de la constance de soi dans le temps existe chez l'enfant et le primitif, elle « se situe bien moins au début qu'à la fin »[1] du processus expressif, c'est-à-dire au stade du langage analogique et de la pensée religieuse.

Il va falloir attendre l'apparition du langage propositionnel, entendons l'apparition de la fonction de représentation pour voir la conscience linguistique séparer « l'expression de l'être pur de celle de l'être ainsi »[2], c'est-à-dire quand l'homme acquiert la fonction de la prédication. Ce niveau de l'évolution du langage coïncide pour Cassirer avec l'apparition de la religion, « l'expérience de l'unité du divin, dit-il, s'accroche à l'expression linguistique de l'être et trouve en celle-ci son appui le plus sûr »[3]. Grâce à sa tendance généralisatrice, le nom donne à la représentation du Dieu une concrescence et une constance, il parvient ainsi à donner au Dieu une unité spatiale, une unité de concept. Au stade du langage représentatif le règne de la différence cède la place à celui de l'identité.

§ 3. La pensée mythique de la cause

Le concept d'objet et le concept de cause sont, chez Cassirer, deux concepts qui se conditionnent réciproquement. En effet, parce qu'elle est incapable de se désengager de la présence et de saisir les choses autrement que comme des substances globales et indépendantes les unes des autres, la conscience primitive se trouve aussi dans l'incapacité de concevoir la « décomposition de l'événement en différents domaines de conditions, en différentes couches de relations »[4] et de lier le contenu de la perception aux « conditions de sa naissance dans la conscience »[5]. Concevoir le principe de causalité requiert donc

---

[1] E. Cassirer, *Philosophie des formes symboliques 3*, p. 107.

[2] *Ibid.*, p. 94.

[3] *Ibid.*, p. 95.

[4] E. Cassirer, *La philosophie des formes symboliques 2*, p. 67.

[5] *Ibid.*, p. 66.

une conscience capable de se détacher des phénomènes vécus et de se les représenter en face d'elle comme une expérience.

Or, quand on ne peut se détacher du concret, ni percevoir autre chose que la présence sous la forme de la globalité est-il possible d'opérer en tant que spontanéité législatrice sur les phénomènes, d'extraire d'un état global *A*, un moment *x* afin de le lier à un moment *y* dans *B* et de décider que *x* est le fondement de *y* et que *y* est la conséquence de *x* ?[1] Si la perception primitive est celle d'un tout indifférencié donné à l'intuition et si le primitif « n'effectue aucune division dans une représentation globale pour en isoler les éléments »[2], comment peut-on affirmer sans contradiction le caractère universel de la relation causale ?

Il y aurait lieu ici de suggérer le rapprochement de la pensée de Cassirer sur la conscience de la causalité au niveau de l'expression de ce que la psychologie structurale de Piaget considère comme caractéristique de la première forme de la pensée de l'enfant. Dans ses expériences sur le développement intellectuel de l'enfant, Piaget remarque, que l'enfant « procède d'abord par actions simples, à sens unique avec centration sur les états (surtout les états finaux) »[3]. C'est cette même orientation de la pensée à sens unique que Cassirer décèle dans la pensée du primitif. L'enfant et le primitif associent étroitement, la fin, le résultat et l'issue de l'acte ; ni l'un ni l'autre, ne manifestent le besoin de « moyens termes qui (...) conduisent du début du processus causal jusqu'à sa fin selon un ordre déterminé de succession »[4]. Cette perception à sens unique, empêche l'un et l'autre d'établir des démarcations et des séparations entre les constituants de l'être et de procéder à une analyse qui puisse les mener vers ce qu'on peut appeler un syllogisme de causalité. Toutefois, l'absence de la procédure syllogistique de la causalité ne veut pas dire l'absence totale de la conscience de causalité. L'homme primitif, comme l'enfant, s'interroge constamment sur le pourquoi des choses et sur leur comment : « La catégorie universelle de cause et d'effet, insiste Cassirer, ne fait en aucune manière défaut à la pensée mythique, elle appartient au contraire

---

1 *Ibid.*, p. 67.

2 *Ibid.*

3 J. Piaget, *Six études de psychologie*, p. 92.

4 E. Cassirer, *La philosophie des formes symboliques 2*, p. 250.

à son statut fondamental. »[1] Loin d'infirmer le caractère *a priori* de la liaison causale, les structures de la pensée primitive la confirment. La pensée primitive nous offre, selon Cassirer, une « hypertrophie (…) du besoin d'une explication causale »[2].

Quelle est la nature de cette causalité qu'on établit et qu'on cherche dans un monde homogène et indifférencié où le réel et le virtuel se confondent ?

Tout peut être cause et tout peut être effet. Cependant, parce qu'il n'y a pas une conscience de la nécessité d'une règle générale à laquelle le changement doit être soumis, le changement est perçu, chez le primitif et chez l'enfant, comme la métamorphose d'une chose concrète et individuelle en une autre non moins concrète et individuelle. La causalité se réduit dans ce cas à « l'image du simple déroulement de l'événement lui-même »[3]. L'idée de cause se trouve liée à la contiguïté des éléments et à leur coexistence dans l'espace et dans le temps. Toute contemporanéité, tout contact et toute coexistence dans l'espace, impliquent déjà à ce stade, en soi et pour soi, une conséquence causale réelle. La recherche de la causalité devient, chez le primitif et chez l'enfant, la recherche d'un pourquoi qui réside dans le « particulier, le singulier et l'instant unique »[4].

Cette idée de causalité spatiale et temporelle donne au monde mythique l'aspect d'une chaîne bien structurée où il n'y a de place ni pour l'inexplicable ni pour le hasard. Tout ce qui a lieu a forcément une cause : « Un malheur qui s'abat sur le pays, une blessure qui advient à un homme, la maladie et la mort, ne sont jamais des évènements contingents et se rapportent toujours à des causes véritables. »[5] Le primitif agit tout en étant convaincu que « des fils invisibles lient tout à tout »[6] donnant à toute liaison la forme d'une « sympathie universelle »[7]. La conscience de la

[1] *Ibid.,* p. 66.

[2] *Ibid.,* p. 71.

[3] *Ibid.,* p. 70.

[4] *Ibid.,* p. 71.

[5] *Ibid.*

[6] E. Cassirer, *Essai sur l'homme*, p. 112.

[7] *Ibid.*

causalité prend ici l'aspect d'une conscience d'un pandémonium à caractère flottant et « étrangement impersonnel »[1].

La légalité causale dans le mythe est, en fin de compte, une légalité du contingent, du particulier et du singulier conçu comme « manifestation de la volonté de certains Dieux ou certains démons »[2]. Toutes les corrélations sont alors effectives. Le primitif semble soucieux de déceler, dans les choses qui remplissent son espace, les dispositions bienveillantes ou hostiles qui peuvent lui nuire ou l'aider assimilant ainsi la cause et la fin. La cause est la finalité de la volonté de ces Dieux ou de ces démons, volonté elle-même inexplicable, dans la mesure où elle est un acte libre[3]. Ce sont ces actes volontaires et individuels qui constituent la seule explication causale du monde, une finalité libre qui n'a besoin d'aucune explication pour fonder sa nécessité. « La simple exposition du phénomène, dit Cassirer, est en même temps son explication et la seule dont il ait besoin. »[4]

Toutefois, cette « hypertrophie de l'instinct de causalité »[5], n'implique pas, chez le primitif ou l'enfant, l'idée de l'existence d'un déterminisme entre les choses, entendu dans le sens d'une liaison constante par une sorte de nécessité. Le primitif qui croit que tout peut provenir de tout, ne peut atteindre, ce que Bachelard appelle « la sécurité des liaisons »[6], sécurité que seule peut engendrer la rationalisation du réel. Car, à la place de la différenciation, le mode de pensée expressif ne voit que l'équivalence qui ne tient compte ni de la distance spatiale ni de la distance temporelle. La cause et l'effet sont, chez le primitif, « des choses indécomposées, des unités simples »[7] et tout ce qui

---

[1] *Ibid.*, p. 88.

[2] E. Cassirer, *La philosophie des formes symboliques 2,* p. 72.

[3] *Ibid.*, p. 73.

[4] E. Cassirer, *La philosophie des formes symboliques 3*, p. 113.

[5] E. Cassirer, *La philosophie des formes symboliques 2*, p. 71.

[6] G. Bachelard, *Le nouvel esprit scientifique*, p. 80.

[7] E. Cassirer, *La philosophie des formes symboliques 2*, p. 76 : « Si un guerrier est blessé par une flèche, il peut dans la représentation magique, guérir ou apaiser la douleur en suspendant la flèche dans un endroit frais, ou en la frottant avec un baume. Quelque étrange que cette sorte de "causalité" puisse nous sembler, elle devient parfaitement intelligible quand on pense que la flèche et la blessure, en tant que cause et effet, sont ici encore des choses indécomposées, des unités simples. »

résulte de la décomposition de cette totalité est à la fois cause et effet. La réalité physique du primitif et de l'enfant est parsemée de pouvoirs et de forces magiques qui ne sauraient être répartis en classes logiques, ou compris en termes de lois ou de causalité.

Liée étroitement au vécu et à l'immédiat, la conception de la cause au niveau de l'expérience du type expressif est étrangère à l'idée du déterminisme, à celle d'une liaison nécessaire d'une cause définie à un effet défini. Car, l'idée du déterminisme suppose au préalable, comme dit Bachelard, « une mise à l'écart des phénomènes perturbants ou insignifiants »[1], c'est-à-dire une sorte de sélection au sein du donné, une fragmentation de ce dernier selon la qualité ; chose impossible au niveau de l'expérience de type expressif où la pensée, envahie dans une sorte de sympathie par des expressions de vie, procèderait plutôt par une sorte de condensation de chaque élément de la réalité en « une chose autonome, subsistant par soi »[2].

Faut-il voir dans cette condensation le signe d'une absence de travail intellectuel chez le primitif ? Les conclusions de Cassirer rappellent celles de Claude Lévi-Strauss, qui décèle, à travers le besoin de rigueur et de précision qui se manifeste dans les pratiques rituelles, « une appréhension inconsciente de la vérité du déterminisme en tant que mode d'existence des phénomènes scientifiques »[3]. Le déterminisme causal serait déjà, au niveau du mythe, « globalement soupçonné et joué avant d'être connu et respecté »[4].

Certes, nous sommes loin des relations univoques du déterminisme scientifique. En effet, il y a une confusion dans la pensée mythique, entre la notion de cause et celle de force, entendue au sens de « quelque chose de particulier, de matériel qui (...) peut aller d'un endroit à l'autre, d'un sujet à l'autre »[5] selon ses humeurs et ses volitions. Il demeure, toutefois, que c'est à partir de ce concept de force que s'est développé le concept scientifique de cause. Cela veut dire que, selon Cassirer, la pensée qui s'élève pas à pas dans les sphères de la

---

1 G. Bachelard, *op. cit.*, p. 82.

2 E. Cassirer, *La philosophie des formes symboliques 2*, p. 81.

3 Claude Lévi-Strauss, *La pensée sauvage*, p. 19.

4 *Ibid.*

5 E. Cassirer, *La philosophie des formes symboliques 2*, p. 82.

conceptualisation ne coupe pas le lien qui l'attache à ce qui la précède. Bien au contraire, « chaque degré supérieur de l'objectivation délimite le précédent »[1] et réalise « ce qui s'esquissait et s'amorçait déjà »[2] dans le degré précédent. Ainsi, les concepts du mythe sont-ils les ancêtres de ceux de la science[3].

§ 4. La pensée mythique de la subordination

Chaque « nouveau concept de causalité, appelle et produit de lui-même un nouveau concept d'élément, un nouveau rapport entre le tout et ses parties »[4]. Parce qu'ils ne peuvent établir le rapport de causalité en remontant des choses aux conditions qui les constituent et parce qu'ils procèdent d'une forme de pensée niveleuse, le primitif et l'enfant sont incapables d'avoir conscience de la partie comme élément constituant du tout et de saisir le rapport entre le tout d'un objet et ses parties singulières. En effet, la conscience de la quantité suppose une forme de pensée plus développée, un degré de maturité permettant d'analyser, d'organiser et de remonter des objets à leurs conditions constituantes. Elle requiert, pour ainsi dire, la conscience du rapport causal.

Incapable de parvenir à un syllogisme causal, la pensée mythique est également incapable d'établir des corrélations autres que sympathiques. Ne pouvant lier et délier les événements par un seul et même acte de la pensée, « le mythe rejette tout ce qu'il touche dans une unité indifférenciée »[5]. Dans la pensée mythique, « le tout n'a pas de parties et ne se fragmente pas : la partie est immédiatement le tout, (elle) agit et

---

[1] E. Cassirer, *La philosophie des formes symboliques 3*, p. 525.

[2] *Ibid.*, p. 494.

[3] *Ibid.*, p. 8. « Sous les couches de la connaissance "discursive" s'étend désormais le soubassement de ces autres couches de l'esprit mises à jour par l'analyse du langage et du mythe, et c'est en reportant le regard sur cette infrastructure qu'on cherchera à déterminer, dans sa spécificité, l'organisation architectonique de la "superstructure" que constitue la science. »

[4] E. Cassirer, *La philosophie des formes symboliques 2*, p. 74.

[5] *Ibid.*, p. 88.

fonctionne comme tel »[1]. A la catégorie de la présence au niveau de l'être, correspond la catégorie de l'équivalence au niveau de la hiérarchie des constituants de cet être : « Le mythe, dit Cassirer, en reste à l'intuition d'une coexistence pure et simple des fragments matériels sans parvenir à une hiérarchie de fonctions »[2] et sans différencier chacune de ces fonctions par ses conditions propres. Cette perception sous la catégorie de la coexistence aboutit à un véritable processus de condensation où le tout et ses parties comme la cause et ses effets ou la substance et ses attributs sont perçus comme des choses autonomes, subsistantes par soi et sujettes à une mutation sans limite, elle semble ainsi être le corollaire de la tendance de la pensée mythique à personnifier, voire « à spiritualiser le tout, et à lui donner une vie et une âme »[3].

Parce qu'elle s'effectue dans « une seule dimension et un seul plan de l'être »[4], celle de la présence, l'unité du monde que réalise la pensée mythique n'est rien d'autre qu'une agglomération de caractères et de choses hétérogènes. La pensée mythique ignore ainsi le rapport logique de subordination et ne connaît que le rapport substantiel d'équivalence et d'identité. Dans la logique mythique, « le même ne peut agir que sur le même »[5], dès lors, la subordination entre le tout et ses parties, ou le concept générique et le terme singulier, ne peut pas être, selon la logique mythique une subordination simplement pensée mais effectivement donnée. Le tout et ses parties se trouvent alors « intimement entrelacés et pour ainsi dire attachés l'un à l'autre par le destin (et) le demeurent même s'ils sont arrachés l'un à l'autre dans les faits »[6].

Cette intuition spécifique d'équivalence indifférenciée fonde, chez le primitif, l'emploi des traces des pieds, des mèches de cheveux, de l'ombre et même du reflet dans la glace ou l'eau, comme moyens efficaces d'atteindre un individu par la magie sympathique dans la mesure où, « la rupture physique entre une

---

1 *Ibid.*, p. 73.

2 *Ibid.*, p. 76.

3 *Ibid.*, p. 79.

4 *Ibid.*, p. 90.

5 *Ibid.*

6 *Ibid.*, p. 75.

partie du corps et sa totalité ne supprime pas l'influence de l'un sur l'autre »[1]. La simple existence d'un rapport entre deux choses est la preuve qu'elles sont une seule et même chose.

Par quel miracle l'esprit parvient-il à quitter son nomadisme dans l'espace des vécus d'expression pour donner fixité au courant des sentiments et des excitations affectives et déterminer objectivement ce monde rempli de forces maléfiques et bénéfiques ? Autrement dit, quelles conditions ont déterminé l'humanité à quitter le stade du mythe ? Peut-on parler d'une révolution soudaine ou d'un développement lent et continu au sein de la culture et de la structure de l'esprit ?

---

[1] *Ibid.,* p. 77. Freud rapporte dans *Totem et Tabou,* que la prohibition de l'inceste ne porte pas sur les rapports effectifs entre les personnes qui sont tabou par rapport aux autres mais aussi sur tout ce qui peut avoir rapport à la personne tabou, ainsi écrit-il, « en Mélanésie...lorsque le garçon reconnaît sur le sable les traces des pas de l'une de ses soeurs, il ne doit pas les suivre (...). Le garçon ne doit même pas prononcer le nom de sa sœur et il doit se garder de prononcer un mot du langage courant, lorsque ce mot fait partie du nom de sa sœur ». p. 20.

C. *L'universel particulier*

§ 1. De l'expression à la représentation

Dans l'*Essai sur l'homme*, Cassirer caractérise le passage des purs vécus d'expression de la mobilité et de l'inconstance du monde du mythe vers l'intuition d'une unité qui régit le monde d'une véritable « révolution intellectuelle »[1]. Cette révolution est doublement liée au langage. D'abord, parce que le processus emprunté par la pensée, pour passer du mythe à la religion, « est identique au chemin que prend le langage pour passer de la représentation et de la désignation du singulier à celle du général »[2] ; ensuite parce que ce passage lui-même ne peut s'effectuer sans l'énergie du langage. Il faut certes un grand ébranlement au sein du moi qui vit dans un monde fait d'esprits et de forces, bénéfiques et maléfiques indifférenciées, pour séparer ce monde. Piaget caractérise cette phase dans le processus de formation de la pensée chez l'enfant d'une vraie *Révolution copernicienne*[3]. En quoi cette métaphore est-elle légitime ?

Donner un nom c'est en quelque sorte reconnaître en maîtrisant et en concentrant dans l'unité d'une image, les phénomènes distincts qui ne sont liés ni par leur coexistence ni par leur connexion. Cette opération consiste à parvenir à ce que Cassirer appelle « une recognition dans le concept »[4]. Spécifier un nom propre à chaque chose et à chaque individu c'est comme si on fournissait « une particule solide qui pourra porter une personnalité »[5] à laquelle on pense exclusivement quand le nom se trouve évoqué. Quand l'homme, enfant ou primitif, parvient à cette recognition, il réalise une évolution considérable. Il passe de la conviction d'être en présence de substances réelles à la conscience de manipuler un signe qui a avec la réalité un rapport de représentation. Cette recognition, rendue possible par le

---

1 E. Cassirer, *Essai sur l'homme*, p. 57.

2 E. Cassirer, *La philosophie des formes symboliques 2*, p. 241.

3 J. Piaget, *Six études de psychologie*, p. 91.

4 E. Cassirer, *La philosophie des formes symboliques 3*, p. 128.

5 E. Cassirer, *La philosophie des formes symboliques 2*, p. 141.

concept du langage, permettra à l'enfant et au primitif d'organiser leurs mondes intuitifs en choses constantes et propriétés, en tout et parties. Une opération impossible tant que le contenu perceptif reste classé sous le signe de la pure présence et de l'indétermination.

Dans ce processus de recognition, langage et représentation semblent être les deux faces d'une seule médaille. L'organisation des sons, leur articulation et leur rythme se font simultanément avec la « différenciation et le désengagement toujours plus nets du monde de la représentation. L'un des processus réagit toujours sur l'autre »[1]. L'abstraction que permet le nom en tant que concept générique, même quand le trait retenu est de nature purement sensible, insère dans le monde spirituel de l'enfant et du primitif une catégorie nouvelle, celle du possible et du virtuel. En formant des mots et en leur donnant une force magique, « une puissance d'où procède tout être et tout événement »[2], l'enfant ou le primitif ne fait-il pas preuve de comportement symbolique ?

C'est dans l'*Essai sur l'homme*, dans la description du passage de l'attitude purement pratique à l'attitude symbolique chez Helen Keller, enfant sourde, muette et aveugle, que se trouve la réponse. La transition « d'une association fixe entre les choses et certaines impressions tactiles à un principe d'applicabilité universelle couvrant tout le champ de la pensée »[3] est la preuve d'un véritable travail de jugement, d'analyse et de synthèse. Ce travail commence avec la fonction de représentation et la fonction du langage car, dans ce processus de représentation, l'homme interpose entre sa personne et la chose un temps de réflexion qui permet la reconnaissance. Ce qu'il reconnaît n'est pas une chose précise, celle que lui offre sa première perception, mais une relation c'est-à-dire un rapport entre une perception passée et une perception présente.

Cette proposition concédée, nous pouvons dire qu'au niveau de la représentation et du langage, les objets et les événements ne sont plus atteints en leur immédiateté perceptive mais sont, comme dit Piaget, « insérés dans un cadre conceptuel et rationnel

---

[1] E. Cassirer, *La philosophie des formes symboliques 3*, p. 135.

[2] *Ibid.*, p. 62.

[3] E. Cassirer, *Essai sur l'homme*, p. 57;

qui enrichit d'autant leur connaissance »[1]. Gagnant une mobilité dont ils ne bénéficiaient guère au niveau du mythe, ces objets quittent leur caractère présentatif pour acquérir un caractère représentatif, passant « de l'avoir lieu au tenir lieu »[2]. C'est d'ailleurs ce phénomène de recognition, condition de l'applicabilité générale des signes, qui permet tout retour en arrière dans l'expérience et toute anticipation de celle-ci. Il permet également toute liberté de mouvement de l'esprit qui est la caractéristique humaine par excellence et la condition de l'appropriation de l'homme de son monde.

Ce n'est donc pas un hasard si, comme le dit Piaget, « le jeu symbolique apparaît à peu près en même temps que le langage »[3], ce jeu signifie que l'enfant a accédé au stade de la représentation c'est-à-dire à la déréalisation des mots et à la différenciation entre signifiant et signifié. Nous suivrons encore Piaget lorsqu'il considère que sans cette fonction de représentation et « d'expression symbolique que constitue le langage, les opérations (de l'esprit) demeureraient à l'état d'actions successives sans jamais s'intégrer en de systèmes simultanés ou embrassant simultanément un ensemble de transformations solidaires »[4]. Le langage accomplit ainsi dans la vie de l'esprit une sorte de miracle ; ce miracle permet de tracer définitivement la frontière entre le monde humain de la culture et celui de l'animal. Benveniste soutient cette idée en affirmant que « l'émergence de l'*Homo* dans la série animale (...) est due avant tout à sa faculté de représentation symbolique, source commune de la pensée, du langage et de la société »[5]. Cette lecture ne fait que confirmer la thèse soutenue par Cassirer à travers toute son oeuvre.

Il y a lieu d'établir un parallèle entre l'évolution de l'individu du langage mimétique onomatopéique au langage représentatif et l'évolution de l'humanité de la pensée mythique à la pensée religieuse. En somme, nous pouvons dire que l'ordre suivi par le développement ontogénétique se donne à lire dans les traits du

---

1 Piaget, *Six études de psychologie*, p. 34.

2 E. Cassirer, *La philosophie des formes symboliques 3*, p. 140.

3 Piaget, *Six études de psychologie*, p. 102.

4 *Ibid.*

5 Benveniste, *Problèmes de linguistique générale*, p. 28.

développement phylogénétique. La culture fonctionnerait ainsi comme un langage. C'est par le même processus « lent et continu »[1] et la même « transition presque imperceptible »[2] que l'enfant passe d'un langage expressif et émotionnel où le son semble se fixer « entièrement dans la phase de la simple exclamation »[3] à un langage représentatif où les mots désignent des traits isolés de la réalité objective. Et c'est par ce même processus, également, que le primitif passe de la croyance à la présence effective et vivante des choses à l'idée d'une nature ou essence fixe, dissimulée sous des formes multiples c'est-à-dire, de la multiplicité indifférenciée du divin à son unicité partielle, sous la forme de Dieux spécifiés relatifs aux domaines de l'activité, ou totale, sous la forme de Dieux uniques constants et identiques à eux-mêmes.

Peut-on conclure à partir de là que les caractères généraux du développement mental de l'enfant et du primitif expliquent les caractères propres à la civilisation humaine en général ? La réponse de Cassirer n'est guère différente de celle que présente Piaget car, selon ce dernier, cela « n'a rien de contradictoire puisque le développement de l'enfant constitue entre autre une socialisation progressive de l'individu »[4]. L'enfant serait ainsi le père de l'homme non seulement du point de vue génétique mais aussi du point de vue intellectuel et phylogénétique. Dans ces conditions, on ne peut s'empêcher de pousser un peu loin la conclusion et dire qu'on ne peut comprendre la culture sans étudier au préalable le développement individuel et social de l'enfant.

Cette question n'est pas sans nous rappeler la problématique de Freud bien que ce dernier situe son investigation sur le seul plan de l'affectivité. En effet, Freud ne pose-t-il pas un même événement traumatique au niveau du développement de l'individu (ontogenèse) et de celui de l'espèce (phylogenèse) ? Le remplacement du principe de plaisir par le principe de réalité se manifeste aussi bien au point de vue phylogénétique « dans la horde primitive, où le père primitif monopolise le pouvoir et le

---

[1] E. Cassirer, *Essai sur l'homme*, p. 149.

[2] E. Cassirer, *La philosophie des formes symboliques 3*, p. 128.

[3] *Ibid.*, p. 129.

[4] Piaget, *Six études de psychologie*, p. 102.

plaisir et oblige ses fils à la renonciation »[1], que du point de vue ontogénétique, dans la période de la petite enfance quand « les parents et autres éducateurs (…) obligent l'enfant à se soumettre au principe de réalité »[2]. Toutefois, loin d'être un *refoulement* continu comme c'est le cas chez Freud, l'ontogenèse, autant que la phylogenèse, chez Cassirer, sont un *défoulemen*t continu dans le sens d'un déploiement et d'une objectivation progressifs du potentiel d'une essence et d'aptitudes fonctionnelles *a priori*.

En accord étroit avec *La phénoménologie de l'esprit* de Hegel, Cassirer estime que l'esprit n'est pas hostile ou étranger à la vie. L'ontogenèse est un développement qui a pour but de saisir et d'exprimer le culturel, non pas seulement comme *substance* mais également comme *sujet*[3]. Il y a donc une codétermination progressive des moments objectifs et subjectifs de la vie de l'esprit et, si une polarité existe entre les deux, elle ne peut être entendue au sens d'une altérité absolue[4] d'autant plus que le développement de l'un comme celui de l'autre s'effectue dans le sens d'une épigenèse, c'est-à-dire d'une organisation progressive et d'une transformation qualitative. Toutefois, contrairement à Hegel, ni l'esprit subjectif, ni l'esprit objectif ne s'acheminent, chez Cassirer, vers un état absolu ou vers une totalisation définitive. Bien au contraire, il n'y a pas de point absolu à la culture qui est elle même issue de la vie sans cesse changeante de l'esprit.

L'esprit, pour Cassirer, n'est pas une substance préalablement donnée mais une réalité qui se constitue progressivement et qui, à chaque étape, se solidifie dans une forme culturelle : langage, religion, mythe, art, science. L'ontogenèse correspond, chez Cassirer, au déploiement d'un potentiel, d'une essence intrinsèquement libre. Elle n'est ni dramatique au sens hégélien ni traumatique au sens freudien car ni le développement de

---

1 Herbert Marcuse, *Eros et civilisation*, p. 26.

2 *Ibid.*

3 E. Cassirer,*"Spirit" and "life"in contemprary philosophy*, In *Schilpp* p. 875- « The self-contained and closed substantiality of life open up, that it spread out and reveal itself : for only in this process and by virtue of it can mere substance achieve its "being-for-itself" and become a "subject". "The strength of the spirit is only as great as its expression; its depth only as deep as in its revelation it dares to expand and lose itself". »

4 *Ibid.*

l'esprit subjectif, ni celui de l'esprit objectif n'impliquent une éventuelle souffrance ou une possible misère. La philosophie de l'homme de Cassirer ne fait pas, à la manière de la psychanalyse freudienne, le procès de la civilisation. Phylogenèse et ontogenèse ne sont pas une lutte contre la liberté mais le processus continu vers l'auto-libération de l'esprit[1].

Dire que l'homme est porteur d'*a priori*, c'est accepter qu'il soit porteur d'aptitudes virtuelles qu'il faut développer pour porter à maturité l'humanité en lui. Cette mutation de la pensée constitue, dans l'histoire de l'individu ainsi que dans celle de l'espèce, un pas vers la réflexion dans le sens de ce que Leibniz appelle une « attention à ce qui est en nous »[2]. C'est le passage d'un monde sur lequel s'étale la subjectivité à un monde où l'intériorité, elle-même, prend conscience de sa différence par rapport à l'extériorité et en prend ses distances en se mettant face à elle comme instance conditionnante, qui constitue le sens même de ce qu'on appelle réflexion. De la pensée expressive à la pensée représentative, l'homme se dégage des images flottantes qu'il subit pour se fixer sur une image dont il distingue les attributs marquants. En sortant ainsi de lui-même, il se découvre et prend conscience de sa subjectivité en tant qu'ipséité agissante.

Ce pas vers la réflexion est conditionné par l'acquisition du langage. Parce qu'il marque un arrêt dans le changement perpétuel des contenus, le signe linguistique est pour Cassirer, le premier exemple d'objectivité car il « détermine et (...) fait ressortir un état de permanence »[3]. Il permet un ancrage dans la permanence et sert par là de fondement à l'objectivité et à la subjectivité. Quand la conscience parvient à « comprimer en quelque façon un phénomène total en un de ses moments, à le concentrer en un symbole »[4], elle parvient, par là même, à soustraire ce phénomène « au flux du devenir temporel »[5] et à donner une sorte de durée à l'existence qui semblait d'abord prisonnière d'un instant unique. Il lui devient alors « possible de

---

[1] E. Cassirer, *Essai sur l'homme,* p. 317.

[2] Leibniz, *Nouveaux essais*, préface §4.

[3] E. Cassirer, *La philosophie des formes symboliques 1*, p. 31.

[4] E. Cassirer, *La philosophie des formes symboliques 3*, p. 134.

[5] *Ibid.*

retrouver dans l'*ici-et-maintenant* simple, et pour ainsi dire ponctuel, de la présence vécue, quelque chose d'autre, un *non-ici* et un *non-maintenant* »[1]. L'homme prend conscience alors qu'il n'est plus devant un réel efficient, mais devant un réel signifiant. C'est un niveau supérieur et radicalement nouveau auquel accède la conscience et que Cassirer caractérise de « lever d'un jour nouveau sur le monde »[2].

Pour illustrer le rapport de la première percée de l'intelligence du langage chez l'enfant et le sentiment d'indépendance vis à vis des choses de l'immédiateté et de son efficience, Cassirer trouve dans le cas de Hélène Keller un exemple privilégié. « Quand l'enfant (...) accède à la fonction de représentation des noms, à la situation d'appellation, dit-il, c'est toute son attitude intérieure devant la réalité qui s'en trouve changée : un rapport radicalement nouveau entre sujet et objet est né pour lui. Les objets qui auparavant touchaient immédiatement l'affectivité et la volonté commencent enfin à reculer en quelque sorte à une distance où ils peuvent être *intuitionnés*, représentés avec leur contour spatial et avec les déterminations qui leur donnent leur indépendance. »[3] L'acte de nommer constitue « le réquisit indispensable pour accéder à l'identité même des objets, à celle d'une réalité empirique objective »[4]. C'est dans ce sens qu'il faut considérer l'accès au principe de la symbolisation linguistique comme une *révolution intellectuelle*. L'enfant est désormais en possession du « sésame du monde »[5], une clef qui, à ses débuts, a une efficacité limitée. L'enfant commence en effet par assimiler nom et nom propre, chose et nom de la chose. C'est en saisissant que ce qu'il prenait pour un *nom-chose* est un *nom-concept* que l'enfant accède au monde de l'esprit, celui de la représentation. Quand il parvient à détacher le nom de l'individu et à prendre conscience qu'il peut le modifier en fonction des circonstances, il fait un pas dans le monde humain du symbole. Il délaisse alors la conception sympathique du monde pour s'installer dans une conception

---

1 *Ibid.*, p. 135.

2 *Ibid.*, p. 133.

3 *Ibid.*

4 E. Cassirer, *Langage et mythe*, p. 70.

5 E. Cassirer, *La philosophie des formes symboliques 2*, p. 58.

théorique. C'est grâce à cette fonction représentative que l'univers d'un enfant sourd, muet et aveugle peut devenir « incomparablement plus vaste et plus riche que celui de l'animal le plus développé »[1].

Cette même révolution intellectuelle se donne à lire au niveau de la phénoménologie de la culture dans le passage de l'humanité du stade mythique au stade religieux. Dans ce passage l'esprit fait également preuve d'un « éveil d'une nouvelle force et d'une nouvelle activité »[2]. Cassirer fait coïncider ce moment de la conceptualisation avec le passage de la conception des Dieux de l'instant à celle des Dieux personnels. Les premières figurations mythiques sont les Dieux de l'instant. Ce sont des divinités qui doivent leur « naissance à une situation vitale concrète et individuelle qui ne se répète jamais de façon identique »[3]. C'est l'arbre qui a protégé le guerrier de son ennemi ou la source qui a sauvé le chasseur de la soif mortelle, qui devient un Dieu instantané. Ainsi, comme le mot qui, dès qu'il est formé se transforme en « une réalité objective qui existe et qui signifie par elle-même »[4], le Dieu de l'instant, dès l'instant où il se trouve crée et figuré devient une force objective qui domine l'homme et à laquelle il doit toute vénération. Quand l'homme parvient à désigner des Dieux, patrons de ses activités, il parvient à un stade de distanciation par rapport à sa propre activité qui lui permet de « la projeter vers l'extérieur »[5] et de prendre conscience, en vertu de cette extériorisation, de sa propre efficience sur les choses.

Toutefois, une précision s'impose ici : si nous posons que ontogenèse et phylogenèse se conditionnent réciproquement, cette affirmation laisse traîner une obscurité sur les conditions de l'évolution de l'homme et de la culture. Sont-elles purement subjectives ? Et, si la maturation de l'esprit était insuffisante comme solution à ce problème, ne faut-il pas alors repenser l'évolution de l'homme et de la culture dans les termes d'une interaction entre l'objectif et le subjectif ?

---

[1] E. Cassirer, *Essai sur l'homme*, p. 59.

[2] *Ibid.*, p. 135.

[3] *Ibid.*, p. 52.

[4] *Ibid.*

[5] E. Cassirer, *La philosophie des formes symboliques 2*, p. 240.

C'est dans le sens de la deuxième perspective que va la réponse de Cassirer : le passage d'une forme de pensée à une autre ne peut être effectué par l'homme « avant que son existence et sa vie sociale ne lui eussent fourni un principe nouveau de différenciation »[1], ce principe est à rechercher, selon Cassirer, « dans son labeur »[2]. Cette assertion nous met devant d'autres problèmes : cela veut-il dire qu'à toute forme de vie correspond une forme de pensée dans laquelle l'homme n'exprime que sa façon d'habiter le monde ? Dans ce cas, faut-il lire les différentes expressions de l'homme comme étant ses propres réactions aux choses, en fonction des questions que lui pose la vie ?

Si chaque forme de pensée ne fait que « refléter et nous proposer sous une forme objective ce qu'une manière toute concrète de concevoir contient et fonde »[3], l'homme n'aura donc d'intuition du monde objectif que dans et par son action sur ce monde. Les analyses de Cassirer vont toutes dans ce sens. En effet, ce sont les transformations des conditions de vie, le passage à l'agriculture, c'est-à-dire au travail réglé, qui sont à l'origine de la métamorphose que subit l'esprit mythique. Chaque fois qu'il y a un nouveau rapport pratique, l'homme donne à ses Dieux une forme qui reproduit et exprime sa propre existence pratique et sociale. Chaque changement de vie lui fournit donc « un principe nouveau de différenciation »[4]des choses et des êtres réels ou fictifs. A mesure que l'action propre de l'homme se fixe et s'organise en domaines particuliers et spécifiés, « l'univers du mythe et celui du langage se structurent davantage, *s'articulent* de façon plus déterminée »[5] et donnent à la subjectivité l'occasion d'émerger.

L'analyse de cette question nécessite quelques remarques préliminaires. La première remarque est que toute image du monde, qu'elle soit fournie par le mythe, par la religion ou par la structure d'une langue à un niveau déterminé de son évolution, reproduit la confrontation entre le moi et le monde. Dans le

---

[1] *Ibid.*, p. 142.

[2] *Ibid.*

[3] E. Cassirer, *La philosophie des formes symboliques 3*, p. 496

[4] E. Cassirer, *Essai sur l'homme*, p. 142.

[5] *Ibid.*, p. 53.

mythe et la religion, la figure du Dieu « surgit pour ainsi dire entre le moi et le monde : elle les réunit en même temps qu'elle les sépare »[1]. Toute métamorphose que subit l'image du Dieu a une contrepartie dans la conscience de l'homme de son moi propre. Plus la représentation du Dieu se cerne et se délimite en corrélation avec l'activité pratique de l'homme, plus l'homme avance « sur le chemin de la notion de subjectivité libre au sens absolu »[2].

La seconde remarque, nous permet d'affirmer que la frontière entre le monde objectif et le monde subjectif et la conscience du moi comme force agissante passe par la conscience « d'un sujet unitaire de la création »[3]. En effet, l'idée d'un créateur suprême au sens du démiurge de Platon instaure la première véritable séparation entre deux régions distinctes de l'être : le monde des choses et celui de la force divine, deux mondes entre lesquels la relation ne peut être qu'indirecte, dépendant de certains moyens termes. C'est cette séparation qui donne à l'homme une confiance en soi dans la mesure où, comme le dit Cassirer, « il commence à jouer son propre rôle, (celui d'un) acteur dans le spectacle de la nature »[4]. L'homme ne se sent plus simple spectateur, il se perçoit, « à sa mesure, le créateur de l'ordre du monde »[5]. Le pouvoir que l'homme accorde aux Dieux sur la nature lui fait prendre conscience de l'existence d'une force au-dessus de la nature et supérieure à elle. Par analogie, il prend conscience que lui-même, du moment qu'il peut agir sur son corps propre par sa volonté et faire qu'il modifie les choses, est lui aussi, une force en face de la nature, et comme tel, il faut qu'il soit, comme dit Hegel, « intérieurement libre »[6].

Tout donne à croire que la conscience de l'action sur les phénomènes que donne la régularité des activités agricoles, fournit à l'homme un nouveau sens de la causalité qui favorise un recul devant les objets et les évènement, une désolidarisation et une rupture spirituelle avec la nature et par conséquent un

---

[1] E. Cassirer, *La philosophie des formes symboliques 2*, p. 241.

[2] *Ibid.*, p. 241.

[3] *Ibid.*, p. 243.

[4] E. Cassirer, *Essai sur l'homme*, p. 136.

[5] *Ibid.*, p. 148.

[6] Hegel, *La religion naturelle*, traduction Gibelin, p. 65.

sentiment de liberté intérieure. Même quand il a recours à la magie ou aux invocations des Dieux par leur nom, l'homme ne fait pas moins preuve d'une prise de conscience que son intérieur ne peut agir sur le monde extérieur par simple communication sympathique, par simple désir, et que, en raison de la distinction de ces deux domaines, il a besoin de recourir à des intermédiaires. Cette conscience du caractère médiat de l'action apprend à l'homme, la différence entre son simple désir et l'action effective sur les choses d'une part, et d'autre part, « à considérer *l'intérieur* et *l'extérieur* comme des éléments d'un réseau de causes à l'intérieur duquel (la conscience) assigne à chacun d'entre eux une place spécifique et inaliénable »[1]. Dès lors, une lumière nouvelle est jetée sur la notion de personnalité.

La troisième remarque suggère qu'entre le mythe et la religion il n'y a pas de rupture. L'homme mythique et l'homme religieux ne sont pas deux espèces différentes qui auraient chacun sa propre évolution, ou qui comme pour Bergson, appartiennent à deux modes de religiosité différents et irréductibles l'un à l'autre : l'un *statique* et l'autre *dynamique*. « Le mythe est dés le début une religion en puissance »[2] et l'apparition de la religion ne marque pas la « destruction complète »[3] de ce qui caractérisait la pensée mythique. Toute grande religion est au fond un développement « à partir de la matière brute des conceptions les plus primitives et des superstitions les plus grossières »[4]. Ce qui favorise le passage d'un niveau à l'autre, n'est ni une crise soudaine de la pensée, ni une révolution sentimentale[5], c'est un développement lent et continu qui a permis à la conscience de parvenir à un « stade supérieur »[6]. Le développement culturel de l'homme, son passage des formes mythiques rudimentaires aux formes suprêmes de la science elle-même, ne peut être dû à « un bon soudain »[7].

---

[1] E. Cassirer, *La philosophie des formes symboliques 2,* p. 252.

[2] E. Cassirer, *Essai sur l'homme*, p. 130.

[3] *Ibid.,* p. 151.

[4] *Ibid.*

[5] *Ibid.,* p. 130.

[6] *Ibid.,* p. 149.

[7] *Ibid.*

Nous pouvons donc dégager la caractéristique essentielle de l'anthropologie de Cassirer à partir du seul rapport des mots aux choses et des formes de l'agir aux formes de la pensée. Le langage ne reproduit pas une organisation du monde qui lui préexiste mais l'agir qui le fait être et qu'il détermine à son tour. Dans chaque étape du développement de la culture, ce n'est ni le monde objectif qui est saisi, ni le sujet abstrait, ni la nature préexistante, mais une unité homme-monde. Chaque forme symbolique est un type d'exister humain, un mode de vivre le monde.

S'il en est ainsi, nous pouvons affirmer que ni le mythe, ni le langage ne sont premiers. Ce qui est véritablement premier, c'est l'agir humain. Les constructions mythiques et langagières ne sont ni des inventions, ni des distorsions ludiques. Elles sont la façon dont les phénomènes sont donnés et utilisés par la pensée naïve. Mythe et langage sont l'objectivation spirituelle de la réponse pratique et imaginaire de l'enfant et du primitif à son vécu immédiat. La manière dont les noms sont formés « dépend toujours de la direction que prend l'intérêt, elle ne dépend pas seulement du contenu de l'intuition mais aussi de la perspective téléologique dans laquelle celle-ci est placée »[1]. Toute perception est une action orientée, « le mot explicite ce que la perception implique de valeurs et de contenus représentatifs »[2]. Seul ce qui semble retenir notre attention et provoquer en nous le désir de l'action passive ou active est doté d'une signification[3].

Pour insister sur cette corrélation, Cassirer précise qu'il est possible de discerner, « dans l'agir comme dans le parler, une couche médiate et une couche immédiate, une supérieure et une

---

[1] E. Cassirer, *La philosophie des formes symboliques 1,* p. 54, à la page 258 Cassirer écrit encore : « C'est par la détermination de l'action en elle-même que se constituent les déterminantes et les dominantes de l'expression verbale. La lumière ne part pas simplement des objets pour pénétrer dans la sphère de l'esprit, mais se propage depuis le centre de l'agir et transforme le monde des sensations immédiatement reçues en un monde éclairé de l'intérieur intuitivement et linguistiquement structuré. »

[2] E. Cassirer, *La philosophie des formes symboliques 3*, p. 263.

[3] E. Cassirer, *Langage et mythe*, p. 54 : « Seul ce qui est de quelque façon important pour le souhait et la volition, pour l'espoir et le souci, pour l'agir et le faire reçoit l'estampette de la signification. »

inférieure »[1]. Les attributions dans l'être ne « s'effectuent (qu'en) fonction de l'agir »[2], d'après la manière dont les choses sont appréhendées par l'intermédiaire de l'agir et sont ordonnées les unes par rapport aux autres dans une relation « de finalité »[3]. D'ailleurs les analyses de Cassirer du langage et de l'agir sont orientées vers la démonstration qu'ils sont régis par la même opposition. Il y a des langages limités à ce qui est vécu dans les impressions sensibles et au contact des objets des sens, comme il y a « une forme de l'action qui consiste en effectuation motrice immédiate, déclenchée comme *mécaniquement* sous le coup d'une excitation externe donnée »[4]. De même qu'il existe un langage symbolique où les mots tiennent lieu de catégories générales, il existe une forme d'action « qui n'est possible que par la formation d'une certaine représentation du but, par l'anticipation mentale »[5].

C'est là une des idées maîtresses de la théorie de la culture de Cassirer : toute langue est une structure, une organisation et en tant que telle, elle ne peut être qu'une forme dynamique dans laquelle entrent en jeu plusieurs variables qui la constituent d'une façon solidaire et en font un équilibre mobile. Elle est un mélange original de sens et de sensibilité où on ne peut détacher la signification de l'élément sensible.

L'homme ne se borne pas à penser et à concevoir le monde par l'intermédiaire de la langue. Ce qu'il pense et conçoit n'est rien d'autre que l'expression de « la façon dont il voit et dont il vit »[6] le monde dans son intuition. C'est sa manière de s'approprier la réalité comme *tout* et comme *parties*, comme *chose* et comme *propriétés* que les mots fixent et conditionnent. Chez l'enfant par exemple, et là encore la pensée de Cassirer est proche de Piaget, « les actions constituent le point de départ des futures opérations de l'intelligence »[7]. Les structures qui caractérisent chaque pensée « plongent leur racine dans l'action

---

[1] E. Cassirer, *La philosophie des formes symboliques 3,* p. 242

[2] E. Cassirer, *Langage et mythe*, p. 55.

[3] *Ibid.,* p. 53.

[4] E. Cassirer, *La philosophie des formes symboliques 3,* p. 242.

[5] *Ibid.*

[6] *Ibid.,* p. 235.

[7] J. Piaget, *Six études de psychologie*, p. 91.

et dans les mécanismes sensori-moteurs »[1]. Forme particulière de la fonction symbolique, le langage achève l'élaboration de ces structures en les transformant profondément et en les aidant à atteindre leurs formes d'équilibre « par une schématisation plus poussée et une abstraction plus mobile »[2].

L'action de l'homme sur le monde instaure, à l'intérieur de la réalité, des lignes de démarcation qui se déplacent chaque fois que, « par la transformation des conditions de vie, par la mutation et le progrès de la culture, un rapport pratique différent s'est mis en place entre l'homme et son environnement »[3]. Ce changement de rapport se traduit *ipso facto* par « un déplacement correspondant de la signification des mots, des désignations linguistiques de ces activités »[4]. Il serait donc erroné de prétendre que la langue se contente de désigner par des mots des objets déjà existants. La dénomination est, et Cassirer rejoint ici, encore une fois Piaget, une « action (…) coordonnée à d'autres opérations en une structure d'ensemble »[5].

Le sens véritable de chaque type de démarcation ne peut être cherchée dans ce qu'il exprime (car cela est, en raison de sa corrélation avec l'agir, incernable) mais dans « le mode et dans la légalité interne de cette expression »[6]. Cette légalité elle même n'a pas une existence indépendante du domaine de son application, ce domaine est constitué par les formes de la sensibilité, ces fondements de toute construction d'objet où s'opère la rencontre de l'homme et du monde. Il y aurait ainsi, à chaque étape de la vie de la conscience, un mode de cohérence instauré à l'aide des catégories de l'espace, du temps et du nombre. Dans ces différentes synthèses réside la différence entre les formes culturelles.

Kant avait déjà mis en valeur l'aspect synthétique du langage et le rôle de l'imagination productive, c'est l'activité de l'imagination qui, à travers le schème, fonde l'unité du concept. Or, pour Cassirer, l'œuvre de reconstruction opérée par

---

[1] *Ibid.*, p. 112-113.

[2] *Ibid.*, p. 105.

[3] E. Cassirer, *Langage et mythe*, p. 56.

[4] *Ibid.*

[5] J. Piaget, *Six études de psychologie,* p. 138.

[6] E. Cassirer, *La philosophie des formes symboliques 3*, p. 139.

l'imagination est guidée, d'abord, par nos intérêts simplement pratiques, par des soucis d'action et non pas uniquement dans l'intérêt spéculatif. Il déborde ainsi les cadres du schématisme kantien en rattachant cette activité synthétique à la raison et à la vie simplement vécue[1]. Il tente ainsi de réconcilier l'idée du sujet transcendantal avec celle de la diversité de la culture dans l'espace et dans le temps. Le langage se présente alors, dans la théorie des formes symboliques, comme une question toujours posée à l'expérience de l'homme et à son organisation. Il serait dès lors abusif de considérer les perceptions primitives ou enfantines comme des perceptions « inorganisées ou estompées, (car leurs) différences se situent sur un tout autre plan que celui de l'appréhension objective »[2].

L'évolution du monde humain d'un monde de praxis vers un monde de symboles est, selon Cassirer, le signe d'une évolution de l'homme vers « l'humanité authentique »[3], une évolution nécessaire parce que inscrite dans la nature de l'esprit lui-même. Evolution à l'intérieur de laquelle l'homme prend conscience de son moi et se connaît lui-même et, en se connaissant lui-même, devient capable d'« actualiser et (de) comprendre sa liberté »[4]. Cette idée légitime la réévaluation opérée par Cassirer de l'expression et de la représentation. Elle permet d'opérer une nouvelle répartition et de retrouver une nouvelle liaison entre le rationnel et ce qui fut tenu jusqu'ici pour irrationnel. Telle est la tâche que se propose d'aborder la dernière section de ce travail.

---

[1] Niel, La pensée et l'oeuvre d'Ernst Cassirer, in *Sciences ecclésiastiques* volume XVII, année 1965, p. 247.

[2] *Ibid.*

[3] E. Cassirer, *Débats sur le kantisme et la philosophie,* p. 27.

[4] *Ibid.*

§ 2. Du mot au concept : l'unité du but

Comment l'esprit passe-t-il des signes verbaux du langage aux purs signes conceptuels de la science théorique ? A quel moment parvient-il à consommer la rupture définitive avec la sphère des choses pour passer à celle des purs signes d'ordre et de relation ?

L'esprit passe à la phase signifiante dès l'instant où, « non content de se situer dans le réel et de vivre avec cet entourage, (il) désire s'en donner une connaissance »[1]. Non satisfait de se limiter à traduire dans son langage le donné de la perception ou de l'intuition, il cherche à y opérer « un changement caractéristique de forme, une refonte spirituelle »[2]. Le passage à la phase signifiante coïncide donc avec un souci de connaissance qui se manifeste par l'abandon de l'adhésion à la réalité des choses pour se poser enfin le problème de leur vérité. C'est ce désir de connaissance qui nous mène au seuil de la conception proprement théorique du monde et « consomme la rupture définitive avec l'immédiateté de la simple existence »[3].

Toutefois, dans la logique même de *La philosophie des formes symboliques*, les signes verbaux dont se sert le langage humain n'adhèrent pas aux choses comme des propriétés réelles mais « appartiennent à un domaine autonome, purement idéel »[4]. Le mot est déjà, pour Cassirer, « la première coupure nette »[5] avec ce qui est immédiatement perçu et intuitionné. Naissant d'une fonction déictique qui sert à la monstration d'un donné, le signe verbal se développe vite en expression relationnelle, libérée de toute restriction à la chose pour laquelle il fonctionne comme signe. Des particules déictiques au signe véritable et dématérialisé, la pensée fait le premier pas « de ce travail par lequel seul l'esprit, dans un progrès à l'infini, se conquiert et se forme son monde »[6].

---

[1] E. Cassirer, *La philosophie des formes symboliques 3*, p. 316.

[2] *Ibid.*

[3] *Ibid.*, p. 317.

[4] *Ibid.*, p. 368.

[5] *Ibid.*, p. 366.

[6] *Ibid.*

Ainsi, la fonction de dénomination serait « déjà discursive »[1]. Mais ne passe-t-on pas à côté de l'essentiel en assimilant formation linguistique et conceptualisation pure ? Faut-il oublier que, dans toute représentation langagière, « le rapport logique emprunte à la sphère des rapports intuitifs et plus particulièrement des rapports spatiaux au moins les moyens de sa formation linguistique »[2] ? Il faudrait sans doute élucider le rapport du discursif intuitif au discursif conceptuel, trouver un critère de distinction entre pensée intuitive et pensée conceptuelle. Doit-on considérer les constructions conceptuelles comme une « puissance nouvelle et supérieure du *discursif* »[3] ? Faut-il considérer le passage à la conceptualisation comme le passage à un type de dissociation et d'abstraction inaccessibles à la pensée intuitive ?

Cassirer définit le moment de la signification comme étant celui de la maturation de l'esprit, la « dernière étape du développement intellectuel de l'homme »[4]. Il correspond, dans le système des formes d'objectivation ou formes symboliques, au moment de l'émergence du symbolisme formel et de la science théorique. Mais la place privilégiée que Cassirer accorde au moment scientifique nous autorise-t-elle à conclure que la fonction symbolique ne se réalise parfaitement que par et dans la fonction de signification ?

Si tel est le cas, la philosophie de la culture de Cassirer ne risque-t-elle pas de se réduire à une simple réplique de la philosophie hégélienne un système où la science constitue la dernière étape du développement de l'esprit et l'ultime figure de la culture envisagée comme système téléologique et dialectique ?

A priori, tout converge vers cette conclusion. En effet, Cassirer situe le stade de la science au moment où la conscience parvient à dépasser son attachement à la présence caractéristique de la fonction expressive et son intuition du monde comme rapport de choses et de propriétés propres à la fonction représentative. Mais, contrairement à Hegel, Cassirer affiche un souci plutôt méthodologique. Il se montre soucieux de mettre en

---

[1] *Ibid.*, p. 323.

[2] *Ibid.*, p. 368.

[3] *Ibid.*, p. 323.

[4] E. Cassirer, *Essai sur l'homme*, p. 289.

lumière les opérations judicatives qui ont institué les concepts fondamentaux de la science et confirme son option pour l'idéalisme critique. Cette perspective méthodologique lui permet de rapprocher, comme dit Jean Seidengart, « le transcendantal de l'historique que tout tendait à séparer jusqu'alors »[1]. Et, au lieu d'une réplique de la philosophie de Hegel, il donne au kantisme de nouvelles ailes en dotant le concept kantien de forme d'une dimension historique.

En vertu de cet intérêt méthodologique, Cassirer considère comme secondaire tout ce qui, dans la théorie de la connaissance de Kant, a été dépassé dans le développement des sciences contemporaines pour s'attacher aux « traits universellement valables de la méthode kantienne »[2]. D'un point de vue méthodologique, le plus pertinent dans la théorie kantienne correspond à ce que Jean Seidengart appelle « la fonction synthético-unificatrice, constituante et spontanée de l'entendement »[3]. L'extension de cette fonction synthético-unificatrice à toutes les formes de l'activité de l'esprit donne, au contenu des règles qui synthétisent les objets de la connaissance, un caractère variable « puisqu'il s'inscrit peu à peu dans une histoire »[4].

Commentant cette nouvelle vision du transcendantal, Jean Seidengart pense qu'elle est conforme à l'esprit même du kantisme. Cassirer aurait ainsi compris Kant plus que lui-même ! En effet, « s'il est vrai, dit-il, que Kant n'a pas suffisamment laissé de place à l'histoire dans son *Analytique*, il ne l'a pourtant jamais reniée puisqu'elle est *l'histoire de la raison pure* »[5]. Comparant le but de *La philosophie des formes symboliques* à celui de la *Critique de la raison pure*, J. Seidengart trouve, en quoi nous sommes tout à fait d'accord, que Cassirer, « ne s'est assigné d'autre tâche que de faire l'archéologie (au sens kantien) de cette histoire de la raison pure, en reconnaissant clairement le

---

[1] Jean Seidengart, Néo-kantisme et relativité, *in Revue philosophique* N°211984, p. 214.

[2] *Das erkenntnisproblem* I, p. 14. Traduction Jean Seidengart.

[3] Jean Seidengart, Néo-kantisme et relativité. op. cit., p. 217.

[4] *Ibid.*

[5] *Ibid.*

caractère à la fois *a priori* et historique des catégories »[1]. *La philosophie des formes symboliques* devient, ainsi, une théorie de la culture conçue comme système unifié où la science ne fait que poursuivre l'oeuvre du mythe et du langage en l'élevant « à une nouvelle dimension logique »[2].

Il y a au principe de la naissance de la science deux principes contradictoires. D'une part, en raison de la définition même de la fonction symbolique, la science n'appartient pas à un monde spirituel différent de celui du mythe ou du langage, et ne naît pas non plus d'un seul bond. Elle est à la fois, forme symbolique au même titre que le mythe, l'art ou le langage et simple moment dans le processus téléologique de la culture. Ainsi entendue, la science ne serait rien d'autre que la suite logique et inévitable du développement de la pensée. Elle en indique la « continuité »[3]. D'autre part, l'accès à la pensée conceptuelle ou, ce qui veut dire la même chose, à la science, n'est possible que si l'esprit effectue une rupture définitive avec le mode d'objectivation et de donation de sens de type expressif et représentatif intuitif. Le passage à la signification correspond ainsi, chez Cassirer, au transfert de la conscience vers ce que Bachelard appelle « un règne épistémologique nouveau »[4] où la pensée scientifique véritable se sépare, dans l'esprit même du savant, de la pensée commune.

Comment concilier ces exigences contradictoires : la continuité et la rupture ? Décrivant la genèse de l'esprit chez l'enfant, Piaget la caractérise de « système relativement déterminé de transformations »[5]. Nous pouvons dire la même chose de la conception de Cassirer de la genèse de l'esprit chez

---

[1] Voir IIe partie de ce travail, chapitre 3, §2, *L'a priori*.

[2] E. Cassirer, *La philosophie des formes symboliques 3*, p. 319. Il écrit dans *La théorie de la relativité d'Einstein*: « Ce à quoi aspirait la *Critique de la raison pure*, ce n'était pas de fonder la connaissance philosophique une fois pour toutes dans un système de concepts figés et dogmatiques, mais d'ouvrir la voie continue d'une science dans laquelle il ne peut y avoir nullement de halte absolue, mais seulement des étapes relatives. » Texte cité à partir de la traduction de Jean Seidengart avant sa parution aux éditions du Cerf.

[3] E. Cassirer, *La philosophie des formes symboliques 3*, p. 369.

[4] G. Bachelard, *Le rationalisme appliqué*, p. 103.

[5] J. Piaget, *Six études de psychologie*, p. 165.

l'homme. Dans ce système de transformations, tout état constitue le prolongement de celui qui le précède. Tout se passe comme si, afin de s'approprier sa réalité, l'homme, au fur et à mesure de son évolution, se forge des instruments plus perfectionnés les uns que les autres qui l'aident à surmonter les dangers et les erreurs de l'usage ordinaire des mots. Ainsi, « pour avoir le monde, pour unifier et systématiser son expérience, l'homme doit progresser du langage ordinaire au langage scientifique, au langage de la logique mathématique et des sciences de la nature »[1].

Si la phase signifiante est bien la phase finale du processus de maturation de l'esprit, elle n'est pas moins conditionnée par les autres phases qui la préparent et qu'elle même nie pour se poser. L'esprit ne parvient pas d'emblée et dès le début à une forme conceptuelle abstraite. Le monde se trouve d'abord exprimé dans les images mythiques et dans les mots du langage[2]. Cassirer pose « une connaissance intuitive (...) au principe de toute connaissance conceptuelle et une connaissance perceptive au principe de toute connaissance intuitive »[3]. L'esprit ne parvient à la phase signifiante qu'en passant par ces étapes intermédiaires. La science serait alors une forme de *superstructure* qui s'appuie sur un soubassement pré- scientifique de pseudo-concepts et de pré-concepts constituant *l'infrastructure* qui lui donne la spécificité de son organisation « *architectonique* »[4]. Nous ne saurons donc parler de tout ce qui précède la science comme de moments où l'esprit serait simplement passif, sous l'emprise de l'immédiateté de la simple existence, ou du rêve et de l'illusion ; « la sphère désignée comme étant celle de l'expression et plus encore celle de la représentation, dit Cassirer, dépassent déjà cette immédiateté, (elles sont l'une et l'autre le produit de) la fonction primordiale de représentation »[5]. Toutefois, dans la

[1] E. Cassirer, Langage et art 2, in *Ecrits sur l'art*, p. 163.

[2] E. Cassirer, *La philosophie des formes symboliques 3*, p. 332, « ce que nous appelions la formation du monde perceptif et du monde intuitif ne commence nullement à s'instaurer avec le concept abstrait, et encore moins avec une de ses plus hautes expressions, avec le concept de la science exacte ».

[3] *Ibid.*, p. 61.

[4] *Ibid.*

[5] *Ibid.*, p. 318.

signification, l'esprit parvient « à un type de *dissociation, d'abstraction* que la perception et l'intuition ignorent encore »[1].

Nous pouvons tirer à partir de cette assertion deux conclusions : la première est que seule la signification pure manifeste parfaitement le sens de la fonction symbolique car ce n'est que là que les relations sont saisies « à l'état pur, dans l'universalité de leur *forme*, selon leur caractère de relation »[2] et indépendamment de leur rapport à la réalité concrète et individuellement déterminée des choses. La seconde est que la différence entre les formes d'objectivations est une différence de degrés dans la symbolisation et non pas une différence de nature. A chaque phase de maturation, la conscience passe à un degré supérieur de symbolisation si bien que du langage à la science il n'y a pas de *hiatus*. On peut même affirmer que la fonction du concept se trouve déjà en germe dans les déterminations langagières. « C'est le même *logos* qui était depuis le début à l'oeuvre dans la formation du langage et qui lors du passage à la connaissance scientifique se libère de ses liens restrictifs du début, allant ainsi de sa forme implicite à sa forme explicite. »[3] Dans la mesure où toute construction de l'intuition est liée, pour Cassirer, « à cette sorte de *tissage en un tout* des expériences singulières »[4], on peut conclure que le monde de la science « ne fait que déployer ce que (le monde du langage) contient déjà en puissance »[5].

Cependant, ce passage de l'implicite à l'explicite, « de la *puissance* à l'*acte* »[6] constitue l'opération la plus tardive du développement de la connaissance parce qu'il est, sans conteste, l'opération la plus difficile. Il consiste dans le changement du fondement même de l'objectivité qui ne réside plus, comme le précise Jean Seidengart, dans « l'apparente fixité ou solidité du monde extérieur mais dans la nécessité intérieure du système de concepts que l'entendement scientifique impose aux contenus

---

1 *Ibid.*

2 *Ibid.*

3 *Ibid.*,p. 370.

4 *Ibid.*, p. 320.

5 *Ibid.*, p. 335.

6 *Ibid.*, p. 5.

empiriques »[1]. Toutefois, les forces qui rendront ce changement de fondement possible ne sont « pas moins déjà à l'œuvre » [2] dans le langage. Si tel est le cas, la continuité entre le langage et la science serait ainsi une intensification idéelle des mêmes processus spirituels : « La même faculté première de l'esprit, insiste Cassirer, dégageant les concepts linguistiques des concepts *intuitifs* coule finalement ces derniers dans le moule du concept scientifique. »[3] L'homme qui n'accède pas à la fonction représentative du langage ne peut accéder à la pensée pure de la science. Cassirer l'a largement démontré, à travers ses références aux cas de pathologie du langage : tout trouble du langage dénote un trouble maladif du pouvoir d'abstraction, ou comme l'appelle Cassirer, « une inhibition de l'association »[4].

L'incapacité du malade à lier les impressions les unes avec les autres, de saisir « l'un dans le multiple »[5] n'est pas le signe d'une lésion au niveau des canaux de réception des phénomènes ou sensibilité, c'est plutôt le signe d'une incapacité à effectuer ce que Cassirer appelle « l'assemblage syntaxique de ces phénomènes »[6] ou encore leur « fixation par le regard de l'esprit »[7]. Incapable d'avoir une intuition du tout et d'opérer la

---

[1] J. Seidengart, Théorie de la connaissance et épistémologie de la physique selon Cassirer, *in E. Cassirer, De Marbourg à New York,* p. 164.

[2] E. Cassirer, *La philosophie des formes symboliques 3*, p. 370-371. « Le mode d'être même de l'esprit implique que son "retour à soi" n'a pas lieu en un sommet unique et isolé de son développement, mais régit et détermine le tout de ce développement. C'est toujours le même processus caractéristique qui se répète à des niveaux différents et qui entraîne aussi bien la séparation entre monde de l'intuition immédiate et monde des concepts linguistiques que la dissociation des concepts logico-scientifiques et des concepts linguistiques. »

[3] *Ibid.*, p. 365.

[4] *Ibid.*, p. 267.

[5] *Ibid.*, p. 34.

[6] *Ibid.*, p. 270. Cassirer cite le cas d'un « aveugle psychique », patient de Gelb et Goldstein. L'absence d'espace numérique chez ce malade le rendait incapable « d'ordonner les nombres particuliers suivant leurs rangs, leur plus ou moins de grandeur et de petitesse ni par conséquent se livrer sur eux à des calculs judicieux ».

[7] *Ibid.*, p. 371.

synthèse du divers dans la forme du mot[1], le malade est également incapable de comprendre la synthèse des possibles que représente le concept pur.

L'unité de la culture se trouve ainsi fondée sur l'unité de l'esprit. Parce que l'esprit n'effectue pas de bonds qu'il ne saute pas des contenus individuels de l'intuition aux concepts formels purs, la culture constitue un système téléologique. Avant de parvenir au concept pur, la pensée passe de l'échantillon matériel au signe verbal qui fonctionne comme chose pour enfin se libérer « de toute restriction due aux conditions sensibles »[2] et parvenir à une « dématérialisation du signe »[3]. Sans ces deux moments, la pensée ne peut faire le pas plus difficile qui la mènera des « signes verbaux » du langage aux purs « signes conceptuels » de la science théorique. La science, dira Cassirer, « achève ce que les (signes verbaux) avaient commencé et mis en train »[4]. Ce qui est fait inconsciemment dans le langage est consciemment essayé et méthodiquement parfait dans le processus scientifique[5].

Un exemple de la continuité entre le travail du concept verbal et celui du concept scientifique est puisé dans la science aristotélicienne. En effet, chez Aristote, les concepts premiers de la science « vont à peine plus loin que les concepts d'attribution

---

1 *Ibid.*, P. 281 : « Le *dénombrement* d'un ensemble concret exige d'une part un acte de *discrimination*, de l'autre un acte de *coordination* : il faut tout en maintenant rigoureusement distincts les éléments singuliers de l'ensemble, au sein même de cette distinction, les mettre en correspondance univoque avec les termes de la *série naturelle des nombres*. Cette forme de *discrimination* implique déjà un acte de *réflexion* qu'on trouve nécessairement compris dans chaque atteinte grave de la fonction linguistique. »

2 *Ibid.*, p. 369.

3 *Ibid.*, p. 368.

4 *Ibid.*

5 C. Humburg, *Symbol and reality,* p. 68 : « There *is* for Cassirer, no real break of continuity between these constructive symbolisms of science and the language-signs *of* common sense. What *is* done unconsciously in language *is* counsciously intended and methodically performed in scientific process. » Voir aussi *La philosophie des formes symboliques 2,* p. 51 : « Mais les résultats auxquels *ici* elle parvient, au stade le *plus* élevé de perfection, sont déjà en puissance dans les actes les *plus* simples du jugement empirique, dans la comparaison et l'attribution de certains contenus de perception. »

du pur langage dans la fonction qu'ils accomplissent »[1]. Toute la science aristotélicienne semble reposer sur la division et la classification linguistique des phénomènes et sur le système d'attribution du langage, sans y introduire de changements notables. Il s'agit toujours « d'affirmer ou de nier un prédicat quelconque d'un sujet »[2], selon l'expression même d'Aristote. Les déterminations ultimes de la physique aristotélicienne, celles sur quoi repose la théorie des éléments ne sont rien d'autre que les couples de contraires que le langage instaure comme le *chaud* et le *froid*, *l'humide* et le *sec*[3]. Toutefois, même cette isolation et cette détermination des éléments qualitatifs dans des unités qu'on peut appeler, en empruntant le terme à Kaufman[4], de *concepts-choses*, a le mérite d'être parvenue à subsumer des qualités fixes sous des lois générales permettant ainsi de construire des séries totales de déterminations qualitatives possibles.

Dès lors, la science ne peut être jugée philosophiquement sur la qualité de ses concepts, cela est du ressort de la pratique et de l'application. Elle ne peut être jugée que sur sa méthode, sur cette recherche d'unité ou comme dit Cassirer, « sur l'ordre inédit dans lequel cette matière est saisie »[5]. La science est « un type de pensée » et non un « contenu de pensée » [6]. Elle ne crée pas « de nouveaux objets, mais de nouveaux symboles »[7], c'est-à-dire, de nouvelles formes de perception et d'interprétation intellectuelles du donné. « L'homme, dit Cassirer, vivait dans un monde objectif bien avant de vivre dans un monde scientifique »[8]. Chaque système de mise en forme serait ainsi, une sorte d'oeuvre d'art, une *Montagne Sainte victoire*, que l'esprit humain, tel un Sézanne éternel, peindrait différemment et indéfiniment. On ne peut, dès lors, réduire la

---

[1] E. Cassirer, *La philosophie des formes symboliques 3*, p. 501.

[2] Aristote, *Métaphysique III.* p. 7, 1011 b, 23-29.

[3] Aristote, *Physique* 1(5), 188 a et b, p. 39-40.

[4] F. Kaufmann, The theory of scientific knowledge, in *The philosophy of E. Cassirer*, p. 191.

[5] E. Cassirer, *La philosophie des formes symboliques 2*, p. 54.

[6] E. Cassirer, *La philosophie des formes symboliques 3*, p. 393.

[7] E. Cassirer, *Essai sur l'homme*, p. 297.

[8] *Ibid.*, p. 290.

pensée scientifique à une simple réceptivité descriptive et passive à la manière de ce courant que Cassirer appelle l'Abildtheorie, et sous lequel il subsume toutes les conceptions qui considèrent que la connaissance se règle passivement sur l'objet comme un simple duplicata.

Se donne alors à voir la conception de Cassirer de la nature de l'esprit humain et de la culture. L'un comme l'autre sont régis par une tendance progressive d'abstraction, une tendance persistante à substituer l'unité fonctionnelle des concepts à leur unité substantielle. Ce processus de désontologisation se donne à lire doublement : horizontalement, dans le système de la culture comme tout, et verticalement, dans l'histoire de chaque science. Dans l'histoire de la physique par exemple, le progrès réalisé dans la construction de l'univers des concepts géométriques peut être représenté comme la transition progressive et lente d'une conception de l'espace comme *topos*, lieu géographique, entité auto-subsistante qui se livre à l'observation, à une conception de l'espace relation ou structure aux propriétés véritablement géométriques, c'est-à-dire formelles. L'esprit serait passé, dans sa saisie scientifique de l'espace, d'une phase de déterminations concrètes, locales, à une phase de déterminations abstraites, symboliques.

C'est donc une même loi génétique qui est au principe de l'évolution intellectuelle de l'homme, de la culture et de chaque forme culturelle prise en tant qu'unité indépendante : une loi évolutive qui se compose de trois phases qu'il faut se garder d'assimiler à la loi des trois états d'Auguste Comte. C'est le même processus évolutif qui se répète à des niveaux différents et qui entraîne aussi bien la séparation entre monde mythique de « l'intuition immédiate et monde des concepts linguistiques que la dissociation des concepts logico-scientifiques et des concepts scientifiques »[1]. Au départ, il y aurait eu, selon Cassirer, « une phase en quelque sorte *mimique*, (...) ensuite, une phase *analogique* (...) enfin la forme finale, proprement *symbolique* de la conceptualisation »[2]. Pour aboutir à cet état de maîtrise quasi-totale, l'esprit a dû s'acheminer au long d'un processus lent et progressif des pseudo-concepts du mythe, aux pré-concepts du

---

[1] E. Cassirer, *La philosophie des formes symboliques 3*, p. 371.

[2] *Ibid.*, p. 499-500.

langage pour parvenir à cette ultime forme de concepts, celle de la science théorique[1].

Quand il parvient à faire usage de sa fonction signifiante, l'esprit se détourne définitivement du monde dans son aspect matériel donné ou intuitif, « des objets exposés à une vision et saisis grâce à elle »[2], pour se tourner « vers la fonction de voir, vers le caractère de la vision elle-même »[3]. L'homme n'accède à « l'empire véritable de la pensée, en son centre et foyer »[4] que quand il devient capable d'exercer ce type spécifique de réflexion car là, l'esprit ne se borne pas à emprunter une voie déjà tracée, il la prépare par le concept. Il ne se laisse pas « passivement prescrire par les objets l'union, la *synopsis* du multiple »[5]; il la pose lui-même « par une activité spontanée, conformément à ses propres normes et critères »[6]. L'esprit parvient alors à construire « en toute liberté et spontanéité un empire de symboles »[7] où les opérations s'effectuent dans de « purs signes de signification »[8] excluant « toute expressivité élémentaire et même toute représentativité intuitive »[9] pénétrant ainsi dans un monde de relations entre les idées. C'est dans ce sens qu'il faut entendre la caractérisation du moment du concept de moment de liberté et de spontanéité.

L'analyse, que Cassirer fait des théories physiques d'Aristote jusqu'à Einstein et des théories mathématiques de Pythagore jusqu'à Russell, Peano et Dedekind, vise à étayer la thèse selon laquelle les étapes décisives dans le développement de la science sont le signe d'une émancipation progressive de l'esprit lui-même d'un réalisme naïf qui commence avec les théories de la *chose en soi* et interprète la connaissance comme la conformité avec les essences préexistantes et finit dans la théorie de la relativité comme unité de structure. L'histoire de la science

---

[1] E. Cassirer, *Essai sur l'homme*, p. 289.

[2] E. Cassirer, *La philosophie des formes symboliques 3*, p. 322.

[3] *Ibid.*

[4] *Ibid.*

[5] *Ibid.*, p. 318.

[6] *Ibid.*

[7] *Ibid.*, p. 319.

[8] *Ibid.*

[9] *Ibid.*

est présentée comme l'histoire du dialogue perpétuel de l'esprit avec lui-même, celle des défis qu'il se pose à chaque fois et qu'il résout en soulevant toujours de nouveaux défis.

La forme suprême de l'objectivité de l'esprit n'est réalisée qu'au niveau de la science et cela pour deux raisons : « La première est que le moment de la connaissance est le seul qui ait pour objectif la vérité à tel point que les autres formes culturelles sont affectées d'un indice de réfraction »[1] spécifique à l'égard du réel qu'il convient de reconnaître et de mesurer. La deuxième est que le moment de la connaissance est celui où « l'esprit apparaît enfin à soi même, dans une sorte de phénoménologie de type hégélien, en se réappropriant les différents moments du savoir pour atteindre au savoir de soi-même, à l'auto-conscience de soi, c'est-à-dire à un savoir sur le savoir »[2]. Cassirer insiste beaucoup sur cette dynamique propre à la pensée humaine orientée vers l'auto-libération et exhibée dans chaque étape de la culture. Le pas décisif de ce processus est le passage des symboles verbaux utilisés dans le langage ordinaire aux symboles mathématiques utilisés dans les sciences de la nature.

Cela nous permet d'entrevoir le rapport que Cassirer établit entre la vérité et la liberté ; un rapport dans lequel la vérité est posée comme fondement de la liberté qui constitue la valeur suprême du monde humain de la culture. La liberté est cette idée directrice qui oriente toute manifestation de l'esprit comme dégagement du substantiel vers l'idéel. L'homme est essentiellement liberté et, le plus haut degré du procès d'auto-libération de l'homme ou de la culture, est le moment de la vérité ou de la connaissance scientifique. « La culture, selon Cassirer, ne peut être définie et explicitée en termes de nécessité, elle doit être définie en termes de liberté. »[3] L'unité de la culture est ainsi une unité de méthode et une unité de but. Mais peut-on conclure de l'unité du but à l'unité de la pensée ?

---

1 *Ibid.*, p. 13.

2 J. Seidengart, *La physique moderne comme forme symbolique privilégiée dans l'entreprise philosophique de Cassirer*, *op. cit.*, p. 493.

3 E. Cassirer, *L'idéalisme critique comme philosophie de la culture*, *op. cit.*, p. 17. Voir également la conclusion de ce travail.

§ 3. Un principe d'ordre nouveau

Chaque fois que l'esprit passe d'un mode de symbolisation à un autre, il avance d'un pas dans le processus d'objectivation et d'auto-libération. En tant que simples formes successives et complémentaires dans le processus général d'objectivation, les formes symboliques ont forcément la même valeur. Chaque forme est irremplaçable dans le processus de maturation de la conscience. Cependant, comme le remarque Bachelard, « l'unité du but n'est pas une unité de pensée »[1]. Exprimant des directions différentes de formation spirituelle, les images mythiques, les concepts verbaux et les concepts scientifiques impliquent, forcément, « des modalités qualitativement distinctes du don de sens »[2]. Chaque direction suppose une attitude spécifique de la conscience vis à vis du réel.

Comment faut-il caractériser l'attitude de la conscience signifiante ? Cassirer montre que l'apport spécifique du concept scientifique est de « surmonter et supprimer toute l'indétermination et l'imprécision que le devenir du langage est forcé de tolérer »[3], de fixer le mouvement endoyant que le langage, étant lui-même un « flot vivant »[4], entretient. La connaissance requiert des concepts qui requièrent eux-mêmes « fixité et univocité »[5]. C'est pourquoi Cassirer situe la première différence entre le signe linguistique et le concept scientifique au niveau de ce que l'on peut appeler l'univocité du concept ou le « postulat d'identité »[6] : pour être un concept scientifique, le signe symbolique ne doit pas tolérer « l'espace de jeu de signification, qui est essentiel au langage »[7]. Un contenu précis et identique doit être désigné par un signe identique. On ne saurait prendre un concept scientifique tantôt dans un sens tantôt dans un autre. Le concept doit être circonscrit et déterminé à l'intérieur d'« un ordre fixe »[8] et conformément à « une règle

[1] G. Bachelard, *Le rationalisme appliqué*, p. 106.

[2] E. Cassirer, *La philosophie des formes symboliques 3*, p. 371.

[3] *Ibid.*, p. 372.

[4] *Ibid.*

[5] *Ibid.*

[6] *Ibid.*, p. 372.

[7] *Ibid.*

[8] *Ibid.*, p. 373.

donnée de construction »[1]. Il n'y a pas de métaphore en science. Le propre du concept scientifique est d'aspirer « à une coordination univoque et rigoureuse entre signe et signification »[2].

Le cheminement vers l'univocité du concept et sa stabilité passe par le remplacement du rapport à l'intuition propre à la pensée re-présentative, par le rapport à un système clos de signes conceptuels. La pensée signifiante a cette particularité d'organiser le chaos des impressions sensibles en dégageant parmi elles certains groupes de similitude qui servent à constituer des séries. Il ne s'agit nullement de réunir après coup des contenus donnés et bien délimités, mais de délimiter ces contenus dans la pensée par un processus de subordination, de hiérarchisation logique, d'abstraction et de détermination[3]. La similitude n'est, dans ces conditions, rien d'autre qu'un concept relationnel et réflexif qui consiste à appréhender l'unité d'une loi, celle d'un principe de construction dans la diversité même.

La science progresse ainsi en incorporant la variété de l'expérience dans un système intellectuellement cohérent, à travers des niveaux d'ensemble d'intermédiaires conceptuels, de la relation fonctionnelle la plus prosaïque à la plus universelle. A chaque étape de son progrès apparaît un signe un peu plus indépendant de la substantialité jusqu'à ce qu'il apparaisse « sans masse sensible propre »[4] comme s'il flottait « dans le pur éther de l'activité signifiante »[5]. Quand il parvient à cette immatérialité, le signe acquiert « la faculté de mettre en scène, au lieu de simples détails de la conscience, le réseau complexe de ses mouvements »[6]. Le cheminement vers l'univocité du concept est ainsi lié à un processus parallèle de désontologisation de l'objet de la science et de ses signes et d'émergence de la capacité constructive de l'esprit.

---

1 *Ibid.*

2 *Ibid.*, p. 372.

3 E. Cassirer, *La philosophie des formes symboliques 2*, p. 92-95.

4 E. Cassirer, *La philosophie des formes symboliques 1*, p. 53.

5 *Ibid.*

6 *Ibid.*

La naissance de la science est le moment d'un véritable « antagonisme de deux mouvements »[1], « d'une dialectique »[2] : le concept se trouve comme attaché à la représentation, il ne parvient pas à abandonner « immédiatement la sphère de l'intuition et celle de la représentation linguistique »[3] mais il ne peut les maintenir dans leur forme primitive sans risque de stagnation. Il doit donc « les pénétrer de sa forme propre en leur imprimant en même temps un caractère différent »[4]. La science ne s'émancipe vraiment que si « la pensée se libère de la contrainte du mot et se rende indépendante de ce dernier »[5] en débordant sa sphère. Nous dirons, comme Bachelard, qu'il « faut attendre qu'une connaissance ait reçu plusieurs rectifications, pour qu'on puisse la désigner comme une connaissance scientifique »[6].

Cassirer situe l'oeuvre essentielle des grands savants dans ce qu'il appelle la capacité « d'accomplir le passage de l'intuition empirique à l'intuition pure, de concevoir le monde comme une multiplicité, non de perceptions, mais de formes, de figures et de grandeurs »[7]. Quand l'esprit parvient à saisir les pures qualités sensibles de la couleur, du ton, comme de simples « propriétés secondes qui ont pour fondement des déterminations premières d'ordre purement quantitatif »[8], il vient de faire le pas vers « une

---

[1] E. Cassirer, *La philosophie des formes symboliques 3*, p. 495.

[2] *Ibid.*

[3] *Ibid.*

[4] *Ibid.*, « Mais pas plus ici que lors du passage de *l'expression* à la *représentation*, la rupture ne s'opère d'un seul coup. Au contraire, la pensée se cramponne, pour ainsi dire, à ce même domaine au-delà duquel l'entraîne la loi intérieure et la tendance nécessaire de son propre épanouissement. C'est, dans cet antagonisme de deux mouvements, dans cette dialectique, que s'édifie le monde du concept scientifique. Le concept n'abandonne pas immédiatement la sphère de *l'intuition* et celle de la *représentation* linguistique : mais dans la mesure où il les pénètre de sa forme propre, il leur imprime en même temps un caractère différent. »

[5] *Ibid.*, p. 365.

[6] G. Bachelard, *Le rationalisme appliqué, p.* 112.

[7] E. Cassirer, *La philosophie des formes symboliques 3*, p. 499.

[8] E. Cassirer, *Perception des choses et perception des expressions, op. cit*, p. 121.

pure saisie du monde »[1]. Toutefois, cette pure saisie du monde n'est possible que si l'esprit parvient à un « principe d'ordre nouveau, une nouvelle forme d'interprétation intellectuelle »[2] du donné. La principale caractéristique de ce nouveau principe est la recherche de la simplicité. L'homme s'est acheminé à travers son histoire et son ascension vers la science par des degrés différents de simplicité. Il serait passé d'un système de concepts qualitatifs, surchargés, complexes et confus, à des concepts plus simples clairs et distincts, qui, loin d'exprimer la réalité comme *factum*, soumettent « la multiplicité intuitive à une règle la déterminant sous le rapport de l'unité qu'elle institue »[3] et permettent, non pas une reconnaissance dans la qualité mais, comme dit Cassirer en empruntant l'expression à Kant, « la récognition dans le concept »[4].

Le concept n'est pas une simplification appauvrissante mais, et nous empruntons ici l'expression à Poincaré, « il est fécond »[5] parce que, grâce à son aspect fonctionnel, il n'exprime pas des objets en tant que *data* sensibles, mais des relations entre les objets. C'est cette forme de simplicité qui confère au concept son universalité. Les concepts sont universels parce qu'ils sont simples, c'est-à-dire, comme dit Poincaré, il leur est indifférent de « remplacer un objet par d'autres pourvu que les relations ne changent pas. La matière ne leur importe pas, la forme seule les intéresse »[6]. La simplicité n'est donc pas synonyme de pauvreté mais de richesse.

---

[1] E. Cassirer, *La philosophie des formes symboliques 3, p.* 375.

[2] E. Cassirer, *Essai sur l'homme*, p. 291.

[3] E. Cassirer, *La philosophie des formes symboliques 3, p. 349 :* « Le concept est le dernier et le suprême échelon auquel la connaissance s'élève dans le progrès de la conscience objective. A la synthèse de *l'appréhension dans l'intuition* et de la *reproduction dans l'imagination* doit s'ajouter, véritable clé de voûte dans la construction de la connaissance *objective*, la *synthèse de la récognition dans le concept*. Reconnaître un 'objet' ne signifie rien de plus que soumettre la multiplicité intuitive à une règle la déterminant sous le rapport de l'unité qu'elle institue, voilà ce qu'est le concept et rien de plus. »

[4] *Ibid.*

[5] H. Poincaré, *La science et l'hypothèse*, p. 25.

[6] *Ibid.*, p. 49.

Pour nous permettre de maîtriser les objets, le concept doit nous permettre de déterminer, non pas le simple donné, la réalité concrète et individuellement déterminée, mais aussi de s'étendre au possible. Pour qu'il y ait une science, il faut, comme dit Bachelard, que s'adjoigne « à la pensée phénoménale, la pensée normalisée, à la pensée existentielle, la pensée coexistentielle »[1]. Pour accéder à la science, la pensée doit donc construire en toute liberté un empire de relations symboliques, passer d'une étape où les concepts sont prédicatifs à une phase de jugements de relation. Entendons ici jugement dans le sens d'une activité synthétique de mise en relation entre les contenus de représentation reconnus dans leur signification, « excluant toute expressivité élémentaire et même toute représentativité intuitive »[2].

Or cette domination rationnelle du sensible requiert « une forme symbolique radicalement nouvelle »[3] qui convienne à représenter ces objets et à en trouver le rapport. Tant que l'esprit reste attaché à l'empirique, il ne peut pas accéder, comme le note Bachelard, à « toutes les leçons de mobilité que donne la conscience de l'identité fonctionnelle de tous ces modèles »[4]. Pour combiner les phénomènes et en tirer l'ordre et la mesure, il faut pouvoir les représenter dans un système de signes. Il n'y a de travail fiable de l'esprit que dans la mesure où il « peut s'exprimer, comme le remarque F. Jacob, par une combinatoire de signes »[5] que l'esprit a lui-même imaginé. De tous les systèmes de signes, le signe mathématique est sans conteste, le signe le plus parfait. La pensée ne se détache définitivement de la terre nourricière du langage et n'entre dans le monde de la

---

1 G. Bachelard, *Le rationalisme appliqué*, p. 34.

2 E. Cassirer, *La philosophie des formes symboliques 3*, p. 319. « A *la sciencia generalis* s'ajoute le réquisit de la *caracteristica generalis* qui poursuit l'oeuvre du langage tout en l'élevant à une nouvelle dimension logique. Car les signes de la caractéristique, excluant toute expressivité élémentaire et même toute représentativité intuitive, sont devenus de purs *signes de signification*, nous procurant ainsi un nouveau mode de référence *objective* du sens, spécifiquement différent de cette relation à l'objet qu'offre la perception ou l'intuition empirique. »

3 *Ibid.*, p. 375.

4 G. Bachelard, *Le rationalisme appliqué*, p. 18.

5 F. Jacob, *La logique du vivant, p. 41.*

nécessité et de l'universalité que quand elle parvient à remplacer le qualitatif par « un système universel de mesures »[1]. En parvenant au concept scientifique du nombre, elle accède à « la généralité pure (à) la pure idéalité » [2]. Elle est désormais apte à distinguer la forme pure de tout ce qui peut y entrer.

C'est moins le contenu des nombres que leur « applicabilité illimitée »[3] comme forme qui constitue le véritable saut qualitatif de la pensée. Elle y trouve « le prototype de tous les purs *signes d'ordre* »[4], le cadre idéal où elle peut faire entrer les faits et les débarrasser de tout caractère qualitatif. Seul le nombre est en mesure de fournir à la pensée scientifique le déterminant dont elle a besoin, un déterminant méthodologique, non métaphysique, capable de permettre la re-présentation les choses « à l'état pur, dans l'universalité de leur *forme* selon leur caractère de relation »[5]. La simplicité recherchée par la science ne réside donc pas dans la similitude mais dans l'ordre ; elle est une simplicité méthodologique. Pour Cassirer, « toute conceptualisation exacte prend sa source dans le domaine du nombre, de la détermination et de la désignation de la série des nombres naturels »[6]. L'histoire des sciences peut en témoigner. Descartes avait déjà considéré l'arithmétique et la géométrie « bien plus certaines que toutes les autres disciplines : c'est qu'elles seules traitent d'un objet si pur et si simple qu'elles n'admettent absolument rien que l'expérience ait rendu incertain, et qu'elles consistent tout entières à tirer des conséquences par voie de déduction rationnelle »[7]. C'est en partant d'un tel présupposé que ce même Descartes bannit le contenu sensible de la formation des véritable concepts de la nature. Il en fit disparaître jusqu'à la dernière trace pour « lui substituer de pures déterminations mathématiques de nombre et de grandeur »[8]. Parvenir au stade signifiant c'est, en définitive, parvenir à lire le

---

[1] E. Cassirer, *La philosophie des formes symboliques 3*, p. 319.

[2] *Ibid.*, p. 379.

[3] *Ibid.*, p. 380.

[4] *Ibid.*, p. 377.

[5] *Ibid.*, p. 318.

[6] *Ibid.*, p. 377.

[7] Descartes, *Règles pour la direction de l'esprit,* Règle II, p. 83.

[8] E. Cassirer, *La philosophie des formes symboliques 3, p. 502.*

livre de la nature dans un autre langage que celui des sens et de l'intuition, un langage mathématique dont les caractères sont, comme dit Galilée, « les triangles, les cercles et autres figures géométriques »[1].

Toute la force du nombre réside, selon Piaget, dans la capacité de rendre l'objet, « indépendant du sujet individuel centré sur ses organes de sens »[2]. Le nombre « fonctionne pour ainsi dire comme un milieu abstrait dans lequel les divers domaines des sens se rejoignent et perdent leur hétérogénéité spécifique »[3] en acquérant une représentation symbolique et en s'insérant dans une forme pure de relation. Les Pythagoriciens tiennent, dans l'argumentation de Cassirer, une place importante. En effet, c'est avec eux que le nombre a cessé d'avoir être propre et réalité autonome et que l'esprit a quitté le stade expressif pour accéder au stade signifiant. En étendant le nombre à la totalité de l'être, ils en firent la nature des choses, l'élément qui embrasse la totalité de l'être. Les Pythagoriciens sont parvenus, selon Cassirer, à trouver, grâce au nombre, l'harmonie parfaite de tous les genres d'êtres et de toutes les formes de connaissance. Les choses « n'étaient pas seulement relatives aux nombres ou exprimables par les nombres, elles étaient des nombres »[4]. Ils exprimèrent leur admiration de ce moyen miraculeux en lui accordant « une puissance magique (et en en faisant le) thème central de la pensée »[5]. Grâce à l'ordre qu'il instaure entre les choses, le nombre est « le guide et le maître de la pensée humaine »[6], la voie idéale pour se débarrasser de l'obscurité et de la confusion des choses que le langage ordinaire permet et entretient.

La vérité de l'être émerge de toutes les connaissances : arithmétique, géométrie, physique, musique, astronomie constituent un tout unique et cohérent. Une vérité qui, elle-même, a changé de sens, elle n'est plus essence, elle est

---

[1] Galilée, Il saggatori, opere, Tome VI, p. 232, cité par F. Jacob, *La logique du vivant,* p. 39-40.

[2] J. Piaget, *Épistémologie des sciences de l'homme*, p. 45.

[3] E. Cassirer, *La philosophie des formes symboliques 3*, p. 484.

[4] *Ibid.*

[5] *Ibid.*, p. 75.

[6] E. Cassirer, *Essai sur l'homme*, p. 294.

ordre. Désormais, on ne mesure plus les contenus de notre conscience par leur valeur ontologique mais par « leur position dans le système global »[1]. Il y a, chez Cassirer comme chez les Pythagoriciens, ce qu'il appelle « une parenté d'essence ou de nature entre la vérité et le nombre : la première n'est connaissable que dans et par le second »[2]. On ne peut plus alors faire de distinction entre le symbole et l'objet, c'est le réel tout entier qui devient symbolique. L'un comme l'autre sont une « synthèse (dont) naît et (en laquelle) consiste l'harmonie du tout »[3]. Pour caractériser cette parenté, Cassirer emprunte une image à Kepler, selon laquelle l'esprit ne voit le réel qu'à travers sa propre production qu'est le nombre. « L'oeil de l'esprit »[4] serait ainsi le nombre.

La formidable transformation qui s'est opérée dans l'histoire de la culture se trouve ainsi étroitement liée à l'évolution du critère de vérité et au déplacement lent et progressif de la pensée du nombre. Le chemin parcouru, depuis la situation où l'on se demandait si le nombre coïncide avec la nature de l'objet à celle où il faut se demander si les objets « satisfont à la relation »[5] formulée en symboles numériques, est une véritable révolution culturelle, révolution dont les vrais enjeux sont directement liés au rôle de l'esprit dans la construction du monde. Le nombre, ou tout ce qui l'a remplacé au cours du développement de la pensée mathématique qu'il soit groupe, opération ou structure, n'est pas un simple contenu de la pensée mais « un type de pensée »[6] au service de notre entendement et de ses facultés ordonnatrices. Une pensée naturellement soucieuse de ramener l'unité du divers à une *relation mère*, une combinatoire générale, comme chez Leibniz, afin de prouver que l'homme est véritablement « le maître et le possesseur de la nature ».

C'est dans les applications des mathématiques modernes en physique que l'on voit plus clairement que la liaison entre les phénomènes provient non des sens mais de l'effort de la raison.

---

[1] E. Cassirer, *La philosophie des formes symboliques 3*, p. 171.

[2] *Ibid.*, p. 386.

[3] *Ibid.*, p. 429.

[4] *Ibid.*, p. 391.

[5] *Ibid.*, p. 389.

[6] *Ibid.*, p. 393.

Il s'y agit d'un effort logique qui consiste à former des chaînes d'unité et de continuité au sein du multiple. Ces unités produites sont les créations libres de notre esprit pour son besoin constant de posséder le monde. La loi, en tant qu'unité constitutive, « ne fait pas qu'embrasser une infinité de cas d'application possibles, elle les engendre »[1]. Chaque cas d'application, dit Cassirer, « est une œuvre d'art, le résultat d'une activité créatrice consciente »[2], l'effet de ce que Bachelard appelle la « domination rationnelle du sensible »[3]. Au niveau de la pensée mathématique, le point de départ n'est jamais un domaine de choses mais, comme le précise Cassirer, « un domaine défini d'opérations qui seules nous mènent aux individus que nous appelons les nombres »[4]. Le savoir des lois précède toujours le savoir de ce qu'elles sont capables de poser ou d'objectiver.

L'esprit progresse d'une façon strictement déductive d'un terme à un autre grâce à une loi nécessaire et valable pour tous les éléments, cela lui permet d'avoir une synopsis et d'embrasser « d'un seul coup d'oeil synthétique la totalité des termes »[5]. Ce n'est pas le contenu particulier mais le coup d'oeil qui détermine l'objet comme objet logico-mathématique, la nécessité est donc interne, elle est une exigence de la raison. Cela est d'autant plus clair dans la théorie des groupes où l'opération[6] qui est forme est elle-même l'élément. C'est dire que la pensée mathématique non euclidienne ne se rapporte plus à des nombres mais « à des formes, à des relations et à des opérations »[7].

Le développement des mathématiques non euclidiennes et de la science physique attenante montre clairement qu'il n'y a rien pour la pensée « de plus originaire que la pensée même,

---

1 *Ibid.*, p. 409.

2 E. Cassirer, *Essai sur l'homme*, p. 292.

3 G. Bachelard, *Le rationalisme appliqué*, p. 113.

4 E. Cassirer, *La philosophie des formes symboliques* 3, p. 409.

5 *Ibid.*, p. 387.

6 E. Cassirer, *Réflexions on the concept of group and the theory of perception, p. 273, « un* ensemble d'opérations forme un groupe, dit Cassirer, chaque fois que deux transformations successives donnent un résultat qu'on peut aussi bien obtenir par une opération unique, appartenant à l'ensemble ».

7 E. Cassirer, *La philosophie des formes symboliques 3*, p. 391.

autrement dit, la position de relations »[1]. Tout autre fondement qu'on prétend assigner au concept « implique, selon Cassirer, cette même position de relation, et ne peut apparaître comme fondement que parce qu'il contient à titre de présupposé le véritable fondement, la position de relation »[2]. Toutefois, le détachement du monde intuitionné et la progression vers un monde simplement pensé ne risquent-ils pas d'être payés d'une perte importante ? L'expérience immédiate et concrète de la vie ne s'affaiblit-elle pas proportionnellement à l'approche de l'homme de ces buts intellectuels ?

§ 4. Concept et expérience

On ne peut certes mettre au compte de la seule raison toutes les déterminations conceptuelles sans tomber dans le dogmatisme rationaliste que Cassirer dénonce autant que l'empirisme. Dans toute détermination conceptuelle, concept et expérience « ne déploient les vertus qu'ils renferment qu'en se mesurant l'un à l'autre »[3]. Les présupposés métaphysiques des Pythagoriciens, par exemple, n'auraient pas pu tolérer une forme du nombre autre que celle du nombre entier[4]. Un nombre irrationnel apparaîtrait, aux yeux de ces derniers, comme son nom l'indique, étranger au nombre vrai et à son logos immanent ; il est un « *alogon* et un *arrêton* »[5]. L'extension du concept primitif de nombre vers l'irrationnel ne vint pas de questions surgies à l'intérieur de la propre sphère du nombre

---

1 *Ibid.*, p. 382-383.

2 *Ibid.*

3 *Ibid.*, p. 458.

4 E. Cassirer, *Essai sur l'homme, p. 297 :* « Ce que les Pythagoriciens avaient cherché et trouvé dans le nombre, c'était l'harmonie parfaite de tous les genres d'êtres et de toutes les formes de connaissance : perception, intuition et pensée. Alors l'arithmétique, la géométrie, la physique, la musique, l'astronomie semblaient constituer un tout unique et cohérent (...) Toute chose au ciel et sur la terre devenait *harmonie du nombre*. La découverte des grandeurs incommensurables marqua, cependant, la faillite de cette thèse. »

5 Dans l'*Essai sur l'homme* nous retrouvons la même idée, p. *296 : « Pour* la logique et la mathématique grecques, les nombres irrationnels représentaient une contradiction dans les termes. C'était un *arrêton*, une chose impensable et indicible. »

mais de problèmes « que lui posait le monde intuitif, le monde des grandeurs »[1]. Ce sont les problèmes de mesure des longueurs qui auraient, selon Cassirer, contraint le nombre à briser le cercle de son assignation primitive et de s'étendre vers l'irrationnel.

Cependant, cette liaison avec l'expérience et les problèmes qu'elle pose ne signifie pas que, pour déterminer ce qu'il perçoit empiriquement, l'homme ne fait que remplacer les différences *données* par des différences *pensées*. Les exemples puisés dans l'histoire des sciences exactes montrent que « cela seul qui naît (...) du fonds de la pensée se révèle en dernier ressort nativement approprié à l'expérience »[2]. Ainsi, la naissance des nombres irrationnels, fractionnels, imaginaires ne signifie pas que l'homme change à chaque fois la facticité mais « la conception générale, l'étalon de la réflexion comme tel »[3]. S'il doit y avoir un rôle de l'expérience dans le travail conceptuel, il ne peut se situer au fondement des concepts. L'expérience constitue pour l'entendement scientifique « un paraclet (...) ce qui réveille l'âme »[4]. Elle « va devant en formulant le problème ; mais on ne peut en attendre la solution qui doit naître de l'orientation maîtresse propre à la pensée constructive des mathématiques »[5]. L'expérience « ne produit pas les forces qu'elle éveille »[6], les décrets scientifiques seraient ainsi pour Cassirer, ce qu'ils sont pour H. Poincaré, des « conventions (émanant de) la libre activité de notre esprit »[7] qui décrète sans obstacles et sans limites mais également sans arbitraire. On peut donc dire que « l'expérience nous laisse notre libre

---

[1] E. Cassirer, *La philosophie des formes symboliques 3*, p. 458.

[2] *Ibid.*, p. 460.

[3] *Ibid.*, p. 473.

[4] Jean Seidengart, *Théorie de la connaissance et épistémologie de la physique selon Cassirer*, op. cit., p. 170.

[5] E. Cassirer, *La philosophie des formes symboliques 3*, p. 459.

[6] *Ibid.*

[7] H. Poincaré, *La science et l'hypothèse*, p. 24.

choix, mais elle le guide en nous aidant à discerner le chemin le plus commode »[1].

Le moment où l'homme prend conscience du rôle déterminant de sa fonction spirituelle, symbolisante, est précisément le moment où la rupture avec l'impression et la sensation est définitivement consommée. Une rupture qui n'exclut pas le retour au réel. Toutefois, ce retour n'est ni une récession vers le point du départ ni un resourcement à partir d'un paradigme premier mais un retour vers un champ d'application des produits de l'esprit. « Toute pénétration plus poussée dans le monde des formes et de leur légalité interne signifie toujours un nouveau pas dans la direction du *réel*, dans le progrès de notre connaissance de la réalité. »[2]

Notre saisie de la réalité n'est donc possible que grâce à un processus de construction fondé lui-même sur l'activité synthétique de l'esprit. Le réel ne se laisse pas saisir immédiatement dans la première perception, il est obtenu à l'arrivée. Toute question sur le sens du réel doit nous renvoyer vers ce mouvement d'unification et vers ses présupposés. Dans la compréhension du réel, seule, dit Cassirer, « la structure unitaire de l'explication, la subsomption de l'ensemble des phénomènes naturels sous des lois suprêmes et totalisatrices (...) est déterminante »[3]. Se référant à M. Planck, Cassirer souligne que le critère de validité d'une loi scientifique n'est pas son caractère intuitif mais son caractère opératoire, sa structure unitaire d'explication[4]. La physique moderne, celle de M. Planck et d'Einstein, dépasse donc la théorie kantienne de l'intuition pure inspirée de la physique de Newton. Elle est plutôt une physique d'une âme leibnizienne, intellectualisante et opposée à la domination inconditionnelle de la construction géométrique.

En raison des révolutions au sein de la pensée mathématique, « le schématisme des images, (dans la physique moderne, celle du XIXe et du XXe siècles) a cédé la place au symbolisme des principes »[5]. La tendance à l'unification aurait, selon Cassirer,

---

1 *Ibid.*

2 E. Cassirer, *La philosophie des formes symboliques 3, p. 391.*

3 *Ibid.*, p. 510.

4 *Ibid.*

5 *Ibid.*, p. 515.

« remporté la victoire sur la tendance à la traduction intuitive : la synthèse guidée par les purs concepts de lois s'est révélée supérieure à la composition en concepts de choses »[1]. Alors que chez Kant, « nul concept de l'entendement ne peut prétendre à une vérité empirique, à une validité objective, si ce n'est en se *schématisant* dans l'intuition »[2], la physique moderne ne présente plus le réel comme l'unité formée par la coexistence des choses mais comme l'ordre des événements. Le schème que Kant présente comme *réalisateur* est en même temps un schème « restrictif qui maintient le concept dans les limites de la présentabilité spatio-temporelle »[3]. Dans la théorie de la relativité d'Einstein, le réel est tout ce qu'il y a de plus loin du réel intuitif. La principale caractéristique de la théorie relativiste est qu'elle est toujours une théorie paradoxale, au sens grec du mot, c'est-à-dire à l'encontre des croyances communes et de ce que la science antérieure considérait comme intangible. La vérification expérimentale y est de plus en plus indirecte, elle n'est réalisée que par le détour des mathématiques. La nature devient, comme le dit Einstein, « la réalisation de ce qu'on peut imaginer de plus simple mathématiquement »[4].

C'est au niveau de la science en général et des mathématiques en particulier que le symbolisme a perdu toute correspondance avec le réel et qu'il est pris pour ce qu'il est réellement, c'est-à-dire la structuration de notre rapport au monde. Il ne dit pas le monde mais il le crée et le révèle. En effet, les concepts scientifiques ne désignent plus le donné ni son essence physique ou métaphysique, ils constituent, au contraire, le « fil conducteur pour la découverte d'une méthode de synthèse »[5], un guide pour explorer des domaines nouveaux et étendre le rapport étroit entre les symboles et la réalité. En véritable symbole, opération ou processus, le concept scientifique n'est pas la reproduction d'« une voie déjà frayée »[6], mais, insiste Cassirer, « la fonction

[1] *Ibid.*

[2] *Ibid.*, p. 505.

[3] *Ibid.*

[4] A. Einstein, *Comment je vois le monde*, p. 164-165

[5] E. Cassirer, *La philosophie des formes symboliques 3*, p. 486.

[6] *Ibid.*, p. 323 : « D'habitude quand on trace les frontières entre *intuition* et *conception* on prend l'intuition pour une relation *immédiate* à l'objet et

même de frayer la voie (il ne se borne pas) à emprunter un chemin déjà tracé, déjà connu, il aide à le préparer »[1]. Dans ce sens le symbolisme scientifique n'appauvrit pas la réalité mais il lui donne des dimensions infinies, aussi infinies que le possible.

C'est en cherchant à vérifier ses présupposés, en les confrontant à la résistance même que leur oppose le *donné*, que la pensée prend conscience de sa liberté illimitée qui lui permet de se détourner du donné et de chercher le possible en posant des hypothèses. L'esprit prend alors une attitude plus sûre vis-à-vis du donné : au lieu de le manipuler, comme s'il lui était étranger et imposé, il le prend comme posé par lui et « engendré suivant les conditions de la construction mentale »[2]. Le monde est un modèle intelligible construit par l'esprit qui impose aux choses son ordre. C'est l'esprit qui décrète la forme du réel et l'expérience ne peut être pour lui, comme dit Poincaré, « qu'une occasion de se servir de sa puissance et par là d'en prendre conscience »[3].

C'est sans doute la physique relativiste qui illustre le plus parfaitement cette ouverture sur le possible que nous permet le symbole. Le « renoncement à la choséité, bien loin d'ébranler en aucune manière *l'objectivité* de la physique, la fonde au contraire en un sens nouveau et plus profond »[4]. L'objectivité devient un problème de pure signification, et non de représentation. Ce qu'on appelle objet n'est rien d'autre qu'un point d'unité connaissable par la pensée pure, « simple *x* par rapport auquel des représentations ont une unité synthétique »[5]. Nous ne

---

on en distingue la démarche *discursive* en ce sens qu'elle ne s'arrête jamais à l'individu, mais tend vers une réalité qu'elle n'atteint qu'en parcourant une multiplicité d'éléments pour les embrasser à la fin d'un regard unique. Toutefois, face à cette forme de synthèse intuitive, le concept propose une puissance nouvelle et supérieure du *discursif*. Il ne se borne pas à suivre les directions préétablies que lui souffle la *similitude* des phénomènes ou quelque autre relation saisissable par intuition : il est, non pas une voie déjà frayée, mais la fonction même de frayer la voie... Il ne se borne pas à emprunter un chemin déjà tracé, déjà connu, il aide à le préparer. »

1 *Ibid.*

2 *Ibid.*, p. 451-452.

3 H. Poincaré, *La science et l'hypothèse*, p. 41.

4 E. Cassirer, *La philosophie des formes symboliques 3*, p. 520.

5 *Ibid.*

pouvons plus, dès lors, affirmer l'existence d'un fait indépendant de tout élément théorique, qui se donne dans une observation faite au hasard ou dans une simple accumulation de données sensibles. Les faits de la science impliquent toujours un élément théorique, c'est-à-dire symbolique. Cet élément théorique est l'hypothèse à partir de laquelle le savant oriente son regard sur le monde et le questionne, une perspective à la fois prospective et constructive. Bien des faits scientifiques « qui ont changé tout le cours de l'histoire de la science »[1], dit Cassirer, « peut-être même la plupart, ont été des faits hypothétiques, avant de devenir des faits observables »[2].

Cassirer assimile en quelque sorte l'hypothèse au symbole. En tant que travail intellectuel qui vise à représenter un contenu donné par un contenu purement pensé, l'hypothèse est un symbole, un symbole prospectif qui fraye le chemin à la pensée et l'oriente dans son processus de construction du monde. Il suffit de faire défiler l'histoire du concept de *matière* dans la philosophie de la nature, pour se rendre compte non pas de la ressemblance du symbole scientifique et de l'hypothèse mais du caractère forcément hypothétique du symbole. La signification différente, que le concept de matière a revêtue au cours de l'histoire de la physique, prouve largement qu'il est une sorte d'hypothèse explicative qui, continuant à utiliser le même mot, lui donne à chaque fois un sens différent, une valence nouvelle. Qu'il soit utilisé dans le système de la physique classique ou dans les théories modernes de la mécanique quantique, c'est à chaque fois une nouvelle hypothèse qui émerge des limites de l'explication antérieure.

Comment Cassirer peut-il cautionner les théories mathématiques non euclidiennes et les théories physiques qu'elles engendrent, sans rompre définitivement avec Kant ?

Bien que s'inscrivant à l'encontre de la physique newtonienne dont Kant s'inspire, et renversant toutes nos notions d'espace et de temps, de matière et de mouvement, la théorie relativiste et le nouveau développement de la pensée scientifique du XXe siècle, ne sont pas considérés par Cassirer comme des théories en contradiction avec les principes de la philosophie critique ; c'est

---

[1] E. Cassirer, *Essai sur l'homme,* p. 88-89.

[2] *Ibid.*

même « ce renversement là, qui a jeté sur le problème du caractère symbolique de nos concepts scientifiques fondamentaux, une lumière nouvelle et inattendue »[1]. Paradoxalement, c'est justement la théorie relativiste, plus que la physique de Newton qui ne tolère pas d'hypothèse, qui a contribué à démontrer la présence du sujet au principe de chaque production théorique ou pratique, qui a mis en lumière le rôle premier de la subjectivité transcendantale dans la constitution du monde et la décrétion de sa vérité.

Chaque vue neuve à laquelle la pensée physique accède révèle la capacité de l'homme de se libérer du donné, sa façon de le questionner et de lui imposer les réponses. Les différents systèmes qui se succèdent ne sont pas le fruit du hasard, ils émanent de l'exigence structurante de l'esprit et de son exigence perpétuelle de se soumettre à la critique si bien que, « chaque degré supérieur de l'objectivation délimite le précédent, mais loin de l'annuler par cette limitation il le comprend au contraire et l'incorpore dans sa propre perspective »[2].

L'histoire de la science comme la phénoménologie de l'esprit est donc dialectique. Et, même si la science est, pour Cassirer comme pour Hegel, l'ultime figure de la culture envisagée comme système téléologique et dialectique, toute *La philosophie des formes symboliques* est construite non pas selon le principe d'un savoir absolu, achevé, mais selon le principe non hégélien d'une connaissance objective s'autocritiquant à l'infini. « La liberté par rapport à ses créations ne s'acquiert et ne se conserve, dit Cassirer, que par un incessant travail critique. »[3] La rupture du réel de tout lien avec la choséité et la concrescence ne s'effectue jamais au début, elle est la fin espérée de la science, ou, pour utiliser une expression souvent répétée par Cassirer, elle est « un terminus *ad quem* et non un terminus *a quo* »[4].

Le plus haut degré de liberté pour l'homme est certes celui où il parvient à se détacher à la fois de l'immédiat et du contenu intuitif de cet immédiat, ce moment est en même temps le plus positif, le plus fructueux et le plus productif du point de vue de la

---

1 *Ibid.*

2 E. Cassirer, *La philosophie des formes symboliques 3, p.* 525.

3 E. Cassirer, *La philosophie des formes symboliques 2*, p. 44.

4 E. Cassirer, *Essai sur l'homme*, p. 291.

création et de la possession du monde. L'idée du possible est constitutive de l'esprit humain. Arriver au moment de la science ne veut pas dire que l'homme est parvenu à la vérité du donné, qu'il la détient, mais simplement, qu'il a découvert la clé du possible.

Conclusion

Rappelons-le encore une fois, ce travail s'exerce à dégager une idée unitaire de l'homme à partir de la théorie de la culture de Cassirer, telle qu'elle est développée dans *La philosophie des formes symboliques*. Nous avons cherché à comprendre comment Cassirer est parvenu à réhabiliter la réflexion sur l'homme à une époque où le prodigieux développement des sciences se rapportant à l'homme semble entraver, plus que jamais, toute croyance à son unité. Sur cette voie, nous avons cru déceler un élément essentiel dans la pensée de Cassirer pouvant légitimer cette réhabilitation : son adhésion au « cercle que transcrit la question transcendantale »[1], ou son retour à Kant.

Bachelard disait, dans *L'activité rationaliste*, que le « plus bel hommage qu'on puisse faire à la philosophie kantienne (c'est de prouver), qu'elle est susceptible d'une traduction moderne »[2]. Dans quelle mesure l'anthropologie de Cassirer constitue-t-elle une traduction moderne du kantisme ? Si nous prenons le terme de *traduction* dans son sens le plus banal d'une adaptation et d'une paraphrase qui tendraient à l'équivalence sémantique et expressive de deux énoncés, *La philosophie des formes symboliques* est loin d'en être une. Si au contraire, nous tenons compte du fait que le verbe traduire s'entend, entre autre, au sens de *conduire au-delà* et *traverser*, deux sens qui excluent la répétition du même, nous pouvons considérer comme traduction du kantisme l'élargissement de la critique de la raison en une critique de la culture.

La présente étude a cherché à montrer que *La philosophie des formes symboliques* est une des formes prise par la traduction moderne de Kant aussi bien dans le sens de *traverser* que dans celui de *conduire au-delà*. Que faut-il entendre par traverser une philosophie ? C'est pénétrer au plus profond de cette philosophie et dégager ses instances fondatrices. Semblable à une plongée,

[1] E. Cassirer, *La philosophie des formes symboliques 3*, p. 63.

[2] G. Bachelard, *L'activité rationaliste et la physique contemporaine*, p. 28.

chaque traversée se mesure à la richesse de ce qu'elle dégage, c'est également ce qui la différencie des différentes philosophies qui se réclament d'une même source d'inspiration. Dans sa traversée de la philosophie kantienne, Cassirer a dégagé la notion de *subjectivité transcendantale* comme instance fondatrice suprême, l'idée de la présence d'une idéalité et d'une normativité dans l'activité cognitive de l'homme. Une subjectivité transcendantale que Cassirer pose, à son tour, comme instance fondatrice. Mais, ne pouvant faire fi des acquis de la science contemporaine ni de ceux de la philosophie hégélienne, il avait à montrer que cette idéalité et cette normativité sont constitutives de toutes les activités spirituelles de l'homme. Ainsi, sans mettre en question les principes de base de la philosophie transcendantale, Cassirer l'engage dans une théorie du langage, du mythe, de la religion et de la science.

La traduction du kantisme dont il est question ici n'est donc pas une simple résonance de la philosophie de Kant, elle serait plutôt, comme l'avait dit Bachelard pour son épistémologie, un « kantisme de seconde approximation »[1], un kantisme remanié aux nouvelles dimensions. Dans ce kantisme de seconde approximation, le schématisme transcendantal constitue un « motif d'une fécondité inépuisable »[2]. En effet, l'homme n'est un être constituant et formateur du monde que parce qu'il est un être spatialisant, temporalisant et nombrant. A chaque modalité de schématisation il y a une phénoménalisation, entendons quelque chose de nouveau qui prend forme, une chose qui n'appartient à aucune réalité préalable, un pur symbole qui transcende la matérialité et indique vers une signification.

Cassirer a montré dans sa reprise des cas d'aphasie et de cécité psychique que le champ sensible m'est donné *a priori*. Il habite mon corps. Je ne peux rien recevoir si je ne suis pas habité à l'avance, *a priori* par la spatialité et par la temporalité. C'est comme si le monde était présent en moi comme possibilité avant que je ne le perçoive comme réalité. Le schématisme n'est rien d'autre que ce pouvoir de représentation du monde dans l'imagination qui précède toute saisie effective du monde passé ou futur. C'est cette possibilité de structuration avant et après

---

[1] G. Bachelard, *Le rationalisme appliqué*, p. 11.

[2] E. Cassirer, *Débats sur le kantisme et la philosophie*, p. 63.

dans l'imagination qui donne au monde humain toute sa richesse et lui permet de se rénover indéfiniment.

Certes, nous n'allons pas reprendre ici les articulations fondamentales de notre travail dans lesquelles nous avons montré le rapport de la phénoménalisation au schématisme. Toutefois, nous croyons utile, à ce niveau de notre analyse, de concentrer notre attention sur le rôle que jouent les différentes formes de phénoménalisation ou de mise en forme dans la détermination de la réponse à la question « *Qu'est-ce que l'homme ?* ». Autrement dit, dans quelle mesure, le développement effectué au cours de ce travail a-t-il contribué à élucider le rapport de la théorie de la culture à une idée juste de l'homme ? Nous pouvons dégager cette nouvelle idée de l'homme à partir de la symbiose de deux points que laisse entrevoir la théorie critique de la culture : une nouvelle idée de la raison et une nouvelle conception de l'histoire.

a/ Posant que la totalité véritable et concrète de l'esprit ne peut se donner sous une forme achevée, mais qu'elle « se déploie dans (une) progression »[1], Cassirer introduit un élément nouveau dans la philosophie critique, à savoir, l'historicité de la raison. Une histoire de la raison qui se présente sous l'aspect d'une spécification de plus en plus poussée de la faculté représentative de l'homme et du monde qui en émane. Le monde de la culture ne peut plus être considéré comme une galerie de portraits, il est la manifestation du développement de l'énergie même de l'esprit humain, l'objectivation de l'activité créatrice dans son produit qui est la forme symbolique, une co-objectivation du subjectif et de l'objectif.

Cependant, cette extension du schématisme transcendantal à toutes les activités intellectuelles suppose un « jeu des catégories »[2] qui les autoriserait à se manifester au point le moins rationnel de l'activité de l'esprit, le mythe ou le langage de l'enfant. Ce jeu de catégories ne permet plus de s'en tenir au sens classique et même kantien, du concept de raison[3] : il exige le passage d'une « *raison constituée* » à une

---

[1] E. Cassirer, *La philosophie des formes symboliques 1*, p. 20.

[2] A. Philonenko, *L'école de Marbourg*, p. 149

[3] *Ibid.* : « La catégorie est, chez Cassirer, une tension d'intellectualité. Quant à ordonner abstraitement ces catégories, (...) Cassirer ne s'en est

« *raison constituante* ». Seule une raison plus souple et plus ouverte que la raison classique conçue comme intellectuelle et spéculative, source de règles et de préceptes formulés avec précision, peut être compatible avec les idées de variété de relations.

L'intérêt de *La philosophie des formes symboliques* réside dans cette nouvelle manière de concevoir l'existence et les fonctions des facultés de l'homme dans leurs relations réciproques : le centre de gravité, situé par le rationalisme classique dans la raison intellectuelle, au détriment de l'imagination et de la sensibilité comprimées va être déplacé vers la notion plus riche d'esprit ou fonction symbolique[1]. Une fonction entendue au sens d'une exigence d'ordre qui se manifeste dans le travail de schématisation spatiale temporelle et numérique et où les facultés de l'esprit ne se juxtaposent pas mais collaborent étroitement, voire se confondent en profondeur en une totalité harmonieuse[2], dynamique dont le centre moteur se définirait autant et peut-être plus par la tendance à inventer et à créer qu'à connaître.

Il n'y a donc aucune limite à l'intelligibilité de l'esprit ; ce que l'homme sait et fait n'est encore que peu de chose à côté de ce qu'il est capable de faire. La culture est ainsi un enrichissement continu de l'existence humaine. Elle est loin de ce que Rousseau considère comme une « aliénation toujours plus grande des buts véritables de l'existence »[3]. Elle est l'objectivité créée qui manifeste la subjectivité créatrice. Inscrit dans la nature même de la raison (qui est d'abord expression puis représentation et enfin signification), le progrès est une exigence de la raison elle-même, il se donne à lire dans l'histoire de la culture qui n'est rien d'autre que l'histoire du devenir soi-même de la raison.

Se précisent mieux, dans ces conditions, les caractéristiques de *La philosophie des formes symboliques*. C'est une philosophie

pas soucié véritablement. Existe-t-il douze, quinze ou vingt catégories, même s'il se réclame de Kant, une telle question n'a plus de sens pour lui. »

[1] E. Cassirer, *La philosophie des formes symboliques 3*, p. 61.

[2] *Ibid.*, p. 62.

[3] E. Cassirer, *La tragédie de la culture*, op. cit., p. 195.

ouverte et optimiste. Elle est une philosophie ouverte car elle ne pose pas de barrière absolue, logique ou métaphysique ; elle s'achève dans un hymne à l'espoir et à la foi dans le progrès de la raison. L'esprit accomplit continuellement des transformations du fini et de l'existant en direction du possible et du compossible. La valeur des symboles ne réside pas uniquement dans ce qu'ils sont, mais aussi dans l'extension qu'ils peuvent avoir dans l'explication du réel, dans la dimension du possible qu'ils nous permettent d'embrasser.

La thèse d'un esprit créateur ne peut mener que vers la restauration de la souveraineté de l'homme comme valeur par l'analyse critique de ses possibilités. Elle est la réinvention de l'espérance perdue par une philosophie de l'Absolu Hégélien. C'est dans ce sens qu'il faut entendre le caractère optimiste de *La philosophie des formes symboliques*. L'homme est le seul maître de son destin. Il doit trouver « dans et par la culture l'accomplissement de l'essence intelligible qui lui est propre, et parvenir ainsi, sinon à la satisfaction de tous ses désirs, du moins au concept de toutes ses forces et dons spirituels »[1]. Mais cela l'homme ne peut l'atteindre seul, il doit franchir les barrières de l'individualité et élargir son moi « aux dimensions de l'humanité toute entière »[2].

b/ L'homme n'appartient pas à un monde de choses, mais, Cassirer le dit dans *Le mythe de l'Etat*, à un « royaume des *fins*. Un royaume de *valeur* plutôt qu'un royaume de l'*être* »[3]. Le *je* ne se découvre pas par la spéculation et la démonstration théorique, il ne se découvre « qu'à travers l'acte libre »[4]. L'essence de l'homme réside dans son activité, une activité qui requiert le monde des autres et celui des choses comme scène de cette activité. La culture n'a de sens que dans la mesure où elle constitue la médiation objective et commune à l'intérieur d'un monde humain dans lequel la différence entre les individus se trouve dépassée par la fonction de liaison qu'elle effectue. Ce n'est qu'en prenant conscience de l'existence de l'autre comme activité que l'homme se sentira obligé de « restreindre sa propre

---

1 *Ibid.*, p. 197.

2 *Ibid.*

3 E. Cassirer, *Le mythe de l'Etat*, p. 290

4 *Ibid.*, p. 291.

activité afin de laisser place à l'activité des autres »[1]. Le but, le *telos* de la culture comme vie en commun, est donc de réaliser la liberté du plus grand nombre d'individus et d'esprits humains. « L'acte libre par lequel nous nous trouvions devant être complété par un autre acte consistant à reconnaître les autres sujets libres. »[2]

Comme chez Kant, l'intérêt fondamental de la raison est pratique. Et, même si *La philosophie des formes symboliques* ne s'achève pas sur une théorie morale comme la philosophie de Kant, en ne définissant pas l'homme par une nature conceptualisable à laquelle serait assigné un destin préétabli, elle mène inéluctablement à une éthique dont la fonction sera de montrer comment l'homme entreprend de s'affirmer en inventant sa propre nature toujours singulière. Cassirer détourne ainsi la problématique de la culture vers celle de la possibilité de l'avènement de l'humanité comme caractéristique de l'homme, vers la détermination des vraies valeurs de l'humanité.

Dans un article de 1942, dans lequel il répond à la théorie de Simmel sur la *Tragédie de la culture*[3] et qui porte le même nom, Cassirer cherche à éviter un double écueil, le fascisme et l'eudémonisme. Discutant les vraies valeurs de la raison ou ce qui veut dire la même chose, de l'homme, il nie que nous puissions mettre ces valeurs dans les biens matériels ou dans la réalisation du bonheur individuel. En tant qu'être libre, l'homme ne peut être moyen pour la réalisation ni des fins qui le transcendent ni des fins qui le réduisent à son côté animal. Soucieux de préciser l'affinité originaire entre la culture et la liberté, Cassirer pose que « le *je* n'existe pas en tant que réalité donnée originairement, qui se référerait à d'autres réalités de même nature avec lesquelles elle entrerait en relation »[4]. La conscience de soi, comme la conscience de l'autre, est l'aboutissement et non le point de départ de la vie spirituelle. Dès lors, la culture ne peut être tenue pour un processus d'aliénation du subjectif au profit de l'objectif. Au contraire,

---

1 *Ibid.*

2 *Ibid.*

3 E. Cassirer, *La tragédie de la culture,* op. cit., p. 195-224.

4 *Ibid.*, p. 200.

toute action extérieure est un enrichissement symbolique de l'intériorité et partant une libération de celle-ci.

La philosophie des formes symboliques ne peut donc mener que vers la restauration de la souveraineté de l'homme comme valeur par l'analyse critique de ses possibilités. Elle sera la réinvention de l'espérance perdue par l'annonce de la mort de l'homme, une philosophie de l'espérance qui émane de la foi dans le progrès de la raison. Contrairement à Simmel qui ressent le développement de la culture comme une tragédie où l'homme s'autodétruit car « les forces d'anéantissement dirigées contre (son) essence jaillissent précisément des couches les plus profondes de cette essence même »[1], Cassirer soutient que le développement de la culture est « le présupposé nécessaire pour (que le *je*) découvre et comprenne sa propre essentialité »[2].

La culture serait ainsi « le royaume de l'esprit »[3]. Un royaume qui se fonde dans un mouvement phénoménologique, « un mouvement double, en ce que l'homme se dégage du monde de l'action pour trouver précisément dans ce dégagement et ce détachement le moyen de s'approprier ce monde comme la vie elle-même et de le saisir comme son monde propre et son objectivité propre »[4]. C'est dans ce mouvement de dégagement en vue de la réappropriation que réside le processus de symbolisation grâce auquel l'esprit acquiert sa réalité et sa liberté.

L'homme a une valeur inconditionnelle, il est la fin et l'auteur de sa propre amélioration. Une amélioration qui n'est telle que dans la mesure où elle est partagée. Les hommes doivent faire avancer en commun l'intérêt de l'humanité, dépasser les intérêts subjectifs par des intérêts universels. Toute communication avec l'autre, tout transfert de soi vers l'autre exige un partage de l'agir, du procéder : « La culture, dit Cassirer, est dialectique, elle n'est pas un simple événement, un paisible déroulement, mais elle est une manière d'agir qui doit

---

[1] G. Simmel, Philosophische kultur, leipzig, 1911, p. 265, cité par Cassirer in *La tragédie de la culture,* op. cit., p. 199.

[2] E. Cassirer, *La tragédie de la culture,* op. cit., p. 200.

[3] E. Cassirer, *Débats sur le kantisme et la philosophie*, p. 25.

[4] E. Cassirer, *La tragédie de la culture, op. cit., p. 200.*

sans cesse se remettre à l'ouvrage, »[1] et si on n'est jamais sûr de son but, on ne peut ignorer ce qu'on doit trouver à son terme. Ce terme ne peut être, comme dit Cassirer, « l'œuvre à l'existence têtue où se fige le procès créateur, mais le *tu*, l'autre sujet qui reçoit cette œuvre pour l'introduire dans sa vie et la reconvertir aussi en ce milieu d'où elle est initialement sortie »[2].

Transposé sur le plan inter-subjectif, cette idée nous mènera à poser qu'un « sujet ne deviendra pas pour un autre identifiable ou compréhensible parce qu'il se fondera en lui, mais parce qu'il entrera activement en relation avec lui »[3]. La liberté de l'homme n'est donc pas une liberté solitaire, mais une liberté avec les autres et en vue de la communication commune. La véritable fonction de la culture, et certainement la plus importante, c'est d'être cet intermédiaire entre le *je* et le *tu*, « ce pont jeté d'individu à individu »[4] qui constitue la voie de la compréhension de *Dasein* à *Dasein*[5]. C'est dans ce sens que la culture ne peut jamais être regardée uniquement du point de vue de l'individu car, de ce point de vue, nous ne pouvons aboutir qu'à la frustration devant la réalité limitée créée par l'individu et son opposition avec la plénitude de ses possibilités.

Comme un moment historique isolé, l'homme en tant qu'individu ne peut nous montrer que des profils limités de la culture comme totalité. Mais, sitôt que nous considérons ces profils comme une source d'énergie où éclorent à chaque fois les idées et les idéaux d'une époque et comme des preuves que « la vie coule en flots toujours nouveaux dans le moule préformé et le préserve de se cuirasser jusqu'à l'engloutissement »[6], l'homme comme l'époque deviennent des représentants, des symboles de l'humanité et de l'histoire.

L'histoire de la culture est l'histoire d'un débat perpétuel qui n'est pas sans frictions internes et où les forces antagonistes cherchent à s'affirmer les unes contre les autres. Luttes entre

---

[1] *Ibid.*, p. 202.

[2] *Ibid.*, p. 203.

[3] *Ibid.*, p. 201.

[4] E. Cassirer, *Débats sur le kantisme et la philosophie*, p. 47

[5] *Ibid.*, p. 48 : « Je pense, dit Cassirer, qu'il n'y a de *Dasein* à *Dasein* d'autre chemin que celui qui passe par ce monde des formes. »

[6] E. Cassirer, *La tragédie de la culture*, op. cit., p. 206.

forces conservatrices et forces créatrices. « Tandis que d'un côté, dit Cassirer, bien des forces sont jugulées, de l'autre cependant, des forces toujours nouvelles et plus puissantes sont libérées. »[1] Que ce soit au niveau des individus ou au niveau de l'histoire, « l'élément créateur est en lutte constante avec l'élément traditionnel »[2].

Faut-il pour autant caractériser cette lutte de tragique ? Peut-on par exemple caractériser de tragique le fait que dans le langage les contraintes traditionnelles « semblent comme dit Cassirer, ne laisser à la créativité de l'individu qu'un champ réduit »[3] ? Et d'ailleurs peut-on parler d'un élément purement traditionnel et constant dans le langage lui-même ? Dans chaque transfert de langue, n'existe-t-il pas une création qui consiste dans l'introduction de certains éléments dans un modèle différent du modèle donné ? Chaque auteur qui utilise une langue ne la renouvelle-t-il pas par l'intérieur en y réveillant toutes les énergies qui y sommeillent ? Nous ne pouvons dire que Shakespeare n'a rien apporté à la langue anglaise ou que la *Divine comédie* de Dante était une simple épopée sans influence sur la langue italienne. Le processus de la culture obéit à un double mouvement, un mouvement continuateur qui transforme le donné, et un mouvement conservateur qui relie aux racines. Renouveler ne veut pas dire anéantir. « La tradition, dit Cassirer, reprend toujours ses droits, car ce n'est qu'à travers elle que la continuité de la création (…) peut être rétablie et sauvegardée. »[4]

Il y a un mixte très intelligent d'une dialectique hégélienne à une histoire concordante leibnizienne, dans la mesure où, comme le dit Cassirer, « chaque époque reprend à la précédente certaines formes qu'elle transmet à la suivante »[5], si bien que nous retrouvons au cours de l'histoire les mêmes matériaux sous la même forme ou sous des formes légèrement modifiées. La culture doit concilier deux objectifs contradictoires, la liberté de l'homme et sa dépendance des autres. Au premier impératif correspond la créativité, au second correspondent la stabilité et la

---

[1] *Ibid.*, p. 207.

[2] *Ibid.*

[3] *Ibid.*

[4] *Ibid.*, p. 210.

[5] *Ibid.*, p. 211.

consistance interne de ce qui est créé. Peut-on situer la tragédie de la culture dans cet équilibre instable entre le singulier et le collectif, entre la tradition et la création ? Même si la croissance et le développement de la culture élargissent sans cesse et agrandissent ce mouvement de va et vient entre la conservation et la tradition, nous ne pouvons, selon Cassirer, parler de tragédie. On peut à la limite parler de problème qui résulte de la situation de conflit continu, dans la mesure où, « ces deux forces antagonistes grandissent ensemble au lieu de se détruire réciproquement »[1].

Toutefois, il y a lieu de parler d'une véritable tragédie de la culture, et même d'un drame, quand la force conservatrice devient la seule force déterminante et se transforme en un véritable handicap pour la liberté de création. Car, dans ce cas, ce qui est censé être la vie se sclérose en dogmes irrévocables. Quand l'homme oublie son véritable rôle dans la culture et se laisse guider par la seule tradition, quand il fait fi de sa véritable nature comme énergie créatrice, comme devenir et comme agir et décide de sortir de l'histoire, de ce que Cassirer appelle le « devenir organique de la formation de l'humanité »[2], sa vie devient un drame. Le principal ennemi de la liberté est tout système où l'équilibre entre forces conservatrices et forces transformatrices est rompu, où la tradition remporte une victoire claire et définitive sur la pensée rationnelle et libre.

C'est de tels cas que traite le dernier livre de Cassirer, *Le mythe de l'Etat*. Il y a drame de la culture chaque fois que la pensée mythique reprend le pouvoir dans la gestion de la vie commune, chaque fois que l'émotion domine la raison. C'est un véritable état pathologique, où l'homme, initialement destiné à la liberté, se trouve aliéné par ses propres illusions et ses propres peurs. La véritable aliénation n'est donc pas matérielle, elle est dans l'esprit même de l'aliéné[3]. Elle découle de la méprise totale

---

[1] *Ibid.*, p. 219.

[2] *Ibid.*, p. 223.

[3] E. Cassirer, *Le mythe de l'Etat*, p. 20 : « Faust attend dans la cuisine du diable le breuvage dont la vertu lui permettra de récupérer sa jeunesse. Debout face à un miroir magique, il a soudain une vision enchanteresse. L'image d'une femme d'une beauté surnaturelle surgit dans le miroir. Il est saisi, envoûté; mais Méphisto qui se tient à ses côtés se moque de la fascination. Il sait plus ; il sait que ce que Faust a vu n'était (qu') une

entre les lois et les croyances, les fins et le destin et finit par la réduction « des phénomènes les plus disparates à un dénominateur commun »[1], à un système où le sacré et le séculier, le privé et le public, le réel et l'imaginaire se trouvent assimilés. Pour comprendre cette tendance régressive de la vie intellectuelle, il nous faut porter l'attention sur le phénomène de l'émotion, faire une psychologie de l'émotion, des passions et des affections. Cassirer reconnaît le rôle historique et scientifique de la théorie freudienne de l'inconscient. Freud a su expliquer cette question des émotions en la réduisant à quelques éléments simples, à certains *symptômes*[2]. Dans son livre *Totem et tabou*, Freud établit une correspondance entre « les thèmes de la pensée mythique (...) et ceux de certaines névroses »[3] qu'il ramène au même principe psychanalytique de *déplacement*.

Le mythe représente pour Freud, le drame de la sexualité humaine, de cette émotion transformée non en symptômes névrotiques mais en images symboliques, en « processus actif »[4]. Les mythes modernes objectivent donc le drame inconscient de l'humanité, et ses émotions non maîtrisées. Comme la névrose, la survivance des mythes doit être expliquée par une attitude émotive de l'homme dont les motifs restent inconscients pour lui. Nous pouvons ainsi mettre la survivance des formes de pensée mythique dans l'Etat moderne sur le compte de ce que Herbert Spencer appelle « la loi de la décharge nerveuse »[5]. Toutefois, parce que dans le cas du mythe, la décharge nerveuse, au lieu de se disperser reste concentrée, cette dernière prend l'aspect de ce que Cassirer appelle une « intensification »[6]. Une intensification qui ne s'effectue pas à l'échelle individuelle mais collective.

Le mythe apparaît chaque fois que l'homme se trouve à titre collectif, dans l'impossibilité de fournir une réponse rationnelle

---

création de son esprit. »

1 *Ibid.*, p. 22;

2 *Ibid.*, p. 51.

3 *Ibid.*, p. 56

4 *Ibid.*, p. 67.

5 H. Spencer, Principles of psychology, vol 2, § 495-502, cité in *Le mythe de l'Etat*, p. 71.

6 E. Cassirer, *Le mythe de l'Etat*, p. 51.

aux questions énigmatiques que sa vie lui présente, disons chaque fois qu'il y a un refoulement violent et non justifié. Le primitif avait des explications mythiques pour la mort, l'homme moderne à recours au mythe pour apporter une réponse aux questions insolubles de son monde : les guerres, les invasions injustifiées, les récessions économiques ou le déséquilibre des mondes. Cassirer ne semble pas partager la croyance naïve au progrès linéaire de la culture ni au développement stable et continu des institutions rationnelles. Il peut y avoir au contraire des reconversions vers un stade plus primitif, avec cette différence que les nouveaux primitifs sont bien plus meurtriers que les anciens car ils bénéficient de tout l'aspect technique de la science moderne qu'ils mettent au service de l'irrationnel de la mentalité primitive.

L'homme ne peut dépasser la crise que s'il se reconnaît dans les créations de sa conscience, et que s'il prend conscience de « sa véritable autonomie qui ne signifie pas maîtrise technique de la nature par l'homme, mais maîtrise morale de soi-même »[1]. *La philosophie des formes symboliques* doit s'achever dans une éthique, une philosophie morale comme un *terminus ad quem*, dans la mesure où c'est d'abord dans le champ pratique, éthique, que doit être éprouvée la solidité du principe idéaliste de l'autonomie rationnelle. Les symboles ne doivent pas rester des signes muets pour nous, ils doivent être chargés de toute la signification de la vie. Notre survie dépend de notre capacité de manier les symboles dans la communication et les accords inter-subjectifs. Supposons un instant que le tracé de lignes soit un homme, comment sera-t-il vu dans chaque royaume de signification ? Une seule forme d'être et de vie peut-elle rendre compte de l'essence de l'homme, peut-on prétendre qu'en elle l'homme peut réaliser son essence intelligible ?

Toute l'histoire de la raison est celle de la lutte entre le *mythos* et le *logos*, c'est-à-dire entre le désespoir et l'affirmation du rôle déterminant de l'homme dans l'histoire. « Pour dépasser le pouvoir du mythe, dit Cassirer, il fallait trouver et développer le nouveau pouvoir positif de la connaissance de soi. Il fallait apprendre à envisager le tout de la nature humaine dans une

[1] E. Cassirer, *La tragédie de la culture*, op. cit., p. 196.

perspective éthique et non mythique »[1]. La philosophie grecque a pressenti ce besoin et elle s'est constituée comme lutte du *logos* contre le *mythos*. Afin d'éviter de tomber dans le despotisme politique et le dogmatisme philosophique, chaque philosophie doit en faire son principal objectif. On ne peut donc éviter une régression vers l'irrationnel que par une éducation de l'homme qui ait le sens des *Lumières* chez Kant, c'est-à-dire une éducation qui vise à faire prendre conscience à l'homme de sa propre valeur qui réside en lui-même, dans son esprit en tant que liberté infinie. Pour éviter à l'humanité des drames semblables à ceux vécus au début du XXe siècle, il faut restaurer la souveraineté de la raison humaine par la critique et réinventer l'espérance perdue. Développer les germes de la pensée vers son auto-libération.

La valeur de l'homme pour notre auteur n'est donc pas une chose, mais une fin. La fin de l'homme, s'il nous est permis de conclure, est de s'arracher à la nature et de rompre avec les lois de l'animalité et les conditionnements psychologiques de son être empirique et de poursuivre le développement de tout ce qui existe en germe en lui. D'ailleurs pour Cassirer, comme pour Kant, il semble qu'il n'y a rien en l'homme qui soit mauvais. La valeur n'est donc pas un être ni une chose, elle est la raison du choix. L'homme est un être de représentation et non pas un être d'instinct. Il peut être sollicité et non nécessité et c'est ce qui explique la diversité des profils qu'il acquiert à travers l'espace et le temps. C'est uniquement parce qu'il est un être de représentation que rien ne limite son autonomie créatrice. C'est donc parce que l'homme est un être de représentation que *La philosophie des formes symboliques* doit s'achever dans une éthique, dans une philosophie de la valeur.

L'agir humain possède une finalité générique qui fait que la raison est incommensurable à la durée d'une vie individuelle. Il en découle une frustration au niveau de l'individu qui est l'effet direct de la disproportion entre les dispositions humaines et les satisfactions qui leur sont permises. C'est certainement cette frustration qui fait avancer l'histoire et qui fait que seule l'espèce humaine est le dépositaire du progrès de la culture et fait en même temps de l'histoire de la culture, l'histoire d'une

---

[1] E. Cassirer, *Le mythe de l'Etat*, p. 88.

rectification inachevable. Tel est le but que Cassirer assigne à la culture. Mais ce but peut-il être véritablement atteint ? N'est-ce pas pure utopie que de croire que la prise de conscience des véritables possibilités de l'homme va lui permettre de ressentir sa responsabilité historique ? Le sentiment de puissance que donne la conscience d'être le seul acteur dans l'histoire ne mène-t-il pas vers la volonté de puissance telle que la prêche Carlyle, Nietzsche ou Hitler ?

Cassirer reste profondément idéaliste, il se retient de faire référence aux péripéties de cette émergence de l'homme comme seule force déterminante de l'histoire et retourne vers Kant et Fichte pour invoquer les conditions d'être *digne du bonheur*. L'homme ne peut être libre et par conséquent digne du bonheur que si, « franchissant les barrières de l'individualité, (il) pouvait élargir son moi aux dimensions de l'humanité toute entière »[1]. Peut-on caractériser cette position, cette fin purement idéaliste comme un refus de prise de position active, une absence par rapport aux événements de son temps ? Il est en effet étonnant que, arrivé à ce point de son analyse, Cassirer développe cette idée de liberté dans une autre direction, différente de celle que doit lui inspirer la conjoncture internationale qui a fortement marqué sa vie.

[1] E. Cassirer, *La tragédie de la culture*, op. cit., p. 197.

Bibliographie

1/Oeuvre d'Ernst Cassirer

Substance et fonction, traduit de l'allemand par Pierre Causat. Paris, Minuit, 1977.

La philosophie des formes symboliques 1, traduit de l'allemand par Ole Hansen-Love et Jean Lacoste, Paris, Minuit, 1972.

La philosophie des formes symboliques 2, traduit de l'allemand par Jean Lacoste, Paris, Minuit, 1972.

La philosophie des formes symboliques 3, traduit de l'allemand par Claude Fronty, Paris, Minuit, 1972.

Individu et cosmos dans la philosophie de la renaissance, traduit de l'allemand par Pierre Quillet, Paris, Minuit, 1983.

Langage et mythe, traduit de l'allemand par Ole Hansen-Love, Paris, Minuit, 1973.

Les systèmes post-kantiens, traduit de l'allemand à l'initiative du collège de Philosophie, Editions des Presses universitaires de Lille 1983.

La philosophie des Lumières, traduit de l'allemand par Pierre Quillet, Paris, Fayard, 1966.

Le problème de la connaissance dans la philosophie moderne Tome 4, traduit de L'allemand par J. Carro, J. Gobert, P. Osmo, I. Thomas-Fogiel, Paris, Cerf, 1995.

Logique des sciences de la culture, traduit de l'allemand par Jean Carro avec la collaboration de Joël Gaubert, Paris, Cerf, 1991.

Ecrits sur l'art, traduit de l'allemand par Ch. Berner, F. Capeillères, J. Carro et J. Gaubert, Paris, Cerf, 1995.

L'Idée de l'histoire, traduit de l'allemand par F. Capeillères, Paris, Cerf, 1988.

Débats sur le kantisme et la philosophie (Davos, mars 1929), traduits de l'allemand par P. Aubenque, J.M. Fataud, P. Quillet, Paris, Beauchesne, 1972.

Essai sur l'homme, traduit de l'anglais par Norbert Massa, Paris, Minuit, 1975.

Rousseau, Kant, Gœthe : Deux essais, traduit de l'allemand par J. Lacoste, Paris, Belin, 1991.

Le mythe de l'Etat, traduit de l'anglais par B. Vergely, les Paris, Gallimard, 1993.

Symbol, myth, and culture, Essays and Lectures of. Ernst Cassirer: 1935-1945, Edited by D.Ph. Verene, New Haven and London, Yale University Press 1979.

Spirit, and life, in contemporary philosophy, *in the philosophy of Ernest Cassirer*, Edited by P.A. Schilpp, the library of living philosophers inc. Evanston, Illinois 1949.

Le langage et la construction du monde des objets, *in Essais sur le langage*, ouvrage collectif sous la direction de J. L. Pariente, Paris, Minuit, 1969.

La théorie de la relativité d'Einstein, traduit de L'allemand par J. Seidengart, Paris, Cerf, 2000.

Neo-Kantianism, in *Encyclopedia Britanica* 1928, p.214.

Trois essais sur le symbolique, traduit de l'allemand par Jean Carro et Joël Gaubert, Paris, Cerf, 1997.

2/Ecrits sur Cassirer

Hamburg, C. H., *Symbol and reality: Studies in the philosophy of E.Cassirer,* Martinus Nijhoff / The Hague 1956.

Itzkoff , S. W., *Ernst Cassirer philospher of culture*, Edition : Twayne publishers A division of G.K. Hall and co-Boston 1977.

Krois, J. M., *Symbolic forms and History*, Yale University Press, New Haven and London, 1987.

Philonenko, A., *L'Ecole de Marbourg*, Cohen, Natorp, Cassirer, Paris, Vrin, 1989.

Schilpp, P.A., (Editeur) The *philosophie of E. Cassirer*, The library of living Philosophers inc Evanston Illinois 1949.

Seidengart, J., (sous la direction de) : *Ernst Cassirer, de Marbourg à New York. L'itinéraire philosophique*, Actes du colloque de Nanterre 12-14 octobre 1988, Paris, Cerf, 1990.

Vergely, B., Cassirer, *La politique du juste*, Paris, Michalon, 1998.

3. Articles sur Cassirer

Antonesei, L., Pour une critique de la raison symbolique, in *Revue romaine de sciences sociales* 1986, vol 30, n°1-2, pp. 43-54.

Berthoff, A. E., Sapir and the tow tasks of language, in *Simiotica*, 1988, vol 71, n°1-2, pp. 1-47.

Bidney, D., Anthropological thought on the philosophical anthropology of E. Cassirer, and its relation to the history of anthropological thought, in *The philosophy of Ernst Cassirer*, edited by P.A., Schilpp, the library of living philosophers inc Evanston illinois 1949, pp. 465-544.

Capeillères, F., Sur le néo kantisme de E. Cassirer, in *Revue de métaphysique et de morale*, 96e année, n°4 octobre/Décembre 1992, pp. 517-547.

Capeillères, F., L'édition française de Cassirer, in *Revue de métaphysique et de morale*, 96e année, n°4 octobre/Décembre 1992, pp. 547-553.

Janz, N., A propos d'un inédit d'Ernst Cassirer : une esquisse d'un quatrième volume de *La philosophie des formes symboliques*, in *Revue de théologie et de philosophie* 128 (1996), pp. 149-160.

Krois, J. M, Cassirer's umpublished critique of Heidegger, in *Philosophy and rhetoric*, vol 16, N°3, 1983.

De Vischer, L. F., La pensée du langage comme forme : la forme intérieure du langage, chez W.Von Humbolodt, In *Revue philosophique du Louvain* n° 68, 1970, pp. 149-172.

De Wleeschauwer, La philosophie contemporaine et le criticisme kantien, in *Etudes philosophiques* XI, 1937.

Ferrari, M., La philosophie de l'espace chez Ernst Cassirer, in *Revue de métaphysique et de morale*, 96e année, n°4 octobre/Décembre 1992, pp. 479-491.

Fronty, C., La philosophie du langage chez Ernst Cassirer et le problème du langage comme institution, in *Psychologie et éducation*, Revue de recherches du laboratoire associé au CNRS, n° 259, 1977, n° 4, pp. 53-64.

Grizantema, J., Langage et communication à l'horizon de l'intentionnalité, in *Revue roumaine des sciences sociales* 1986, pp. 214-225

Gutmann, J., Cassirer's Humanism, in *The philosophy of Ernst Cassirer*, edited by P.A. Schilpp, The library of Living philosophers inc Evanston, Illinois 1949, pp. 445-464.

Hamburg, C. H., Cassirer's conception of Philosophy, in *The philosophy of E. Cassirer*, edited by P.A. Schilpp, the library of living philosophers inc Evanston, Illinois 1949, pp. 75-119.

Hartmann, R. S., Cassirer's philosophy of symbolic forms, in *The philosophy of Ernst Cassirer*, edited by P.A. Schilpp, The library of Living philosophers inc Evanston, Illinois 1949, pp. 291-333.

Henri, D., Heidegger et Cassirer interprètes de Kant, in *Revue philosophique du Louvain* LXVII 1969, pp. 517-545.

Henri Nel, S. J., La pensée et l'oeuvre de Ernst Cassirer, in *Sciences ecclésiastiques* volume XVIIe année 1965, pp. 230-261.

Humburg, C. H., Kant, Cassirer and the concept of space, in *Tulane studies in philosophy* III (1954), pp. 89-111.

Iezkoff, S. W., Ernst Cassirer and the Humanistic implications of physical Theory, *Philosophy of education*, Proceedings XXV 1969, pp. 133-142.

Kaufmann, F., Cassirer's theory of Knowledge, in *The philosophy of Ernst Cassirer*, edited by P.A. Schilpp, The library of Living philosophers inc Evanston, Illinois 1949, pp. 185-213.

Kaufmann, F., Neo Kantism and phenomenology, in *The philosophy of Ernst Cassirer*, edited by P.A. Schilpp, The library of Living philosophers inc Evanston, Illinois 1949, pp. 801-854.

Kuhn, H., Cassirer's philosophy of culture, in *The philosophy of Ernst Cassirer*, edited by P.A. Schilpp, The library of Living philosophers inc Evanston, Illinois 1949, pp. 547-574.

Langer, S. K., De Profundis, in *Revue internationale de philosophie* 28/100, 1974, pp. 449-455.

Langer, S. K., On Cassirer's Theory of language and myth, in *The philosophy of Ernst Cassirer*, edited by P.A. Schilpp, The library of Living philosophers inc Evanston, Illinois 1949, pp. 381-400.

Lofts, S., Une nouvelle approche de la philosophie d'Ernst Cassirer, in *Revue philosophique du Louvain* n°88 Novembre 1992, pp. 523-538.

Luft, E. Von Der., Cassirer's dialectic of the mythical consciousness, in *Reports on philosophy Krakow* 1984, n° 8, pp. 3-13.

Meyerson, E., L'histoire du problème de la connaissance de M.E. Cassirer, in *Revue de métaphysique et de morale*, XIX 1911.

Morgan, J. H., A convergence of philosophy and anthropology religion myth and symbol, in *Philosophy today* USA 1974, vol 18, n° 1-4, pp. 68-84.

Raynaud, P., Le destin de la philosophie kantienne, compte rendu de la traduction, les systèmes post-kantiens, in *commentaires* Paris, 1984, vol 7 n° 26.

Rotenstreich, N., Schematism and freedom in *Revue internationale de philosophie* 28/100, 1974, pp. 464-474.

Rotenstreisch, N., Cassirer's philosophy of symbolic forms and the problem of history, in *Theoria* XVIII, 1952.

Seidengart, J., La physique moderne comme forme symbolique privilégiée dans l'entreprise philosophique de Cassirer, in *Revue de métaphysique et de morale*, 96e année / n°4 octobre-décembre 1992, pp. 491-517.

Seidengart, J., Neo-kantisme et relativité, in *Revue philosophique de la France et de l'étranger*, Paris 1984, vol 174, n°2, pp. 201-218.

Seidengart, J., Une interprétation néo-kantienne de la théorie des quanta est-elle possible ? Réflexion sur l'épistémologie d'Ernst Cassirer et sur son interprétation de la théorie des quanta dans Determinusmus und indeterminismus in der modernen physik. in *Revue Synthèse* : IIIe S. N° 120, octobre-décembre 1985.

Seidengart, J., Cassirer et la philosophie des sciences en France, in *Rivista di storia della filosofia* N° 4, 1995.

Smith, J. E., Some comments on Cassirer's interpetation of religion, in *Revue internationale de philosophie* 28/100, 1974, pp. 475-491.

Stephens, I. K., Cassirer's doctrin of the *a priori*, in *The philosophy of Ernst Cassirer*, edited by P.A. Schilpp, The library of Living philosophers inc Evanston, Illinois 1949, pp. 148-181.

Urban, W. M., Cassirer's philosophy of language, in *The philosophy of Ernst Cassirer*, edited by P.A. Schilpp, The library of Living philosophers inc Evanston, Illinois 1949, pp. 403-441.

Van Roo, W. A., Symbol according to Cassirer and Langer I et II, in *Gregorianum* 1972, vol 53 n°34, pp. 487-534, 615-677.

Verene, D. P., Cassirer's concept of symbolic form and human creativity, in *Idealistie studies an international philosophical Journal* USA, 1978, vol 8, n°1, pp. 14-32.

Verene, D. P., Cassirer's philosophy of culture, in *international philosophical quarterly* XXII, 2, 1982, pp. 133-144.

Werkmeister, W. H., Cassirer's advance beyond Neo-Kantism, in *The philosophy of Ernst Cassirer*, edited by P.A. Schilpp, The library of Living philosophers inc Evanston, Illinois 1949, pp. 759-798.

4/Références diverses

Bachelard, G., *Le nouvel esprit scientifique*, Cérès 1993.

Ben Jaballah, H., *Le fondement du savoir dans La critique de la Raison Pur,* Thèse de troisième cycle sous la direction de Mme Haddad Chamakh Fatma, Tunis I.

Ben Guiza, T., *Le rationalisme concordataire de la philosophie de Leibniz*, thèse de Doctorat sous la direction de Mme Ouelbani Malika, Tunis 1997.

Bloch, O., *Le matérialisme du XVIIIe siècle et la littérature clandestine*, Paris, Vrin, 1982.

Belaval, Y., *Etudes leibniziennes*, Paris, Gallimard, 1986.

Bréhier, E., *Histoire de la philosophie tome II*, Paris, P.U.F. 1985.

Burtt, E., *The english philosophers from Bacon to Mill*, The Modern Library, New York, 1939.

Castillo, M., *Kant et l'avenir de la culture*, Paris, P.U.F. 1990.

Chatelet, F., *La philosophie et l'histoire (1780-1880)*, Paris, Hachette, 1973.

Comte, A., *Cours de philosophie positive*, Paris, Classique Garnier, 1942.

Church, J., *Language and the discovery of reality: a developmental psychology of cognition*, Romdom House New-York 1961.

D'Alembert, *Essai sur les éléments de la nature*, Paris, Chatelain, 1759.

D'Alembert, *Discours sur l'encyclopédie*, Paris, Picavet, 1919.

D'Holbach, *Système de la nature T1 et 2*, Paris, Fayard, 1990.

Deleuze, G., et Guattari (F.), *Qu'est ce que la philosophie ?* Paris, Minuit, 1991.

Deleuze, G., *La philosophie critique de Kant*, Paris, P.U.F. 1963.

Deleuze, G., *Différence et répétition*, Paris, P.U.F 1972.

Descartes, R., *Oeuvre et lettres*, Paris, Gallimard, 1970.

Didier, J., *La question de l'homme et le fondement de la philosophie (réflexion sur la philosophie pratique de Kant et la philosophie spéculative de Fichte)*, Paris, Aubier, 1964.

Duchet, M., *Anthropologie et histoire au siècle des lumières*, Paris, Maspero, 1971.

Dufrenne, M., *Pour l'homme*, Paris, Seuil, 1968.

Durand, G., *L'imagination symbolique*, Paris, P.U.F. 1964.

Foucoult, M., *Les mots et les choses*, Paris, Gallimard, 1993.

Freud, *Totem et tabou*, Paris, Payot, 1984.

Grondin, J., *Kant et le problème de la philosophie : L'a-priori*, Paris, Vrin, 1989.

Hegel, *La phénoménologie de l'esprit*, traduction J. Hyppolite, Paris, Aubier, 1966.

Heidegger, M., *Lettre sur l'humanisme*, Editions Paris, Aubier Montaigne, 1964.

Heidegger, M., *Introduction à la métaphysique*, Traduit de l'Allemand par Gilbert Kahn, Paris, Gallimard, 1967.

Heidegger, M., *Chemins qui ne mènent nulle part*, Paris, Gallimard, 1962.

Holland, H., *Réflexions philosophiques sur le système de la nature*, Paris, Vrin, 1981.

Jacob, F., *La logique du vivant*, Paris, Gallimard, 1970.

Kant , *Critique de la raison pure*, Paris, P.U.F. 1950.

Kant, *Correspondance*, Paris, Gallimard, 1986.

Kant, *Critique de la faculté de Juger*, Paris, Gallimard, 1985.

Koyré, A., *Etudes d'histoire de la pensée philosophique*, Paris, Gallimard, 1986.

Koyré, A., *Etudes newtoniennes*, Paris, Gallimard, 1968.

Kuhn, S., *La structure des révolutions scientifiques*, Paris, Flammarion, 1970.

Lévi-Strauss, C., *La pensée sauvage*, Paris, Plon, 1962.

Lévy-Bruhl, L., *L'âme primitive*, Paris, P.U.F, 1963.

Locke, J., *Essai sur l'entendement humain*, Paris, Vrin, 1972.

Marcuse, H., *Eros et Civilisation*, Paris, Minuit, 1963.

Muralt, A., *La conscience transcendantale dans le criticisme kantien: essai sur l'unité d'aperception*, Paris, Aubier Montaigne, 1958.

Naville, P., *D'Holbach et la philosophie scientifique du XVIIIe siècle*, Paris, Gallimard, 1967.

Piaget, J., *Six études de psychologie*, Pays-Bas, Denoël Gonthier, 1972.

Poincaré, H., *La valeur de la science*, Paris, Flammarion.

Prigogine, I., et Stengers, I., *La nouvelle alliance: métamorphose de la science*, Paris, Gallimard, 1979.

Renaut, A., *Kant aujourd'hui*, Paris, Aubier, 1997.

Richier, *Méditations phénoménologiques*, Grenoble, Jérôme Millon, 1992.

Ricoeur, P., *De l'interprétation : Essai sur Freud*, Paris, Seuil, 1965.

Ricoeur, P., *Le conflit des interprétations*, Paris, Seuil, 1965.

Sartre, J. P., *Situations philosophiques*, Paris, Gallimard, 1990.

Scheler, M., *La situation de l'homme dans le monde*, Paris, Aubier, 1966.

Schaff, A., *Langage et connaissance*, traduit du polonais par Claire Blondel, Paris, Anthropos, 1969.

Spinoza, B., *Oeuvres complètes*, Paris, Gallimard, 1954.

Steiner, G., *Martin Heidegger*, Paris, Flammarion, 1981.

Todorov, *Symbolisme et interprétation*, Paris, Seuil, 1978.

Todorov, *Théorie du symbole*, Paris, Seuil, 1977.

Collectif, *La philosophie critique de Kant*. Actes du colloque l'institut supérieur de l'éducation et de la formation continue de Tunis du 18 au 20 Février 1993. Tunis, Cérès, 1994.

Table des matières

L'HARMATTAN, ITALIE
Via Degli Artisti 15 ; 10124 Torino

L'HARMATTAN HONGRIE
Könyvesbolt ; Kossuth L. u. 14-16
1053 Budapest

L'HARMATTAN BURKINA FASO
Rue 15.167 Route du Pô Patte d'oie
12 BP 226
Ouagadougou 12
(00226) 50 37 54 36

ESPACE L'HARMATTAN KINSHASA
Faculté des Sciences Sociales,
Politiques et Administratives
BP243, KIN XI ; Université de Kinshasa

L'HARMATTAN GUINÉE
Almamya Rue KA 028
En face du restaurant le cèdre
OKB agency BP 3470 Conakry
(00224) 60 20 85 08
harmattanguinee@yahoo.fr

L'HARMATTAN CÔTE D'IVOIRE
M. Etien N'dah Ahmon
Résidence Karl / cité des arts
Abidjan-Cocody 03 BP 1588 Abidjan 03
(00225) 05 77 87 31

L'HARMATTAN MAURITANIE
Espace El Kettab du livre francophone
N° 472 avenue Palais des Congrès
BP 316 Nouakchott
(00222) 63 25 980

L'HARMATTAN CAMEROUN
BP 11486
Yaoundé
(237) 458 67 00/976 61 66
harmattancam@yahoo.fr

636859 - Janvier 2016
Achevé d'imprimer par